Organisationslernen im 21. Jahrhundert

BILDUNG UND ORGANISATION

Herausgegeben von Harald Geißler
und Jendrik Petersen

Band 23

PETER LANG

Frankfurt am Main · Berlin · Bern · Bruxelles · New York · Oxford · Wien

Bibliografische Information der Deutschen Nationalbibliothek
Die Deutsche Nationalbibliothek verzeichnet diese Publikation in
der Deutschen Nationalbibliografie; detaillierte bibliografische
Daten sind im Internet über http://dnb.d-nb.de abrufbar.

Gedruckt auf alterungsbeständigem,
säurefreiem Papier.

ISSN 0945-9596
ISBN 978-3-631-60815-9
© Peter Lang GmbH
Internationaler Verlag der Wissenschaften
Frankfurt am Main 2010
Alle Rechte vorbehalten.

www.peterlang.de

Organisationslernen im 21. Jahrhundert

Festschrift für Harald Geißler

Herausgegeben von
Charlotte Heidsiek
und Jendrik Petersen

PETER LANG
Internationaler Verlag der Wissenschaften

Vorwort von Thomas Sattelberger

„Den Fortschritt verdanken die Menschen den Unzufriedenen."
Aldous Huxley (1894-1963)

Sehr geehrter Leser, sehr geehrte Leserin,

Harald Geißler ist ein Mensch, der sich nie auf seinen Erkenntnissen ausgeruht hat. Er ist im positiven Sinne unzufrieden. Damit bestehen bei ihm beste Voraussetzungen, um zum Fortschritt der Erziehungswissenschaft beizutragen. In den vergangenen dreißig Jahren hat er sich gleich dreifach als mentaler Eisbrecher seiner Disziplin bewährt:
1. Er hat die Erziehungswissenschaft für Lernen jenseits des Individuums sensibilisiert.
2. Er hat die Organisation als Dimension in die Erziehungswissenschaft eingeführt.
3. Er hat die Passage zur Organisationswissenschaft vom mentalen Packeis befreit.

Seinen Blick wandte er frühzeitig vom Lernen des Individuums auf das Lernen in Organisationen und schließlich mit aller Konsequenz zum Lernen der Organisation. Die Erziehungswissenschaft hat sich vehement dagegen gesträubt, Lernen jenseits des Individuums zu sehen. Für viele war es bar jeder Vorstellungskraft, dass Organisationen mehr sind als nur eine Hülle, die das Individuum nach Belieben abstreift. Harald Geißler war seiner Zeit weit voraus. Ohne Zweifel gebührt ihm der Titel des Pioniers der Organisationspädagogik.

Persönlich hatte ich zweimal die Ehre, zusammen mit Harald Geißler aktiv zur Debatte in Erziehungs- und Organisationswissenschaft beizutragen. Mit dem Sammelband „Die lernende Organisation" habe ich 1991 die Vordenker des Organisationslernens zusammengebracht. Es verstand sich von selbst, dass Harald Geißler in dem Band seinen Platz finden musste. Wir teilten früh eine praktische Erkenntnis, die spätestens mit dem Aufkommen des kontinuierlichen Verbesserungsprozesses jedem offensichtlich sein musste: Die Organisation von Unternehmen und Produktionsprozessen muss ebenso die Organisation von Lernprozessen umfassen. Unternehmen müssen sowohl inkrementelles, Prozesse und Strukturen optimierendes Lernen als auch revolutionäres Lernen ermöglichen, das zu grundlegenden Veränderungen von Prozessen oder Strukturen führt. In unserer schnelllebigen Wissenschafts- und Wirtschaftswelt gilt: Ein Unternehmen, dass nicht lernt und seine Organisation nicht ständig adaptiert, ist bereits tot. Lernfähigkeit erweist sich für Organisationen übrigens gerade in der gegenwärtige Krise als überlebenswichtige Kompetenz.

Unser gemeinsames Anliegen war es, Organisationen zum zweckgerichteten, intentionalen Lernen zu befähigen. Für Harald Geißler ging es um die Steigerung des Steuerungspotentials von Organisationen durch das Ineinandergreifen von individuellem und kollektivem Lernen. Hier ist er in seiner Argumentation eine logische Kette von Erkenntnissen abgeschritten:

• Organisationen lassen sich als zweckgerichtete Interaktionen von Menschen begreifen, die dabei Strukturen, Regeln und Werte anwenden, ändern oder gar ersetzen.

• Werden die Strukturen, Regeln und Werte der Organisation angepasst, ohne dass ein hierarchisches Machtwort gesprochen wird, dann muss es neben dem Lernen als Individuum auch ein Lernen als Kollektiv geben.

• Folglich ist das Lernen in Organisationen um ein Lernen durch Organisation (lernförderliche Struktur) und ein Lernen als Organisation (organisationsübergreifende Diskurse, Lern- und Veränderungskultur) zu ergänzen.

Mein Interesse lag, quasi komplementär zum Einsatz von Harald Geißler für die theoretische Horizonterweiterung, in der Geschwindigkeit und Reichweite des Lernens und den Antriebskräften für Individuen und Organisationen. Aus der Sicht des HR-Praktikers war es damals das wichtigste Lernziel, die „Überlebensfähigkeit" von Unternehmen zu erhöhen und zusätzlich zur Fortentwicklung der Organisation beizutragen. Dazu wurde das Unternehmen als „idealsuchendes System" betrachtet, was zu diesem Zeitpunkt noch eine hehre Formulierung war. Im Endeffekt habe ich nur der Forschung von Harald Geißler eine betriebswirtschaftliche Richtung zu geben versucht: Lernen zur Steigerung des Steuerungspotentials zwecks höherer Überlebensfähigkeit und Lernen zur Findung von Idealen zwecks sinnhafter Lebensfähigkeit.

Heute setzt sich unsere damalige Diskussion um die andauernde „Idealsuche" unter dem Label „Langlebigkeit" fort. Die Erfahrung zeigt, dass langlebige Unternehmen „zeitlose" Traditionen mit einer erstaunlichen Lern- und Veränderungsfähigkeit verschmelzen. Arie de Geus hat 1997 in seiner Studie „The Living Company" vier Charakterzüge solcher Unternehmen identifiziert, die erfolgreich 100 Jahre und länger am Markt aktiv sind: 1. konservatives Finanzgebaren, 2. Bewusstsein der eigenen Identität und Gemeinschaft, 3. hohe Sensibilität für Umweltveränderungen und 4. Aufgeschlossenheit für Kreativität und Erneuerung. Alle diese, aber insbesondere die beiden letztgenannten Eigenschaften sind elementare Bestandteile jeder lernenden Organisation.

Stets ging es uns beiden darum, unsere Zunft voranzutreiben. So war es bei unserer Arbeit zur lernenden Organisation und genauso bei unserem zweiten gemeinsamen Projekt, dem „Management wertvoller Beziehungen" (2003). Unser damaliger Kerngedanke war an sich banal, aber von erstaunlicher Aktualität und Relevanz. Der Volksmund kennt diesen in Form eines simplen Sprichwortes: „Geld allein macht nicht glücklich". Unser Blick richtete sich auf Faktoren, die das „Mehr" darstellen, das zum wirtschaftlichen Gewinn hinzukommen muss, um eine Organisation erfolgreich zu machen. Im Mittelpunkt stand für uns die Gestaltung wertvoller Beziehungen innerhalb der Organisation und im Außenverhältnis jenseits der monetären Ströme. Uns ging es um nichtmaterielle Werte der Partner: „Gewinnmotive" (Macht, Zuneigung, Wertschätzung, also intrinsische Motive), die es zu erfüllen gilt, und „Schutzbedürfnisse" (Angst vor Verlusten, seelischen Verletzungen usw.), die zu respektieren sind. Gerade angesichts der zunehmenden Komplexität in den Stakeholder-Beziehungen und gegenseitiger Abhängigkeiten in weltweiten Wertschöpfungsketten ist dies unabdingbar.

Im Kern war unser Rat, systematisch beiderseits verläßliche Win-Win-Situationen zu kreieren. In unseren Worten: „Stellen Sie die Beziehung, die Sie zu wertvollen Partnern haben bzw. haben wollen, auf eine ethische Grundlage, die beide Seiten optimal zu Gewinnern macht." Und weiter: „Würdigen Sie den anderen und versuchen Sie, ihn auf dieser Grundlage zu verstehen und mit ihm zusammen ihre Beziehung zu gestalten." Ethische Grundmaxime ist, sein Gegenüber keinesfalls zum Objekt der eigenen Erkenntnis und Beherrschung zu machen. Allerdings beginnt Erkenntnis immer bei sich selbst.

Erster Schritt im Umgang mit wertvollen Beziehungen ist es, die eigenen „Gewinnmotive" genau zu kennen. Harald Geißler formulierte die These, dass sich in den Konstellationen von Gewinn- und Schutzbedürfnissen von Individuen Muster erkennen lassen. Seine neun Persönlichkeitstypen deckten die gesamte Bandbreite ab. Heute stellt sich die Frage, welche Typen eine Organisation anziehen will bzw. mit welchen sie Beziehungen pflegen will. Die Finanzkrise hat den stark monetär orientierten und auf sich fixierten Typ des „Söldners" als langfristig untragbar entlarvt. Grundregeln der Gestaltung von „wertvollen Beziehungen" wurden teils eklatant missachtet. Seine Erkenntnisse haben also nichts an Geltungskraft eingebüsst.

Mittlerweile verfolge ich sein Schaffen seit mehreren Jahrzehnten. Während dieser Zeit hat er stets ein waches Auge für gesellschaftliche Herausforderungen bewiesen und konsequent den Brückenschlag zur Erziehungswissenschaft geübt. Wohl deshalb positioniert er seine Disziplin als Antwort auf die Auflösung der klassischen Industriegesellschaft. Aktuell erleben wir eine durch Individualisierung und Globalisierung vorangetriebene, ungesteuerte Transformation unserer Gesellschaften. Unsere Moderne ist geprägt von ständiger Selbsterkenntnis, dem Verlust jedweder Gewissheit und der Destabilisierung unserer Umwelt. Harald Geißlers Werk weist Organisationen den Weg, wie sie unter diesen Umständen ihre „wertvollen Beziehungen" gestalten, ihre Steuerungsfähigkeit erhalten und so ihr Überleben sichern können. Dafür gebührt ihm höchste Anerkennung.

Thomas Sattelberger
Vorstand Personal Deutsche Telekom AG

Inhalt

Beratung und Coaching

Führung

Einleitung

Organisationslernen im 21. Jahrhundert kann als Synonym für die Bereitschaft und Notwendigkeit angesehen werden, mit Mut in Wissenschaft und Praxis neue Wege pädagogischen Interpretierens und Handelns einzuschlagen und trotz mancher kritischer Stimmen und Verwunderung auch konsequent weiter zu gehen.

Vor diesem Hintergrund soll diese Festschrift anlässlich des 60. Geburtstags von Harald Geißler Anregungen und Diskussionsbeiträge liefern, in welcher Form denn pädagogisch neu gedacht werden kann und welche Erkenntnisgegenstände sich diesbezüglich besonders anbieten. Angesichts dieses mit den Arbeiten Harald Geißlers untrennbar verbundenen innovativen Anspruchs bietet es sich an, als Themenschwerpunkte dieses Bandes die Felder *Organisationspädagogik, die lernende Organisation, individuelles und organisationales Lernen, Beratung und Coaching* sowie *Führung* in den Blick zu nehmen und mit *Schlaglichtern der aktuellen bildungspolitischen Diskussion* abzuschließen. Alle diese Themenschwerpunkte haben Harald Geißlers Arbeiten in den letzten Jahren und Jahrzehnten sehr geprägt und ihn immer wieder angeregt, sich zu Wort zu melden und bewusst auch Diskussionsbeiträge zu liefern, die nicht immer dem sogenannten „Mainstream" pädagogischen Denkens und Handelns entsprachen. Für die Beiträge konnten langjährige Weggefährten, ehemalige Mitarbeiter/innen und Kolleg/innen aus Wissenschaft und Praxis gewonnen werden, die sich ebenfalls kritisch mit dem Phänomen „Organisationslernen" auseinandersetzen.

Der erste Themenschwerpunkt *Organisationspädagogik* ist schon allein aus dem Grunde für diese Festschrift von großer Bedeutung als Harald Geißler aus heutiger Sicht als einer der maßgeblichen Autoren anzusehen ist, die das Thema Organisation in die deutsche pädagogische Diskussion eingebracht und dort etabliert haben. Dieser Themenschwerpunkt wird mit dem Beitrag von *Rolf Arnold* und *Lars Kilian* eingeleitet. Der von beiden Autoren angesprochene Denkwechsel äußert sich unter anderem in Form der zunehmenden Anerkennung der Bedeutung informellen Lernens für die Lebenswelt der Lernenden. Beide Autoren verweisen darauf, dass sich informelles Lernen nicht formalisieren lassen kann, fordern dahingehend zum Nachdenken auf, ob und wie informelles Lernen in pädagogisch intendierte Lehr-/Lernarrangements integriert werden könnte. *Michael Göhlich* stellt die Organisationspädagogik in Theorie, Praxis und empirischer Forschung vor. Ihm ist es wichtig, darauf zu verweisen, dass sich die Pädagogik als lernunterstützende Wissenschaftsdisziplin versteht und dieses Aufgabenfeld auch im Kontext von Organisationen wahrzunehmen hat. Diesbezüglich in eine ähnlich argumentative Richtung bewegt sich *Ortfried*

Schäffter, der konstatiert, dass sich nicht allein Bildungseinrichtungen innerhalb des Erziehungs- und Bildungssystems, sondern auch Unternehmen in „außerpädagogischen" organisationalen Feldern in Hinblick auf Lernen im Verlauf ihrer institutionellen Strukturentwicklung erforschen und lernförderlich unterstützen lassen müssen. *Timm C. Feld* und *Klaus Meisel* verweisen in ihrem Beitrag darauf, dass sich die neue erziehungswissenschaftliche (Teil-)Disziplin Organisationspädagogik auf einen vielversprechenden Weg begeben hat, da es ihr gelungen ist, den Fokus pädagogischen Denkens und Handelns zu weiten und nunmehr neben individuellen auch kollektive Lern- und Entwicklungsprozesse die Organisationspädagogik zukünftig verstärkt in den Blick zu nehmen.

Der zweite Abschnitt dieser Festschrift mit dem Titel *Die lernende Organisation* ist schon allein deshalb notwendig, weil Harald Geißler bereits relativ früh damit begonnen hat, Anregungen zu geben, wie kollektive Lernprozesse auch in nichtpädagogischen Organisationen mit pädagogischen Fragestellungen hinterfragt und begleitet werden können. Harald Geißler ist dabei der Frage nachgegangen, ob es Ansätze dafür geben kann, dass sich Organisationen vernünftig entwickeln können. Dies kann aus seiner Sicht und Überzeugung nur durch kollektives Lernen erfolgen, das qualitativ etwas anderes sein müsste als die Zusammenfügung des Lernens einzelner. Dieser zweite Abschnitt wird von *Stefan Kühl* eingeleitet, der im Verständnis der lernenden Organisationen einen Ansatz sieht, um die Angehörigen sich traditionell eher rational definierender Organisationen wie Unternehmen zu motivieren, sich von dem Status Quo zu trennen und auf das Abenteuer von Veränderungen einzulassen. *Rainer Zech* sieht im Strategischen Management und in der Strategieentwicklung Kernbausteine organisationaler Lernfähigkeit von Unternehmen. Während in früheren Zeiten das Top Management für derartige Prozesse alleine zuständig war und mit Hilfe rationaler Herangehensweisen dieser Herausforderung zu begegnen suchte, kommt es nunmehr darauf an, in der gesamten Unternehmung die Anzahl der innovativen Ideen zu erhöhen und diese in neue Produkte und Leistungen zu überführen.

Da auch Harald Geißler immer wieder auf die Verschränkungen zwischen individuellen und kollektiven Lernprozessen hingewiesen hat, widmet sich der dritte Abschnitt *individuellem und organisationalem Lernen*. *Manfred F. Moldaschl* befasst sich im Rahmen der Depistemologie des Organisationslernens mit der provokativen Frage, wie sich Menschen und Organisationen vor Erkenntnis schützen, und liefert mit seinen Vorstellung zur Institutionellen Reflexivität ein Konzept, mit dem personelle und strukturelle Lernbarrieren gleichermaßen analysiert werden können. *Detlef Behrmann* weist darauf hin, dass Lernen in der Organisation den Grundstein für das Reflexivwerden sozialer Prozesse in Organisation und Management legt. Auf diese Weise ermöglichen individuelle und organisationale Lernprozesse ein reflexives Management und schließlich gar reflexive bzw. gar „gebildete" Organisationen. *Sabine Seufert* spricht die besondere Bedeutung informeller Lernprozesse für die Ermöglichung kollektiver Lernprozesse an. Ein zentrales Moment ist Beitrages liegt in der Diskussion, wie informelles Lernen in Unternehmen systematisch organisiert werden könnte.

Der folgende Abschnitt mit dem Titel *Beratung und Coaching* steht auch für die neueren Arbeiten Harald Geißlers. Harald Geißler ist es dabei immer von Bedeutung gewesen, auf die besondere wechselseitige Beziehung von Organisationspädagogik und Organisationsberatung hinzuweisen. *Charlotte Heidsiek* betont in Anlehnung an die Vorstellungen Harald Geißlers die enge Verflochtenheit von Organisationsberatung, Organisationslernen und Professionalisierung. Alle diese Bereiche gilt es (organisations-)pädagogisch interdisziplinär zu hinterfragen und durch eine disziplinübergreifende Diskussion weiter zu entwickeln. *Maren Metz* stellt die Möglichkeiten *Virtuellen Coachings* dar, das als ein computer- bzw. onlinebasiertem standardisiertes, didaktisches Rahmenprogramm zwar das Gespräch mit einem Coach nicht ersetzen kann, aber Fragestellungen und Herausforderungen eines Menschen vorstrukturiert, damit der persönliche Lern- und Reflexionsprozesse effizienter gestaltet werden kann. *Frank Strikker* und *Melanie B. Flore* versuchen Coaching-Tools in einen systematischen Zusammenhang zu bringen und stellen einen „Würfel von Coaching-Werkzeugen vor, das eine große Hilfestellung bei der Coaching-Ausbildung geben kann. Hierbei erhält ein Coach in der Vor- und Nachbereitung die Möglichkeit zu erfahren, warum bestimmte Coachingaufträge erfolgreich und andere weniger erfolgreich verlaufen. *Andre Lehnhoff* und *Wendy Kendall* vertreten die Auffassung, dass nicht länger eine reine „Defizitorientierung" im Sinne eines ständigen „Verbessernwollens" von nicht vorhandenen oder wenig ausgeprägten Eigenschaften von Führungs(nachwuchs)kräften weiter hilft, sondern dass vielmehr nach Stärken bei Führungs- und Führungsnachwuchskräften gesucht werden muss, die es qua Dialog mit erfahrenen Managern weiter zu entwickeln und zu fördern gilt. Ein derartiges Stärken-basiertes Mentoring kann als Nukleus für Lernende Organisationen angesehen werden.

Der Abschnitt *Führung* widmet sich einem Bereich, den Harald Geißler immer als conditio sine qua non für erfolgversprechende organisationale Lernprozesse angesehen hat, nämlich das vorherrschende Führungverständnis. Harald Geißler betonte vor diesem Anspruchshintergrund immer die besondere Bedeutung von Dialog, Mitunternehmertum und wirklichen fairen Verhandlungsspielräumen, um durch Führung kollektives Lernen zu ermöglichen. *Elke Moning* und *Jendrik Petersen* regen in ihrem Beitrag dazu an, „betriebs-pädagogische Professionalität" zunächst einmal klar zu bestimmen und ohne Zweifel mit dem Begriff Führung zu verbinden. Da sich Betriebspädagogen in sich teilweise widersprechenden Kontexten bewegen und Problemlösungen anzubieten haben, reicht es aus Sicht beider Autoren folglich *nicht mehr* aus, sich geradezu naiv-träumerisch-pädagogisch *ausschließlich* zum Anwalt des *betriebspädagogischen* Zöglings „Mitarbeiter auf niedrigeren Hierarchiestufen" zu erklären, sondern es gilt statt dessen nicht zuletzt aufgrund des Machtpotenzials von Führungskräften den Blick dahingehend zu weiten, besonders die Führungskräfte in den unterschiedlichsten Organisationen anzusprechen, zu überzeugen und mittel- bis langfristig als Promotoren und Multiplikatoren für die Etablierung einer dialogischen Führungskultur zu gewinnen. *Volker Naumann* unterstreicht im Anschluss die besondere Bedeutung des Zusammenhanges von Führungsidentität, Führungsinteraktion und Identitätslernen im Führungsalltag in modernen nicht-hierarchischen und schwach formalisierten Organisationen, in denen immer mehr Gestaltungsraum, aber immer weniger Ordnung und Stabilität vorherrschen. Diese Entwicklung fordert die Führenden immer stärker dazu auf, sich weniger fachlichen, sondern vielmehr emotionalen und motivationalen Führungsaufgaben zu widmen.

Den Abschluss des Sammelbandes bildet der Beitrag von *Thomas vom Bruch*, der sich weniger unmittelbar mit Organisationslernen im 21. Jahrhundert befasst, sondern die gesellschaftliche Rahmensetzung für organisationale Lernprozesse in den Blick nimmt. Trotz lebhafter, nicht immer sachlich geführter Debatten über die Zukunft der Bildung und des Bildungsstandortes vertritt vom Bruch die These, dass Bildung und ihre System der Evolution und nicht der Revolution bedürfen. Weiterhin betont er die Notwendigkeit eines gesellschaftlich-politischen Klimas, das sich durch gegenseitigen Respekt sowie durch „Fördern und Fordern" kennzeichnen lässt. Bei einer Beherzigung dieser Anregungen müssten auch organisationale Lernprozesse im 21. Jahrhundert noch besser die Spannungsfelder Effizienz und Humanität miteinander verbinden können – Harald Geißler wird weiterhin einen wertvollen Beitrag leisten.

Wir bedanken uns an dieser Stelle ganz herzlich bei den Autorinnen und Autoren dieses Bandes für ihre kollegiale Kooperation und ihr großes Engagement – und bei Frau Voß-Schubin, deren Unterstützung einfach unerlässlich ist.

Charlotte Heidsiek
Jendrik Petersen

Rolf Arnold/Lars Kilian

Von der Betriebs- zur Organisationspädagogik – ein Denkwechsel für Bildungstheorie und -praxis

Die Betriebspädagogik hat eine schmale und darüber hinaus historisch nicht ganz unproblematische akademische Basis. Als Reflex auf die Zuständigkeit der Betriebe für die Planung und Gestaltung wesentlicher Teile der Ausbildung im dualen System der beruflichen Bildung durchlief die Betriebspädagogik unterschiedliche paradigmatische Ausdrucksformen, welche hier nicht im Einzelnen dargestellt werden können (vgl. Arnold 1990). Entscheidend ist vielleicht der Sachverhalt, dass die Betriebspädagogik schon früh, den „Betrieb als Erziehungsfaktor" (Abraham 1978) in den Blick nahm – eine Perspektive, die deutlich über das – in vielfacher Hinsicht überlebte – Berufsparadigma der Berufs- und Wirtschaftspädagogik und dessen instrumentelle Engführung hinauswies: Es war nicht mehr allein das Biographiemuster „Beruf", welches das Denken bestimmte und auch festlegte, sondern es rückte bereits damals der organisatorische Kontext des Erwerbshandelns in den Blick, dessen Wirkungszusammenhänge, Strukturen und Funktionsmechanismen sich nicht allein über berufspädagogische Leitdifferenzen erschließen, sondern auch über wirtschafts-, regionalsowie bildungspolitische Unterscheidungen.

Mit ihrer Betriebsorientierung schlug die Betriebspädagogik einen Weg ein, der den Einzelnen nicht als Individuum in den Mittelpunkt rückte, sondern diesen als Mitglied einer kollektiven Einheit konzipierte, welche sich durch intersubjektives Handeln konstituiert. Anfänglich wurde dieser Blick durch funktionalistische Perspektiven und Mythologisierungen stark verstellt, da man im betrieblichen Erfahrungsraum vor allem eine Art „Exerzierplatz der Nation" sah, auf welchem auch Schlagwortorientierungen, wie „Eisen erzieht" ihre eigentlichen Anwendungsmöglichkeiten suchten und fanden. Erst in den 1970er und 1980er Jahren wurde die „Lebenswelt Betrieb" in ihrer sozialisatorischen Bedeutung genauer ausgelotet, wobei auch deren enkulturierenden sowie identitätsprägenden Wirkungen für die Entwicklung des Einzelnen deutlicher in den Blick rückten. Von nachdrücklicher Wirkung waren in diesem Zusammenhang die Untersuchungen von Wolfgang Lempert, Fritz Oser u.a. über die moralpädagogischen Dimensionen des betrieblichen Lernens, ebenso bedeutsam wurde aber auch – vor dem Hintergrund der deutschen Einigung – die erwachsenenpädagogische „Entdeckung" des Lernortes Betrieb sowie des Lernkulturwandels, wie sie u.a. in den Arbeiten im Umfeld von QUEM Gestalt annahmen. Nun entdeckte auch die Erwachsenenpädagogik wieder stärker den Lern- und Erfahrungsraum „Lernen im Prozess der Arbeit", und es fanden sich Foren, auf denen Vertreter der betrieblichen Personalentwicklung einerseits und Weiterbildungsforscher andererseits ihre Denkmodelle und Fragen in einem gemeinsamen Diskurs austauschen konnten[1].

Mythos Praxisabstinenz

Es ist ein bekanntes Phänomen, dass die Wissenschaft an den Universitäten von den Betrieben häufig wegen ihrer Praxisabstinenz bzw. -ferne kritisiert wird, die betriebliche Weiterbildung selbst gleichzeitig jedoch in starkem Maße von der Mitwirkung universitärer DozentInnen lebt. Dieses Faktum bereits ist bemerkenswert. Der Mythos der Praxisabstinenz hält jedoch nach meinem Eindruck auch einer kritischen Analyse von HochschullehrerInnen-Biographien nicht stand. Häufig ist bei der Besetzung – auch universitärer – HochschullehrerInnen-Stellen die eigene Praxiserfahrung eine wichtige – im Falle der Pädagogik in den meisten Bundesländern zumeist auch unverzichtbare – Berufsvoraussetzung. Im Einzelfall scheint der generelle Verdacht nicht bestätigt zu werden, so dass sich für einen kritischen Sozialwissenschaftler die Frage ergibt, mit welchem Nutzen (für Unternehmen und einzelne ihrer Vertreter) der Vorwurf der Praxisabstinenz an die Wissenschaft verbunden sein mag? Um diese Frage zu beantworten, muss man nicht weit gehen: *Es geht um Selbstschutz, d.h. um die Verteidigung einer Lebens- und Sinnwelt gegenüber den – vermeintlichen – Infragestellungen durch eine andere Sinnwelt – der man sich dereinst vielleicht selbst stärker verpflichtet fühlte –, welche auch Deutungen, Interpretationen und Handlungsanleitungen produziert, ohne jedoch die prinzipiell andere Handlungslogik, welcher diese Deutungen entspringen, stets mit zu bedenken.*

Insgesamt gilt aber auch und gerade bei der Unterstellung eines Theorie-Praxis-Schismas, dass dieses selbst sich einer begrifflichen Gegenüberstellung verdankt, deren Festlegungen gleichzeitig mit Wirkungsannahmen arbeiten, die gesetzt bzw. überliefert, aber selten durchdacht, noch erwiesen sind. Diese Selbstverständlichkeiten gilt es zu dekonstruieren – ein Vorgang, welcher uns – angeregt durch die französischen Poststrukturalisten – verdeutlicht, dass uns vielfach unsere wohlfeilen Sprachmuster eine Wirklichkeit darstellen, welche nur deshalb in Erscheinung zu treten vermag, weil wir durch die Denk- und Sprachmuster auf sie blicken, über die wir verfügen. In diesem Sinne ist unsere

---

[1] Doch bereits vorher schon ebneten in Deutschland unterschiedliche Initiativen diesem sich abzeichnenden Denkwechsel den Weg. Besonders zu erwähnen sind in diesem Zusammenhang die „Betriebspädagogischen Theorie-Praxis-Tage", wie sie von Harald Geißler in den 1990er Jahren ins Leben gerufen und in regelmäßigen Abständen durchgeführt wurden. Harald Geißler eröffnete durch seine Einladungen zum Dialog zahlreiche Annäherungs- und Auseinandersetzungschancen für die Entwicklung einer kritisch-konstruktiven Betriebspädagogik, die weder praxisabstinent, noch theorielos ausgerichtet ist und auch nicht bloß mit rhetorischen Integrationsbehauptungen arbeitet.

Wahrnehmung auch stets eine Wahrgebung, wie die Konstruktivisten treffend sagen. Eine weitere wichtige Zugangsweise zur Transformation der Festlegungen durch den Praxisabstinenzmythos eröffnet demnach eine sprachphilosophisch durchdachte Begriffskritik, welche der nüchternen Einsicht folgt, dass es unsere Begriffe sind, die uns das Denkmögliche einflüstern und so unser Bild von der Wirklichkeit bestimmen. Konkret: Woher kommt die Gegenüberstellung von ökonomischer und pädagogischer Vernunft? Und: Was nützt uns diese Gegenüberstellung in unseren Diskursen? *Eine Antwort geht in eine ähnliche Richtung, wie die bereits oben erwähnte: Es geht auch in den wissenschaftlichen Diskursen um Selbstschutz, d.h. um ein Festhalten an den überlieferten Begriffen und Denkformen, deren Hinterfragung oder gar Infragestellung zu bisweilen heftigen Abwehrgefechten Anlass geben. Diese Entschlossenheit zeigt, dass auch wissenschaftliche Kontexte stets darum bemüht sind, ihre Lebens- und Sinnwelten verbissen gegenüber neuen Deutungen zu verteidigen. Wenn man an dem Bild eines unversöhnlichen Gegensatzes von Allgemein- und Berufsbildung festhält, dann kann man Konzepte, die diesen Gegensatz in Frage stellen nur in den alten Denkwegen „verarbeiten" und ihre Vertreter als Verfechter einer subtilen Ausgrenzung des emanzipatorischen Anliegens „brandmarken" – symbolische Reaktionen, die nicht wirklich zu neuen Formen des Denkens und der Konzeptionalisierung von Wirklichkeit führen und Veränderungen des Erkennens letztlich ausschließen. Das Neue kann nur in den Denk- und Wahrnehmungsformen des Alten in Erscheinung treten, wodurch zugleich gewährleistet wird, dass im akademischen Weltbild alles so bleiben „darf", wie es ist.*

Es sind diese beiden konservativen Motive unserer Wahrnehmungs- und Erkenntnistätigkeit, welche überwunden und geöffnet werden müssen, um die betriebliche Wirklichkeit auch dem wissenschaftlichen Denken in einer anderen Weise in Erscheinung treten zu lassen. Dies ist nicht leicht, da auch eine solche Dekonstruktion und Rekonstruktion letztlich nur mit den sprachlichen Formen arbeiten kann, über welche wir verfügen können. Diese sind – wie beschrieben – stets konservativ kontaminiert – eine Eingrenzung, die bei ihrer Verwendung mitbedacht werden muss. Zudem bedarf es einer nüchternen Betrachtung der eigentlichen Handlungslogik(en) von Wissenschaft und Praxis, um – jenseits der banalen Lebenswelt- und Sinnwelten-Gebundenheiten – die Unterschiedlichkeit der funktionalen Handlungslogiken nicht aus dem Blick zu verlieren. *Nur indem wir die Unterschiedlichkeit der Handlungslogiken von Wissenschaft und Praxis berücksichtigen, können wir auch Möglichkeiten eines fruchtbaren Zusammenwirkens bestimmen. Denn die Erwartung, dass wissenschaftliche Erkenntnisse sich nach den Bedingungen der Praxis bemessen müssten, geht mit zahlreichen technologischen Kurzschlüssen einher, die letztlich die eigentlichen Potenziale beider Lebensformen mehr beschneiden als verschränken.*

Welten des Umgangs mit betrieblicher Wirklichkeit

Bei nüchterner Betrachtung lassen sich zunächst drei unterschiedliche Spielarten („Welten") des Umgangs mit Wirklichkeiten unterscheiden, wobei deutlich wird, dass jede jeweils bloß im Rahmen ihrer eigenen Handlungslogik eine nachhaltige Wirksamkeit entfalten kann. Die Verwechslung dieser unterschiedlichen Handlungslogiken – in dem Sinne, dass man von der Wissenschaft eine unmittelbare Anleitung erwartet, ist eigentlich ein Denk- bzw. Kategorienfehler, da man aus der Welt des „Erklärens und Verstehens" unmittelbare Konsequenzen für die Welt des „Handelns und Gestaltens" folgern zu können glaubt, was allerdings nicht bzw. nur in bestimmten – eher durch technologisch-lineare Modelle konstituierten Kontexten möglich ist. Betriebliche Wirklichkeiten jedoch sind keine technologisch-linearen Wirklichkeiten, sondern soziale Sinn- und Lebenswelten, in denen das, was die Menschen von sich und der Welt erwarten das bestimmt und prägt, was sie an Veränderungen und Gestaltung zulassen und mittragen.

	Welt A: Wissenschaft	Welt B: Praxis	Welt C: Systemik
Handlungslogik	Erklären	Handeln und Gestalten	Spüren und Verstehen
Wirksamkeit	Nur das kann wirksam werden, was das Gegebene und Neue so beschreibt, dass Zusammenhänge und Un(ge)sicher(t)heit präziser fassbar werden. Neue Erklärungen müssen dabei an bisherige anschließen bzw. ihren „Mehrwert" diskursiv und empirisch entsprechend der anerkannten Kriterien von Glaubwürdigkeit und Zulässigkeit reliabel, valide und objektiv begründen.	Nur das kann wirksam werden, was – unter Anschluss an Bisheriges – zu überzeugen vermag und neue Wege des Handelns und der Gestaltung von Praxis empfiehlt, erprobt und evaluiert. Leitendes Kriterium ist der Erfolg, welcher sich nach den in den in Anwendungskontexten üblichen Kriterien der Nützlichkeit bzw. der Effizienz und der Effektivität begründet.	Nur das kann wirksam werden, was uns bewegt. Aus diesem Grunde gilt es die Grenzen dessen auszuloten, was Menschen an Irritation, Un(ge)sicher(t)heit, Infragestellung und Neukonstitution auszuhalten vermögen. Kriterium ist die Gangbarkeit (Viabilität) neuer Formen des Umgangs mit der betrieblichen Wirklichkeit.
wechselseitige Relevanz für andere Welten	Wissenschaft, welche sich – „selbsteinschließend" (sensu Varela) – als Praxis zu reflektieren vermag, kann ihre Stärken des Diskurses und der Erarbeitung empirischer Hinweise in einer stärker anschlussfähigen Weise darbieten und so eine leichtere Verschränkung mit den Erfolgskriterien des Handelns und Gestaltens erreichen.	Anwendungskontexte, die sich stärker auf die einer grundsätzlichen Zugangsweisen des wissenschaftlichen Diskurses einlassen und auch immer wieder empirische Belege für das Gewohnte einfordern und sich so mit der Wissenschaft verschränken, öffnen ihre Handlungslogik gegenüber den Anregungen der Wissenschaft, ohne von dieser unmittelbare Handlungs- und Gestaltungsempfehlungen zu erwarten.	Indem systemisches Denken sich gleichermaßen den Weisen der Welterzeugung und des Weltumgangs von Wissenschaft und Praxis annimmt, kann es gelingen, zu Formen einer experimentellen Gestaltung von Anwendungskontexten zu gelangen, welche auch der Wissenschaft neue Konzepte, Begriffe sowie Erfolgskriterien zu stiften vermag. Dabei kann Nützlichkeit sich zu einem verbindenden Leitkriterium entwickeln.

Abb. 1: Welten des Umgangs mit Wirklichkeiten

Die Unterscheidung und Verschränkung dieser drei Welten des Umgangs mit (betrieblicher) Wirklichkeit können auch dazu dienen, den betriebspädagogischen Theorie-Praxis-Bezug neu zu justieren – sowohl wissenschaftstheoretisch, als auch veränderungspraktisch. Dabei kommt dem Veränderungsblick m.E.

eine grundsätzliche Bedeutung zu, da eine auch wissenschaftlich wirklich tragfähige Erklärung sowie ein profundes Verstehen betrieblichen Lernens nur im Kontext der Veränderung betrieblicher Anwendungskontexte wirklich entstehen können. „You cannot understand a system unless you change it" sagen die Konstruktivisten und verweisen damit auf einen Erkenntnispfad, auf welchem wir – gefangen in unseren Kokon des erwartungsgemäßen Sehens – allmählich lernen, unsere gefangene Beobachtungsposition neu zu bestimmen – eher in mäandrierender Suchbewegung, bei welcher uns Begriffe entgleiten, wir neue erfinden und erproben, doch stets darum bemüht aus unserem Kokon auszusteigen, um die lichten Höhen einer uns verbindenden Gewissheit zu erreichen, wohl wissend, dass uns diese nicht zugänglich sind. Doch wir können uns in einer neuen Weise auf Sprache einlassen, indem wir lernen, die Ergebnisse unseres Suchens und Probierens immer wieder neu zu fassen, wissend, dass wir mit „Such-" und nicht mit „Findebegriffen" arbeiten, um eine Unterscheidung von Rilke aufzugreifen.

Wissenschaftliche Veränderungssprache zum betrieblichen Lernen

Wissenschaft ist ein sprachgebundenes Unterfangen: Es sind die „auf den Begriff gebrachten" Konzepte, durch welche wir auf die Formen der betrieblichen Kooperation blicken und dabei nur das sehen, was wir zu erkennen vermögen. In diesem Sinne war und ist der berufspädagogische Diskurs einem Berufskonzept verpflichtet, dessen Tauglichkeit bereits früh hinterfragt und durch andere Konzepte, wie z.B. das Konzept der Arbeit, ersetzt wurde. Kritisiert wurden dabei vor allem die historisch überlieferten, heute aber ideologischen Aufladungen dieses Begriffes, welche letztlich eine Berufsmetaphysik entstehen ließen, die zunehmend weniger reale Entsprechung in den Lebenswelten der Menschen findet. Insbesondere angesichts der Dynamik und Fragilität zahlreicher Beschäftigungsverhältnisse sowie in Anbetracht der Segmentation der Arbeitsmärkte wird die begrenzte Tauglichkeit eines Konzeptes, welches durch die Vorstellung einer dauerhaften und stabilen Rahmung der Biographie geprägt ist, offensichtlich. Sicherlich: Es gibt auch – ungewollt konstruktivistisch daherkommende – Begründungen, welche in dem Konzept des Berufes allein bereits eine wirkmächtige, die gesellschaftliche Macht der Erwerbstätigen schützende soziale Konstruktion der Wirklichkeit sehen, welche allein deshalb, weil sie die soziale Sinnstiftung prägt, Ausdruck einer gesellschaftlichen Konstruktion der Wirklichkeit darstellt, welche erhalten und durch eine kritische Berufs- und Betriebspädagogik unterstützt werden muss.

   An dieser Stelle wird deutlich, dass Sozialwissenschaft es nicht bloß mit einer nüchternen Analyse der Gegebenheiten zu tun hat, sondern stets durch die Art und Begründung ihrer Konzepte auf diese Wirklichkeit blickt und dabei Unterscheidungen trifft, welche sich letztlich einer Entscheidung verdanken. Grundlegend ist dabei für die berufs- und betriebspädagogischen Diskurse die Unterscheidung zwischen Beruf und Betrieb geworden, wobei unter der Kategorie „Beruf" die biographischen Ansprüche des Subjektes (Erfüllung, Perspektive, Teilhabe etc.) gefasst sind, während „Betrieb" sich stärker auf die überindividuellen Aspekte der ökonomisch erfolgreichen Organisation von Kooperation bezieht, wobei sich ein Großteil der theoretischen Fragen und Probleme aus genau dieser Tatsache herleiten lassen, dass Beruf und Betrieb unterschiedlichen systemischen Handlungslogiken verbunden sind. Es ist die Aufgabe einer zeitgemäßen Betriebspädagogik, diesen systemischen Spannungslagen nachzuspüren und dabei auch Konzepte und Begriffe aufzugreifen, welche bisherige theoretische Ausschlüsse und Gegensätzlichkeiten zu integrieren vermag, um dies auf einer anderen Ebene in den Kontext einer neuen Leitunterscheidung einzubinden.

In diesem Sinne wurde in der Betriebspädagogik und der Betriebswirtschaftslehre gleichermaßen das Konzept der Selbstorganisation aufgegriffen, welches dazu geeignet ist, das berufliche Handeln einerseits sowie die Ausdrucksformen und Entwicklungen der betrieblichen Kooperation andererseits in einem einheitlichen Konzept neu zu fassen. Selbstorganisation findet ihr Pendant in einem selbstgesteuerten Lernen, welches ein in hohem Maße selbstgesteuertes Lernen ist. Beide Konzepte verweisen auf die begrenzte Steuerbarkeit dieser Entwicklungen und auf die Notwendigkeit, Intervention neu zu denken. Dadurch fokussieren beide Betrachtungs- und Analyseweisen dieselbe Handlungslogik, wodurch die Entwicklung betrieblicher Organisationen einerseits sowie ihr Lernen andererseits sich mehr und mehr als zwei Seiten derselben systemischen Entwicklung darstellen. Diese weiß sich einer neuen Leitunterscheidung verpflichtet – der Nachhaltigkeit oder Nicht-Nachhaltigkeit der Entwicklungen, d.h. der individuellen und der kollektiven Lernbewegung.

Neu im Blick: das informelle Lernen

Der Blick auf das informelle Lernen hat die Bildungsdebatte zu einer neuen Ehrlichkeit geführt. Es geht dabei im Kern um eine nüchterne Betrachtung der tatsächlichen Kompetenzbildungswirkungen unterschiedlicher Modalitäten der Lehr-Lern-Inszenierung.

Aufgeschreckt durch das 80:20-Dilemma, welches besagt, dass Menschen 80% ihrer beruflichen und Alltagskompetenzen unabhängig und außerhalb von Bildungsinstitutionen erwerben (hierzu unten mehr), sieht sich die Dominanz des Formalisierungsparadigmas grundlegend infrage gestellt. Es gilt – wie uns auch die konstruktivistische Lernforschung nahe legt – die ohnehin wirksame selbstgesteuerte Aneignung durch die Lernenden mit geeigneten Dienstleistungsstrukturen (Stichwort: „Lerndienstleistungen") sowie die verstärkte Nutzung entgrenzter Lernformen (eLearning, angeleitetes Selbststudium usw.) wirksam zu fördern und die Strategie eines *Wandels der Lernkulturen* selbst als Leitlinie einer zeitgemäßen Bildungspraxis zu definieren. Dies begünstigt letztlich auch den Wandel der Formen betrieblicher Personalentwicklung, welche sich mehr und mehr als lebenslange Wege der Anregung und Begleitung von lernbiographischen Entwicklungen versteht. Ein solcher Lernkulturwandel der betrieblichen Personalentwicklung setzt facettenreich an, wie folgende Abbildung in einer groben Strukturierung zeigt:

Lernorte / Kompetenz-Dimensionen	Lernen im Prozess der Arbeit	Lernen im sozialen Umfeld	Lernen in Institutionen	Lernen im Netz
Fachliche Kompetenz-entwicklung **Außer-fachliche Kompetenz-entwicklung (sozial, methodisch, emotional)**	In diesem Kontext sind die verschiedenen weiterbildungspolitischen Ansätze neu zu begründen. Diese haben sich von den oben erwähnten „Illusionen" zu befreien und sowohl dem Aspekt des Lernkulturwandels, als auch dem der Kompetenzentwicklung Rechnung zu tragen: • *Lernkulturwandel* bedeutet, dass man auch die nicht institutionalisierten Orte und Formen eines selbstgesteuerten Erwachsenenlernens (z.B. im Netz) gezielt in den weiterbildungspolitischen Fokus rückt (grau unterlegt) • *Kompetenzentwicklung* bedeutet, dass man sich nicht nur auf das fachliche Lernen (Illusion: „Wissen stiftet Kompetenzen") bezieht, sondern auch – und didaktisch gezielt – die außerfachliche Kompetenzentwicklung unterstützt (grau unterlegt)

Abb. 2: Die „ganze" Personalentwicklung

Bei dieser Weitung des Fokus geht es nicht um ein Entweder-oder, sondern um ein Sowohl-als-auch. So wird z.B. die institutionalisierte Weiterbildung nicht obsolet, sie ist aber neu zu begründen und weiter zu entwickeln. Sie muss sich zu einer erschließenden, begleitenden und beratenden Aktivität des informellen Lernens wandeln. Hierzu müssen sich die Lernkulturen in der Personalentwicklung, d.h. die routinemäßigen Formen der Inszenierung von Lehr-Lernprozessen, verändern. Sie muss sich stärker gegenüber den selbstgesteuerten Lernprojekten Erwachsener im Prozess der Arbeit, in der Lebenswelt sowie im Netz öffnen. Personalentwicklung und Weiterbildung wandeln sich so zu aufsuchenden und begleitenden Formen der Ansprache, Anregung und Beratung. Dafür müssen sie sich „entgrenzen", d.h. die Mauern der geschaffenen Institutionen (z.B. Aus- und Weiterbildungszentrum, Bildungsstätte) überwinden, und es müssen verstärkt plurale Distribuierungsmodalitäten sowie Lernarrangements zum Einsatz gelangen. Indem Weiterbildung sich solchermaßen zu entwickeln vermag, löst sie sich von engen Monokonzepten (Primat des formellen Lernens) ebenso, wie von einem undifferenzierten Versus-Denken (formell versus informell) und wird nüchterner, aber auch mutiger im Ausloten sowie der Ausgestaltung einer Integration von formellem und informellem Lernen[2].

Der rasante Verfall der Wertschätzung institutionalisierter Formen der Aus- und Weiterbildung geht u.a. auf die Faure-Kommission der UNESCO Anfang der 70er Jahre des letzten Jahrhunderts zurück, die bereits in ihrem damaligen Bericht festgestellt hatte, dass circa 70% aller menschlichen Lernprozesse informell stattfinden (vgl. Faure/Herrera/Kaddoura 1972). Vor dem Hintergrund der Entgrenzung von Leben und Arbeit gewinnt dieser Sachverhalt an Bedeutung. Über formelles Lernen wird es zunehmend schwieriger, zum einen für Problemlösungen häufig notwendige Spezialkenntnisse zu vermitteln, zum anderen diese Kenntnisse „up to date" zu halten. Formelles Lernen steht nämlich vor der schier unlösbaren Schwierigkeit, „die sich erweiternde Vielfalt von Lerngegenständen innerhalb der ‚Wissensgesellschaft' noch curricular zu fassen" (Overwien 2004, S. 51). Dieser Tendenz kann durch die Entwicklung von Selbstlernkompetenzen und die Förderung informeller Lernarrangements, wie sie im Rahmen der Selbstorganisationswende von Betriebspädagogik und Betriebswirtschaftslehre an Bedeutung gewannen, wirksam entgegengewirkt werden.

Eine weitere wesentliche Begründung ist darin zu sehen, dass informelles Lernen die „natürlichste/ursprünglichste" Art eines Lernens im Lebenslauf darstellt. Mittels aufsuchend und entgrenzt gestalteter Lernformen lassen sich deshalb auch Personengruppen ansprechen, welchen formale Lernangebote verschlossen geblieben sind bzw. von ihnen nicht erfolgreich durchlaufen werden konnten. Betrachtet man die Beteiligungsstrukturen bei Weiterbildungen, so wird deutlich, dass „Personen mit einer hohen Allgemeinbildung und einer abgeschlossenen Berufsausbildung zu einem hohen Prozentsatz an Weiterbildung teilnehmen, während die Geringqualifizierten unterrepräsentiert sind" (Arnold/

---

[2] Formelles Lernen ist „auf die Vermittlung festgelegter Lerninhalte und Lernziele in organisierter Form gerichtet. Es zielt auf ein angestrebtes und vorgegebenes Lernergebnis und richtet die Lernprozesse didaktisch-methodisch und organisatorisch danach aus" (Dehnbostel 2003, S. 5). Charakteristisch für formelles Lernen ist, dass die Orientierung an didaktisch-methodischen Kriterien in einem organisierten, institutionellen Rahmen stattfindet, auf ausgewiesene Lernziele und -inhalte abzielt und i.d.R. von einer professionell vorgebildeten Person begleitet wird (ebd.). Formelles Lernen ist meist zertifizierbar. Non-formelles Lernen unterscheidet sich insofern, als dass es üblicherweise nicht in einer Bildungseinrichtung stattfindet und selten mit einer Zertifizierung einhergeht. Jedoch ist es aus Sicht der Lernenden ein intendierter, zielgerichteter und zweckhafter Prozess. Informelles Lernen bezeichnet Dehnbostel als Lernen über Erfahrungen, bei welchem sich ein Lernergebnis einstellt, welches im Vorfeld nicht bewusst vom Lernenden angestrebt wurde. Eine Intention kann beim Informellen Lernen vorliegen, die jedoch auf andere Ziele und Zwecke gerichtet war. Diese Lernform ist nicht institutionell gekoppelt. Das Lernergebnis folgt einer Situationsbewältigung/Problemlösung und wird nicht professionell begleitet (vgl. ebd., S. 5).

Schiersmann 2004, S. 36). Durch die Anerkennung informell erworbenen Wissens ist es möglich, diesen Personen neue Beschäftigungsfelder zu eröffnen bzw. gezielt mit aufbauenden formellen Weiterbildungsangeboten sinnvolle Unterstützungsleistungen anzubieten.

Auf die neuen Anforderungen in der Lebens- und Arbeitswelt wurde bildungspolitisch reagiert. Eine zentrale Stellung nimmt das von der EU 1995 veröffentlichte „Weißbuch zur allgemeinen und beruflichen Bildung. Lehren und Lernen. Auf dem Weg zur kognitiven Gesellschaft" ein (http://europa.eu.int/comm/education/doc/official/keydoc/lb-de.pdf). Hierin wird die Entwicklung der Eignung zur Erwerbstätigkeit als Antwort auf die neuen Herausforderungen der Informationsgesellschaft, Globalisierung und der wissenschaftlich-technischen Zivilisation gesehen. Informelles Lernen wird in dem Weißbuch vor allem mit beruflicher Bildung verbunden (vgl. Bretschneider 2004, S. 1). Und auch die Empfehlungen des Innovationskreises Weiterbildung beim BMBF enthalten zahlreiche Anregungen, Forderungen sowie Förderperspektiven, welche auf eine stärkere Einbeziehung des – informellen – Lernens im Prozess der Arbeit bezogen sind.

Im „Memorandum über Lebenslanges Lernen" aus dem Jahr 2000 findet eine zunehmende Konkretisierung der Strategie zur Gestaltung des Prozesses lebenslangen Lernens statt. „Lebenslanges Lernen ist nicht mehr bloß ein Aspekt von Bildung und Berufsbildung, vielmehr muss es zum Grundprinzip werden, an dem sich Angebot und Nachfrage in sämtlichen Lernkontexten ausrichten. Im kommenden Jahrzehnt müssen wir diese Vision verwirklichen" (Kommission der Europäischen Union 2000, S. 3). Das Memorandum fokussiert bei der Umsetzung des Ziels auch non-formelle und informelle Lernprozesse: „Das Kontinuum des lebenslangen Lernens rückt das nicht-formale und das informelle Lernen stärker ins Bild" und weiter: „Der neue Begriff eines ‚lebensumspannenden Lernens' bringt eine neue Dimension in das Bild ein, indem er auf die ‚räumliche' Ausdehnung des Lernens abstellt, das in allen Lebensbereichen und -phasen stattfinden kann. Die ‚lebensumspannende' Dimension verdeutlicht die Komplementarität von formalem, nicht-formalem und informellem Lernen" (ebd., S. 10).

Aufbauend auf dem „Memorandum über Lebenslanges Lernen" folgt 2001 die Mitteilung der Europäischen Kommission „einen europäischen Raum des lebenslangen Lernens schaffen" (Europäische Kommission 2001), welche Strategien zur Umsetzung vorsieht. Brettschneider (2004) stellt folgende Aussagen zentral heraus:

> „In Bezug auf informelles Lernen werden unterschiedliche Bausteine einer solchen Strategie benannt. Neben der Forderung nach einer angemessenen Mittelausstattung über das gesamte Spektrum formalen, nicht-formalen und informellen Lernens (…), der Einbeziehung nicht-formalen und informellen Lernens in die im formalen Sektor geltenden Vorschriften für Zugang, Bildungsweg und Anerkennung (…) wird auch darauf

hingewiesen, dass Lernen, vor allem nicht-formales und informelles Lernen in allen Bereichen, anerkannt und belohnt werden muss, so dass auch diejenigen zum Lernen ermutigt werden, denen Lernen völlig fremd geworden ist, also eine Lernkultur geschaffen werden muss." (Bretschneider 2004, S. 4)

Mit der Förderung lebenslangen Lernens zeichnet sich vor dem Hintergrund der Verwertbarkeit von durch non-formelle und informelle Lernarrangements angeeigneten Inhalte eine stärkere Berücksichtigung der Anerkennung der auf diese Weise erworbenen Fähigkeiten, Fertigkeiten und Kenntnisse ab. Zunehmend wird gezielt speziell die Zertifizierung solcher Leistungen in den Blick genommen, wie es sich bereits im Bericht der Europäischen Kommission von 2001 und in Folge auch im 2002 vorgelegten Aktionsplan der Kommission für Qualifikation und Mobilität" und dem „Vorschlag für eine Entscheidung des Europäischen Parlamentes und des Rates über ein einheitliches Rahmenkonzept zur Förderung der Transparenz von Qualifikationen und Kompetenzen (Europass)" von 2003 abzeichnet (vgl. hierzu konkreter Bretschneider 2004, S. 4ff.).

Trends und Forschungsschwerpunkte

Mit der zunehmenden Anerkennung der Bedeutung informellen Lernens für die Lebenswelt des Einzelnen sowie dessen gesellschaftliche und wirtschaftliche Relevanz stellt sich die Frage, wie solche Lernformen gefördert, ausgebaut und genutzt werden können. Zwar lässt sich informelles Lernen nicht formalisieren, jedoch sollte erprobt und überprüft werden, ob und wie informelles Lernen in pädagogisch intendierte Lehr-/Lernarrangements zu integrieren ist bzw. diese ergänzen. Hierfür ist eine vertiefende Forschung notwendig, welche die das informelle Lernen beeinflussenden Faktoren extrahiert. Gerade die digitalen Medien (PC und Internetanwendungen) regen aufgrund der Möglichkeiten, zeit- und ortsungebunden auf eine Vielzahl externalisierter Informationen zuzugreifen sowie mit anderen Personen in Kontakt zu treten, informelles Lernen an und unterstützen es. In diesem Bereich lassen sich verstärkt Untersuchungen ausmachen, die die Gestaltung informeller Lernprozesse tangieren (vgl. u.a. Arnold 2003, Hinze 2004, Merkt 2005). Es gibt jedoch noch mehr offene als bereits geklärte Fragen. Diese betreffen vor allem die Gestaltung von Lernräumen und -angeboten ebenso wie die Auswahl von Lerngegenständen, die Organisation und Struktur von Gruppen oder den Grad möglicher und notwendiger Formalisierung des informellen betrieblichen Lernens. Dabei sollte darauf geachtet werden, nicht „die vielerorts noch vorherrschende frontalunterrichtliche Wissensmast sozusagen virtuell zu verdoppeln" (Arnold/Schiersmann 2004, S. 44), sondern gezielt die Stärken der neuen Formen des Lernens zu fördern. Dieser Aspekt bleibt vor dem Hintergrund der Fortschreibung der Entwicklung internetbasierter Inhalte – Stichworte: Web 2.0, social software oder mobile learning – relevant.

Mit der Berücksichtigung, Förderung und Nutzung informeller Lernprozesse verbunden ist die Frage, welche Qualifikationen und Kompetenzen Professionals (Lehrer, Trainer, Weiterbildner etc.) zukünftig mitbringen müssen, um einer zu erwartenden Änderung ihres Aufgabenprofils gerecht zu werden. Ein Wandel vom Lehrer zum Lernbegleiter stellt hierbei nur einen Schritt dar. Kenntnisse über die (multiperspektivische) Gestaltung von Lernangeboten oder den Aufbau von Gemeinschaften sind nur zwei Bereiche, denen zukünftig Aufmerksamkeit geschenkt werden muss. Diese Anforderungen müssen bereits in der (Lehrer)Ausbildung berücksichtigt werden, dürfen hier jedoch nicht aufhören. Eine fortlaufende professionelle Unterstützung ist hier notwendig.

Literatur

Abraham, L. (1978): Betriebspädagogik. Grundfragen der Bildungsarbeit der Betriebe und der Selbstverwaltungsorgane der Wirtschaft. Berlin

Arnold, P. (2003): Kooperatives Lernen im Internet: qualitative Analyse einer Community of Practice im Fernstudium. Münster [u.a.]

Arnold, R. (1997): Betriebspädagogik. 2. überarbeitete und erw. Aufl. Berlin

Arnold, R./Schiersmann, Ch. (2004): Entwicklungstrends im Weiterbildungsbereich. In BMBF (Ed.): Expertisen zu den konzeptionellen Grundlagen für einen Nationalen Bildungsbericht – Berufliche Bildung und Weiterbildung/Lebenslanges Lernen. Vol. 8. Berlin: BMBF; S. 33-52

Arnold, R./Schüßler, I. (1998): Wandel der Lernkulturen. Ideen und Bausteine für ein lebendiges Lernen. Darmstadt

Arnold, R./Siebert, H. (2003): Konstruktivistische Erwachsenenbildung: von der Deutung zur Konstruktion von Wirklichkeit. 4., unveränd. Aufl., Baltmannsweiler

Arnold, R./Lermen, M. (2006): eLearning-Didaktik. Baltmannsweiler

Bretschneider, M. (2004): Non-formales und informelles Lernen im Spiegel bildungspolitischer Dokumente der Europäischen Union. Bonn

Dehnbostel, P. (2003): Informelles Lernen: Arbeitserfahrungen und Kompetenzerwerb aus berufspädagogischer Sicht. Paper presented at the 4. Fachtagung des Programms „Schule-Wirtschaft/Arbeitsleben"

Dohmen, G. (2001): Das informelle Lernen. Die internationale Erschließung einer bisher vernachlässigten Grundform menschlichen Lernens für das lebenslange Lernen aller. Bonn

Europäische Kommission (2001): Einen europäischen Raum des lebenslangen Lernens schaffen. Brüssel

Faure, E./Herrera, F./Kaddoura, A.-R. (1972): Learning to be: the world of education today and tomorrow. Paris

Hinze, U. (2004): Computergestütztes kooperatives Lernen: Einführung in Technik, Pädagogik und Organisation des CSCL. Münster [u.a.]

Kommission der Europäischen Union (2000): Memorandum für Lebenslanges Lernen. Brüssel

Merkt, M. (2005): Die Gestaltung kooperativen Lernens in akademischen Online-Seminaren. Münster [u.a.]

Overvien, B. (2005): Stichwort: Informelles Lernen. Zeitschrift für Erziehungswissenschaft, 8. Jg.(3), S. 339-355

Overwien, B. (2004): Internationale Sichtweisen auf „informelles Lernen" am Übergang zum 21. Jahrhundert. In: H. Otto/T. Coelen (Hrsg.): Ganztagsbildung in der Wissensgesellschaft. Wiesbaden, S. 51-73

Schüßler, I. (2006): Nachhaltige Erwachsenenbildung. Habilitationsschrift. TU Kaiserslautern

Michael Göhlich

Organisationspädagogik als Theorie, Empirie und Praxis

Stand und Perspektiven des organisationspädagogischen Diskurses

Der organisationspädagogische Diskurs hat in den letzten Jahren an Umfang und Intensität gewonnen. Der Frage nach Bedingungen, Möglichkeiten und Grenzen organisationalen Lernens und seiner Unterstützung gehen Kollegen und Kolleginnen verschiedenster pädagogischer Teildisziplinen (Allgemeine Pädagogik, Erwachsenenbildung, Sozialpädagogik, Schulpädagogik, Berufspädagogik) nach. Während die Verknüpfung verschiedener pädagogischer Teildisziplinen im organisationspädagogischen Diskurs zu gelingen scheint, wirken die Verhältnisse zwischen den in ihm vertretenen theoretischen Modellen sowie zwischen Theorie, Empirie und Praxis eher schillernd als geklärt. Der vorliegende Beitrag bemüht sich zumindest um eine Präzisierung der Fragen, die zu einer Klärung der Verhältnisse erforderlich sind, und plädiert dafür, theoretische Modelle stärker als bislang mit empirischer Forschung zu verbinden statt unmittelbar Praxiskonzepte aus ihnen abzuleiten. Er besteht aus drei Schritten – einer historisch-systematischen Bestandsaufnahme organisationspädagogischer Theorie, einer Skizze der Entscheidung zwischen der Ableitung von Praxiskonzepten und empirischer Fundierung, und einer Erörterung ausgewählter Studien organisationspädagogischer Empirie.

1. Theorie der Organisationspädagogik

Eine theoretische Auseinandersetzung der Pädagogik mit der Organisation – wobei diese eher instrumentell als institutionell verstanden wurde – ist vereinzelt bereits in der ersten Hälfte des 20. Jahrhunderts zu finden. Dabei ist zunächst ein instrumenteller Organisationsbegriff zu beobachten – nicht die Einrichtung insgesamt mit all ihren Mitgliedern, Riten, Artefakten, Normen und Grenzen wird als Organisation bezeichnet, sondern das der Pädagogik als Instrument dienende Organisieren. In diesem Sinne verwendet etwa Bernfeld (1971, erstveröff. 1925) den Organisationsbegriff, wenn er auf die materielle Bedingtheit der Organisation der Erziehung hinweist. Auch Lapassade (1967, deutsche Ausgabe 1972, S. 13f.) bleibt in dieser Tradition, wenn er mit dem Begriff Organisation lediglich die äußere Struktur der Schule meint und die Praxis des Unterrichts davon ausschließt. Gleiches gilt für Rumpf (1971), der auf die Interdependenz von Verwaltungs- und Lernorganisation hinweist, genauer: darauf, dass die Organisation der Verwaltung die Organisation des Unterrichts determiniert. Die genannten Autoren stehen nicht nur für die lange Zeit instrumentelle Verwendung des Organisationsbegriffs in der Pädagogik, sondern auch für die Tradition pädagogischer Vorbehalte gegenüber der Organisation. Für ein diesbezügliches Umdenken steht Terharts Aufsatz „Organisation und Erziehung" (1986), der kritisch notiert, dass im pädagogischen Diskurs die Unvereinbarkeit von Organisation und Erziehung tradiert werde, obwohl Organisationen des Erziehungs- und Bildungswesens fester Bestandteil der modernen Gesellschaft sind. (Terhart gehört zudem auch zu den AutorInnen des pädagogischen Diskurses, die „Organisation" institutionell – also als Bezeichnung der gesamten Einrichtung – statt nur instrumentell begreifen).

Andererseits forderte Pleiß bereits um 1970 eine „pädagogische Organisationslehre" (vgl. Mohrhart 1974) und Giel stellt Anfang der 1980er Jahre fest, dass die pädagogische Praxis sich nur im Rahmen vernünftig organisierter Einrichtungen als verantwortliche Vernunftpraxis realisieren könne, das Problem der pädagogischen Praxis daher das der pädagogischen Organisation sei, mit der die Praxis sich selber hervorbringe. „Was nun aber die pädagogische Organisationslehre angeht, stehen wir wirklich erst am Anfang. Wir haben die Organisation immer nur den Verwaltungsfachleuten überlassen, um dann über die verwaltete Schule zu klagen" (Giel 1984, S. 120). Auch Giel fordert eine „pädagogische Organisationslehre" (ebd.).

Der Begriff der pädagogischen Organisationslehre hat sich jedoch nicht durchgesetzt. Wer schließlich den Begriff „Organisationspädagogik" in die Welt gesetzt hat, ist nicht mit völliger Gewissheit zu sagen. Viel spricht dafür, dass es Heinz Rosenbusch in einem Vortrag auf dem von ihm 1988 erstmals durchgeführten Bamberger Schulleitungs-Symposium war (Rosenbusch 1989). Von dort wird die Rede von der Organisationspädagogik von einzelnen, durchaus prominenten Kollegen (z.B. Rolff) aufgegriffen, allerdings nur im schulpädagogischen Diskurs; in andere pädagogische Teildisziplinen dringt der Begriff zunächst nicht vor. Das mag nicht nur an der Abschottung der Diskurse der pädagogischen Teildisziplinen liegen, sondern auch daran, dass Rosenbuschs eher instrumentelle Verwendung des Organisationsbegriffs (die sich auf die Auswirkungen organisationaler Strukturen auf das Lernen konzentriert) nicht an die internationale Wendung zum institutionellen Organisationsbegriff (demzufolge die Organisation lernen kann) und den entsprechenden Theorien organisationalen Lernens anschließt. Dies ist die Leistung Harald Geißlers, der – anfangs selbst vor allem unterrichtstheoretisch publizierend – Anfang der 1990er Jahren aus betriebspädagogischem Interesse zur Thematisierung der Organisation und des organisationalen Lernens gelangt (Geißler 1990, 1991), dann sorgfältig die diesbezügliche angloamerikanische Literatur rezipiert (Geißler 1994), um schließlich selbst eine „Organisationspädagogik" (Geißler 2000) zu formulieren, die vor allem in Berufs-/Betriebspädagogik und Weiterbildung rezipiert (Arnold/Pätzold 2002) und aufgegriffen wird. Eine Gemeinsamkeit der organisationspädagogischen Theorien Geißlers und Rosenbuschs ist die Betonung der normativen Orientierung, die bei Geißler unter Bezug auf Habermas, Argyris/ Schön und Meueler diskursethisch und bildungstheoretisch, bei Rosenbusch unter Bezug auf Honneth anerkennungstheoretisch begründet wird. Dennoch bestehen die oben genannten Differenzen.

Dass trotz dieser Differenzen inzwischen ein gemeinsames Diskursfeld der Organisationspädagogik entstanden ist, liegt möglicherweise daran, dass Fragen der Organisation des Pädagogischen und der Pädagogik des organisationalen Lernens von einigen weiteren Autoren zunächst ohne Verwendung des Begriffs Organisationspädagogik und ohne Bezug auf Rosenbusch oder Geißler bearbeitet wurden (z.B. König/Volmer 1993, 1997, 2008, Schäffter 1992, 1997, Wolff 1999, Göhlich 2001, Merkens 2006). So ist statt der denkbaren Bildung verschiedener „Schulen" eine Diskursgemeinschaft entstanden, die sich – weitere Begriffe wie „pädagogische Organisationstheorie", „pädagogische Organisationsforschung", „erziehungswissenschaftliche Organisationsforschung", „Pädagogik der Institutionen" etc. einbeziehend – unter der Bezeichnung „Organisationspädagogik" auch formal zusammen geschlossen hat (AG Organisationspädagogik in der DGfE). Der Nachteil des organisationspädagogischen Diskurses, bislang keinem theoretischen Modell verbindlich zu folgen, impliziert den Vorteil, offene Fragen stellen zu können. Folgende Fragen sind auf der Ebene der Theorie der Organisationspädagogik dringlich:

- Wie dargelegt, wird der Organisationsbegriff im organisationspädagogischen Diskurs sowohl instrumentell als auch institutionell verwandt. Die Vorstellungen von Organisation als „Leistungsaspekt einer spezifischen Institutionalform" (Schäffter 2005, S. 79), als „Arbeitsgemeinschaft" (Geißler 2000, S. 24), als „soziales System" (König/Luchte 2005, S. 152) oder „sowohl als soziales System als auch als Zusammenspiel von Akteuren" (Göhlich 2005, S. 17) und letztlich als „kulturelle Praxis" (Göhlich u.a. 2008, S. 11) mögen sich berühren und überlappen, aber sie decken sich nicht. Dies ist in der weiteren organisationspädagogischen Theoriebildung zu reflektieren, etwa – mit Blick auf die Werkzeugfunktion von Begriffen – mittels der Frage: Welche Chancen bieten und welche Schwierigkeiten bereiten die verschiedenen Organisationsbegriffe bei der Analyse des Lernens in und von Organisationen sowie bei der Analyse der Behinderung und Förderung dieses Lernens?

- Ebenso dringlich (und eng damit zusammenhängend) ist die Klärung des Lernbegriffs. Lernen wird im organisationspädagogischen Diskurs, wo der Begriff ausdrücklich reflektiert wird, mal vorrangig zielorientiert als Rationalitätssteigerung (Geißler 2000, S. 51), mal vorrangig modal orientiert als Mustermimesis, d.h. als mimetisches Spiel mit Mustern kultureller Praxis

(Göhlich 2005, S. 17), häufig jedoch unreflektiert in einem kognitionslastigen Sinne verwendet. Auch hier stellt sich die Frage: Welche Chancen und welche Schwierigkeiten bieten die verschiedenen Lernbegriffe bei der Analyse organisationalen Lernens und dessen Förderung?

• Das organisationale Lernen ist, wie jedes Lernen, kontingent, sein Ausgang ist nicht vorhersehbar. Auf der Ebene des individuellen Lernens plädiert schon Rousseau, dann verschiedene reformpädagogische Autoren und schließlich die konstruktivistische Didaktik dafür, sich pädagogischerseits nicht auf das Lehren zu verlassen, sondern vor allem die Umgebung des Lernenden so einzurichten, dass der selbständige Anschluss des Lernenden an diese Umgebung, die Aufmerksamkeit auf deren spezifisches Problem und damit der Anfang und Fortschritt spezifischen Lernens wahrscheinlich wird. Was aber ist die lernrelevante Umwelt der Organisation bzw. wie kann die Umwelt der Organisation eingerichtet werden, damit ein Anfang und Fortschritt organisationalen Lernens wahrscheinlich wird?

• Da alle Organisationen gesellschaftliche Einrichtungen sind, unterliegen sie alle ethischen Ansprüchen; ihre Zugehörigkeit zu verschiedenen gesellschaftlichen Subsystemen führt allerdings zu je eigenen Priorisierungen bestimmter ethischer Prinzipien bzw. zu Partikularethiken. Da die Pädagogik sich als Organisationspädagogik auch Organisationen zuwendet, die keine im engeren Sinne pädagogische (vorrangig auf die Förderung von Lernprozessen, Bildung, Erziehung, Beratung, Unterricht, Hilfe ausgerichtet) sind, sondern (vorrangig auf Gewinnerzielung ausgerichtete) Wirtschaftsunternehmen, (vorrangig auf Heilung ausgerichtete) Kliniken, (vorrangig auf Verwaltung ausgerichtete) Behörden etc., stellt sich die Frage: Können die der Pädagogik eigenen ethischen Prinzipien ihre Geltung und Wirkung überhaupt in nicht-pädagogischen Organisationen erhalten und entfalten und wenn ja, wie können sie organisationspädagogisch ausformuliert werden?

2. Was tun mit der Theorie? Zur Wahl zwischen Praxisentwurf und empirischer Forschung

Eine Theorie ist ein Mittel, Wirklichkeit in systematischer Weise zu verstehen bzw. zu erklären. Sie hebt bestimmte Punkte und Zusammenhänge der Welt als Wirklichkeit hervor, fokussiert damit Wahrnehmung und reduziert Komplexität und macht so – wenn auch unter Verlusten am Verweisreichtum von Sinn – Erkenntnis möglich. Sie leistet also eine Menge, engt jedoch den Zugang zur Welt auch ein. Umso wichtiger ist, was wir mit einer Theorie tun (Die Frage, wie wir zu einer Theorie gelangen, sei zunächst zurückgestellt). In der Literatur finden sich dazu im Wesentlichen zwei Antworten: wir können die Theorie prüfen bzw. präziser gesagt: als Annahme in empirische Forschung einbringen, und wir können die Theorie vorschreiben, d.h. als Leitfaden oder Modell in die Konzeption von Praxis einbringen. Zweifellos äußern pädagogische (und andere professionelle) PraktikerInnen häufig den Wunsch, solch einen Leitfaden von der Theorie zu erhalten. Insofern ist WissenschaftlerInnen nicht zu verdenken, wenn sie diesem Wunsch entsprechen. Im strengen Sinne wissenschaftlich ist jedoch nur das erstgenannte Vorgehen. Hier liegt eine Crux des pädagogischen und eben auch des organisationspädagogischen Diskurses.

So nutzen sowohl Rosenbusch als auch Geißler und auch König ihre Theorie primär als Leitfaden für die Konzeption von Praxis. Heinz Rosenbusch leitet aus seiner organisationspädagogischen Theorie Grundsätze für Schulleitungshandeln ab (Rosenbusch 2005) und veranstaltet an seinem Lehrstuhl konsequenterweise ein jährliches Schulleitersymposium. Harald Geißler geht von seiner organisationspädagogischen Theorie zu der Norm einer Balanced Organization und Empfehlungen für das Führungsverhalten (Geißler 2003) sowie zum Coaching (virtuelles-coaching.com) über. Eckard König leitet aus seinem systemischen Verständnis von Organisation eine spezifische Form von Beratung und Coaching ab (König/Volmer 1993, 2002; wibk.net).

Die andere Option wäre, die jeweilige Theorie empirisch zu prüfen und sie anhand der empirischen Befunde zu modifizieren oder ggf. zu verwerfen. Dies fällt nicht nur allgemein schwer, weil niemand gerne eine selbstgeschaffene Theorie aufgibt, sondern im (organisations-)pädagogischen Feld besonders, weil die Grundlagenforschung fördernden Stellen (DFG u.ä.) wenig Interesse an der Überprüfung (organisations-)pädagogischer Theorie erkennen lassen, diesbezügliche Grundlagenforschung also kaum realisierbar ist. Partiell kann organisationspädagogische Theorieprüfung, -modifikation und -generierung aber auch in Auftragsforschungsprojekten erfolgen. Hierzu zählen die meisten der unten (s. 3. Abschnitt) angeführten empirischen Arbeiten.

Wichtig ist die Erkenntnis, dass die Akteure des organisationspädagogischen Diskurses eine Wahl haben. Sie können sich entscheiden, der Praxis ihre Theorie als Leitfaden anzubieten oder ihre Theorie forschend an der Praxis zu prüfen. Im ersten Fall verlassen sie den wissenschaftlichen Diskurs, im zweiten bleiben sie Teil desselben. Zu beachten ist jedenfalls, dass sich jeder Akteur des organisationspädagogischen Diskurses diesbezüglich entscheiden muss. Ich plädiere hier dafür, vorrangig den zweiten Weg einzuschlagen. Natürlich wirkt in beiden Fällen Praxis über Theorie auf Praxis zurück; auf dem zweiten, forschenden Weg erfolgt dies jedoch in methodisch gesicherterer Weise. Es liegt von daher nahe zu sichten, was an auf organisationspädagogische Theorie bezogener empirischer Forschung überhaupt vorliegt.

3. Organisationspädagogische Forschung: zur Empirie der Organisationspädagogik

Greift man nicht nur auf den deutschsprachigen, sondern auch auf den englisch-
sprachigen Raum zurück, so sind insbesondere die Arbeiten von Nick Boreham,
Professor für Education and Employment an der Universität Stirling, von Interesse, der in den letzten zehn Jahren mehrere explizit organisationspädagogische
Forschungsprojekte sowohl zu Unternehmen als auch zu Bildungseinrichtungen
vorgelegt hat. Zwei dieser Studien werden im Folgenden exemplarisch skizziert.

Bei der ersten (Boreham/Morgan 2004) handelt es sich um eine dreijährige
Untersuchung einer britischen Ölraffinerie, die das Ziel verfolgte, die dortigen
Praktiken organisationalen Lernens herauszuarbeiten und mittels einer Lerntheorie in der Tradition der kulturhistorischen Schule (unter Bezug auf Vygotsky,
Leonteev und Engeström) zu interpretieren. Zum Zeitpunkt der Untersuchung
wurden in dem Unternehmen – mit dem letztlichen Ziel, Wettbewerbsvorteile
(zurück)zugewinnen – eine Reihe von Initiativen unternommen, die die Beschäftigten in Teams bzw. kleinen Gruppen in die Weiterentwicklung der organisationalen Praxis einbezogen. Die Forscher führten zunächst Experteninter-
views mit Schlüsselinformanten der britischen Chemieindustrie, besuchten dann
verschiedene Arbeitsplätze im Werk, beobachteten Mitarbeiter unterschied-
lichster Funktionen und Grade bei ihrer Arbeit und führten schließlich je ein-
stündige halbstrukturierte Interviews mit 25 dieser MitarbeiterInnen durch, die
aufgezeichnet und transkribiert wurden. Dass und wie dort organisationales Lernen erfolgte, wurde vor allem sichtbar am Übergang von dem zuvor gültigen,
von Raffinerie-Ingenieuren (die häufig frisch von der Universität kamen und
praktisch unerfahren waren) vorgeschriebenen Standardverfahren (dem die Mitarbeiter in der Praxis ihr jeweiliges individuelles Erfahrungswissen vorzogen,
dass sie häufig in Aufzeichnungen zu Problemen einer bestimmten Pumpe etc.
mit sich führten) zu einer Procedures and Competence Development Methodo-
logy, deren Kern darin bestand, Mitarbeiter jeden Grades an der Neuschreibung
der Standardverfahren zu beteiligen. Boreham und Morgan identifizieren Dialog
als den grundlegenden Prozess, durch den Organisationen lernen, verstehen dabei jedoch Dialog ausdrücklich nicht im Sinne der amerikanischen Organisationspsychologie als Technik, sondern im Sinne der kulturhistorischen Lerntheorie als ein Set kultureller Praktiken, welche mittels der Erzeugung gemeinsamer Bedeutungen eine gemeinsame Welt konstituieren. Im Einzelnen
identifizieren sie drei „relational practices" als Basis für das organisationale
Lernen in dem untersuchten Unternehmen: „opening space for the creation of
shared meaning, reconstituting power relations, providing cultural tools to medi-
ate learning" (Boreham/Morgan 2004, S. 315).

Die Studie bzw. der Beitrag von Boreham und Morgan über die Studie zeigt
in hervorragender Weise, wie organisationspädagogisch geforscht werden kann.

Wie nah die beiden britischen Kollegen dem hiesigen Diskurs der Organisationspädagogik kommen, wird in ihrer Rede von „the pedagogy of organizational learning" (ebd., S. 308) deutlich. Auch dass die Konstatierung deren mangelnder empirischer Basis am Anfang des Beitrags steht, passt zu dem oben (s. 2. Abschnitt) im Blick auf den hiesigen organisationspädagogischen Diskurs Dargelegten. Wenn wir jedoch nach der Passung der Empirie zu den sich aus dem hiesigen Diskurs ergebenden theoretischen Fragen (s. 1. Abschnitt) fragen, müssen wir feststellen, dass diese Passung nur sehr bedingt gegeben ist. Zwar binden Boreham und Morgan ihre Befunde ausdrücklich an eine Lerntheorie, allerdings an eine, die im deutschsprachigen organisationspädagogischen Diskurs bislang keine Rolle spielt. Zwar grenzen die Autoren sich in den von ihnen gewählten Lernbegriff theoretisch gegen den (organisationspsychologischen) von Argyris ab. Eine empiriegestützte Prüfung und Abwägung von Chancen und Schwierigkeiten der Theorie findet jedoch weder mit dem von ihnen gewählten noch für andere (organisationspädagogische) Lerntheorien statt.

Die zweite hier exemplarisch skizzierte Studie Borehams fokussiert die unter dem Motto „Succeeding Together" stattfindende, ihrerseits selbst als organisationales Lernen untersuchte, Einführung einer Strategie organisationalen Lernens („building a shared vision of how the education service could improve in order to meet pupils' needs (…), replacing the existing approach to school development planning with an approach based on teacher-led action enquiries focused on identifying and overcoming barriers to pupil learning"; Reeves/Boreham 2006, S. 469) in ein lokales Bildungsdepartment, zu dem 93 Schulen mit ca. 4000 Mitarbeitern, darunter ca. 1800 Lehrer, und ca. 26000 Schülern gehören. Organisationales Lernen wird hier unter Rückgriff auf die bereits oben genannten Vertreter der kulturhistorischen Schule sowie auf Weick als „process of collective sense-making within and between different activity systems … during the course of events … mediated by the formation and use of artefacts" (ebd., S. 468) verstanden. Stärker als in der oben skizzierten Studie waren die Forscher hier selbst Protagonisten der Entwicklung, ihr methodologisches Verständnis war das einer „ethnography written by insiders" (ebd., S. 473). Sie konzentrierten sich darauf, die Konstruktion und Nutzung dreier Schlüsselartefakte (Project Proposal, d.h. der im Mai 2003 abgeschlossene Forschungs- und Entwicklungsvertrag zwischen dem universitären Team und dem Leitungsteam des Bildungsdepartementes; Policy Statement, d.h. die beim offiziellen Start des Projekts im September 2003 als Entwurf und im März 2004 als an alle MitarbeiterInnen verteilte Hochglanzbroschüre mit den Zielen und Modi der neuen Strategie; sowie der in verschiedenen Entwicklungsstadien, abschließend im August 2004, publizierte Guide to the Implementation of Succeeding Together, der das Verfahren der Implementation der neuen organisationalen Lernstrategie im Einzelnen ausführt) nachzuvollziehen, wobei als empirisches Material die Protokolle und andere Artefakte dienten, welche sich aus den im

Laufe von zwei Jahren stattfindenden 57 auf die Strategie-Einführung bezogenen Treffen ergaben. In der Auswertung wurden zwei Naben des organisationalen Lernprozesses der Einführung selbst sichtbar: zum einen „the senior management team space", der zwei Schlüsselartefakte produzierte und um den sich bis zum offiziellen Projektstart alles drehte, zum anderen „the central education services seminar" und „the cluster representatives' seminar space", die eng miteinander verbunden waren, um die sich nach dem offiziellen Projektstart alles drehte und die das dritte Schlüsselartefakt produzierten. Mittels eingehender Untersuchung dieser beiden Naben zeigen Boreham und Reeves zum einen heraus, dass organisationales Lernen kontingent, als in einem Tätigkeitssystem erwachsende Sinnstiftung nie völlig vorhersehbar ist. Zum anderen arbeiten sie heraus, dass Weick den Bedarf an begrifflicher Arbeit in der Übersetzung von Hoffnung in die Materialität von Praxis unterschätzt hat. Die Überprüfung bestehender und gemeinsame Konstruktion neuer „relational practices" benötigt nicht nur mehr Zeit als gedacht, sondern spezifische, auch außerhalb der zentralen Projektleitung sich ausbildende Interaktionsräume.

Die Studie kann als Beitrag zur Beantwortung der oben (s. 1. Abschnitt) als dritte formulierten Frage nach der Konstituierung einer das organisationale Lernen befördernden Umwelt gelesen werden. Die Organisation vermag sich mittels interner Ausdifferenzierung neuer Interaktionsräume, deren Praxis auf die restliche Organisation einwirkt, selbst eine (organisationsinterne) Umwelt zu verschaffen, welche ihr Lernen befördert. Die Rolle der organisationsexternen Umwelt (d.h. von außerhalb des lokalen Bildungsdepartments stehenden staatlichen und zivilgesellschaftlichen Akteure bzw. Aktivitätssystemen) wird in der Studie allerdings nicht beleuchtet.

Boreham gehört international zweifellos zu den Autoren, die am entschiedensten eine explizit organisationspädagogische Perspektive mit empirischer Forschung verbinden und auf empirischer Basis weiterzuentwickeln suchen; solche sind im deutschsprachigen Raum bislang wenig zu finden.

Auch wenn einige Arbeiten vorliegen (vgl. die Beiträge verschiedener AutorInnen in Göhlich u.a. 2005, 2007, 2009, Zeitschrift für Pädagogik 5/2008, Schäffter 2007, Behrmann u.a. 2004, Feld 2007, Schröer 2004), ist selbst im Bereich der Erwachsenen- und Weiterbildung, dem der organisationspädagogische Diskurs besonders nahesteht, die organisationspädagogische Forschung erst wenig entwickelt. So hat etwa die Weiterbildungsforschungs-Zeitschrift „Report" bislang kein Heft ausdrücklich der organisationspädagogischen Forschung oder der Organisationsforschung in der Erwachsenenbildung gewidmet. Lediglich im „Report"-Heft 2/2004 („Management und Organisationsentwicklung") finden sich diesbezüglich Forschungsberichte, die allerdings den Organisationsbegriff nur zum Teil aufgreifen. Das Heft der DIE Zeitschrift für Erwachsenenbildung (1/2003) zum Thema „Zukunft Organisation" enthält – der anwendungsorientierten Ausrichtung dieser Zeitschrift entsprechend – eher konzeptionelle als empirische (Forschungs-) Beiträge. Ähnliches gilt für die QUEM-Reporte, die zwar verschiedentlich Beiträge zu Organisationen beruflicher Weiterbildung (Heft 100/2007, Heft 76/2003) enthalten, aber insgesamt eher Entwicklungsbericht- als Forschungsbericht-Charakter haben. Wo doch größere Forschungsprojekte berichtet werden, handelt es sich in der Regel um Auftragsforschung zu Fragen, die weniger aus dem theoretischen Diskurs als aus dem pragmatischen Interesse des Auftraggebers entsteht und dementsprechend nicht ursprünglich, sondern nur in Einzelfällen rückwirkend durch den Autor auf ein dem organisationspädagogischen Diskurs entstammendes Modell bzw. auf entsprechende grundlagentheoretische Fragen bezogen wird (z.B. Schröer 2004).

4. Resümee

Zunächst ist zu konstatieren, dass die organisationspädagogischen Theorien einige Gemeinsamkeiten, etwa in ihrer normativen Orientierung, aufweisen, sich jedoch auch in wesentlichen Aspekten, etwa in ihrem Organisationsbegriff, unterscheiden. Zu einer Konsolidierung des organisationspädagogischen Diskurses könnte beitragen, wenn diese Gemeinsamkeiten und Unterschiede bei der Weiterentwicklung organisationspädagogischer Theorie ausdrücklich reflektiert und die einzelnen Theorien an Befunden empirischer Forschung geprüft würden.

Zweitens kann bezüglich des Verhältnisses zwischen Theorie und Praxis festgehalten werden, dass organisationspädagogische Theorie zwar in jedem Fall auf einer bestimmten Sicht organisationaler und organisationspädagogischer Praxis gründet und auf diese zurückwirkt, dass jedoch zu entscheiden ist, ob und ggf. wie dieser Kreislauf von Praxis über Theorie zur Praxis mittels (quantitativer oder qualitativer) empirischer Forschung einer forschungsmethodisch ausgewiesenen Prüfung unterzogen wird. Dies ist eine Entscheidung, der sich kein Akteur des organisationspädagogischen Diskurses entziehen kann.

Drittens ist festzustellen, dass durchaus Ergebnisse aus empirischer Forschung zu organisationspädagogischen Fragen vorliegen, dass es sich bei diesen Forschungsprojekten jedoch in der Regel um Auftragsforschung handelt und dementsprechend um Antworten auf Fragen der Auftraggeber, nicht jedoch um Grundlagenforschung zu den sich aus den eingangs skizzierten organisationspädagogischen Theorien ergebenden Fragen handelt. Die Empirie ist also da, bezieht sich jedoch nicht oder nur zum kleinen Teil auf die sich aus dem theoretischen Diskurs ergebenden Fragen. Anspruch an Organisationspädagogik und damit Aufgabe des zukünftigen organisationspädagogischen Diskurses muss sein, Theorie und Empirie entschiedener als bisher aufeinander zu beziehen und eine Passung von Theorie und Empirie herzustellen.

Literatur

Arnold, R./ Pätzold, H. (2002): Rezension zu ‚Organisationspädagogik' von H. Geißler. In: Literatur- und Forschungsreport Weiterbildung. Heft 49, S. 116-117

Behrmann, D. u.a. (2004): Professionalisierung und Organisationsentwicklung. Bielefeld

Bernfeld, S. (1971, orig. 1925): Sisyphos oder die Grenzen der Erziehung. Frankfurt a.m.

Boreham, N./Morgan, C. (2004): A socio-cultural analysis of organizational learning. In: Oxford Review of Education. 30, pp. 307-325

Boreham, N./ Reeves, J. (2008): Diagnosing and supporting a culture of organizational learning in Scottish schools. In: Zeitschrift für Pädagogik. 54, S. 637-649

Feld, T.C. (2007): Volkshochschulen als ‚lernende Organisationen'. Hamburg

Geißler, H. (1990): Die Organisation zum Lern-Partner machen. In: Weiterbildung. 4, S. 14-16

Geißler, H. (1991): Vom Lernen in der Organisation zum Lernen der Organisation. In: Sattelberger, Th. (Hrsg): Lernende Organisation. Wiesbaden, S. 79-96

Geißler, H. (1994): Grundlagen des Organisationslernens. Weinheim

Geißler, H. (2000): Organisationspädagogik. München

Geißler, H. (2003): Balanced Organization. Die Kunst ausgleichend zu führen. Neuwied

Giel, K. (1984): Pädagogische Verantwortung und die Verantwortlichkeit des Erziehers. In: Schwartländer, J. (Hrsg.): Die Verantwortung der Vernunft in einer friedlosen Welt. Tübingen, S. 102-122

Göhlich, M. (2001): System, Handeln, Lernen unterstützen. Weinheim

Göhlich, M. (2005): Pädagogische Organisationsforschung. Eine Einführung. In: Ders. u.a. (Hrsg.): Pädagogische Organisationsforschung. Wiesbaden, S. 9-24

Göhlich, M. u.a. (2008): Persistenz pädagogischer Organisationen. In: dies. (Hg): Persistenz und Verschwinden. Pädagogische Organisationen im historischen Kontext. Wiesbaden 2008, S. 9-11

Göhlich, M. u.a. (2005): Pädagogische Organisationsforschung. Wiesbaden

Göhlich, M. u.a. (Hg) (2007): Beratung, Macht und organisationales Lernen. Wiesbaden

Göhlich, M. u.a. (Hg) (2009): Organisation und Erfahrung. Wiesbaden

König, E./ Luchte, K. (2005): Organisationsanalyse und Teamentwicklung. In: Göhlich, M. u.a. (Hrsg.): Pädagogische Organisationsforschung. Wiesbaden, S. 151-166

König, E./ Volmer, G. (1993): Systemische Organisationsberatung. Weinheim

König, E./ Volmer, G. (1997): Praxis der systemischen Organisationsberatung. Weinheim

König, E./ Volmer, G. (2002): Systemisches Coaching. Weinheim

König, E./ Volmer, G. (2008): Handbuch Systemische Organisationsberatung. Weinheim

Lapassade, G. (1972, orig. 1967): Gruppen, Organisationen, Institutionen. Stuttgart

Merkens, H. (2006): Pädagogische Institutionen. Pädagogisches Handeln im Spannungsfeld von Individualisierung und Organisation. Wiesbaden

Mohrhart, D. (1974): Rezension zu ‚Die Schule als soziale Organisation' von H.U. Peter. In: International Review of Education Vol. 20, No. 2, pp. 260-262

Reeves, C.J./ Boreham, N. (2006): What's in a vision? Introducing an organisational learning strategy in a Local Authority's education service. In: Oxford Review of Education, 32, pp. 467-486

Rosenbusch, H.S. (1989): Der Schulleiter – ein notwendiger Gegenstand organisationspädagogischer Reflexion. In: Rosenbusch, H.S./ Wissinger, J. (Hrsg.): Schulleiter zwischen Administration und Innovation. Braunschweig

Rosenbusch, H.S. (2005): Organisationspädagogik der Schule. München

Rumpf, H. (1971): Schuladministration und Lernorganisation. In: Ders. (Hrsg.): Scheinklarheiten. Braunschweig

Schäffter, O. (1992): Arbeiten zu einer erwachsenenpädagogischen Organisationstheorie. Frankfurt a.M.

Schäffter, O. (2005): „Pädagogische Organisation" aus institutionstheoretischer Perspektive. Zur Ausdifferenzierung von Institutionalformen lebenslangen Lernens in der Transformationsgesellschaft. In: Göhlich, M. u.a. (Hrsg.): Pädagogische Organisationsforschung. Wiesbaden, S. 77-92

Schäffter, O./Küchler, F.v. (1997): Organisationsentwicklung von Weiterbildungseinrichtungen. Frankfurt a.M.

Schröer, A. (2004): Change Management pädagogischer Institutionen. Opladen

Terhart, E. (1986): Organisation und Erziehung. In: Zeitschrift für Pädagogik, 32, S. 205-223

Wolff, St. (1999): Das Krankenhaus als Organisation. In: Pelikan, J./ Wolff, St. (Hg): Das gesundheitsfördernde Krankenhaus. Konzepte und Beispiele zur Entwicklung einer lernenden Organisation. Weinheim, S. 37-50

Zeitschrift für Pädagogik (2008): Jg. 54. H. 5: Thementeil Pädagogische Organisationsforschung

Ortfried Schäffter

Organisationslernen zwischen einrichtungsinterner Organisationsentwicklung und institutionellem Strukturwandel

Vorschlag zu einer institutionstheoretischen Gegenstandsbestimmung von Organisationspädagogik

Mit der nachfolgend entwickelten Gegenstandsbestimmung von Organisationspädagogik wird die Institutionalisierung von lebenslangem Lernen im Erwachsenenalter als „eingebettet" verstanden in lernhaltige Prozesse permanenten Strukturwandels in einer „Transformationsgesellschaft" (Schäffter 2001). Sie wird hierzu grundlagentheoretisch neu gefasst. Dies unterscheidet die hier vertretene Position von einem letztlich doch individualtheoretisch bzw. interaktionistisch orientierten Diskurs[1] der Organisationspädagogik, wie er von Harald Geißler in seinen Untersuchungen angestoßen und vorangetrieben wurde (Geißler 1994; 1996; 1998; 2000; 2005; 2009). Das Ziel der folgenden Argumentation beschränkt sich vor diesem Hintergrund darauf, gewissermaßen kontrapunktisch eine relationale gesellschafts- und sozialtheoretische Position zu explizieren, in der „Geißler" als Differenz „mitgedacht" wird. Hierbei ist es aus Platzgründen (noch) nicht möglich, implizit aufscheinende Unvereinbarkeiten oder auch denkbare komplementäre Schnittstellen zum organisationspädagogischen Diskurs in Anschluss an Harald Geißler ausführlich und explizit zu diskutieren.

In den folgenden Überlegungen wird daher eine in den Erziehungswissenschaften noch weitgehend ungewohnte Sicht auf „Lernen in und von Organisationen" vorgestellt. Ausgangspunkt ist nicht mehr ein instrumentales Organisationsverständnis, das von den Zielen und Zwecken einer konkreten Einrichtung wie eines Unternehmens oder einer Firma ausgeht und aus der Managementperspektive interne Strukturveränderungen in ihrer sozio-technischen, sozialen oder kulturellen Dimension mitvollziehend zu beeinflussen sucht. (vgl. v. Küchler/Schäffter 1997; Schäffter 2005a). Stattdessen wird „Organisation" weit grundsätzlicher als ein integraler Bestandteil gesellschaftlicher Institutionalisierung von je besonderen sozialen Praktiken innerhalb unterschiedlicher Funkti-

---

[1] Die hier angesprochene grundlagentheoretische Differenz wird bei Emirbayer 1997 soziologisch, bei Laucken 2003 psychologisch oder bei Packer/Goicoecha 2000 pädagogisch herausgearbeitet.

onssysteme und Handlungsfelder konzeptionalisiert. In einem derartigen sozialtheoretischen Verständnis wird „Organisation" kategorial auf eine tiefere Ebene der Problembeschreibung verlegt. Organisationspädagogische Diskurse beschreiben aus dieser Deutungsperspektive ein aktuelles gesellschaftliches Entwicklungsprojekt, das sich sowohl auf der Ebene einer neuen Gegenstandskonstitution von *Organisation* als gleichermaßen auch auf der einer umfassenden Gegenstandskonstitution von *Lernen* bewegt. Beide Kategorien werden hierdurch in ihrer bislang vertrauten alltäglichen Selbstverständlichkeitsstruktur kontingent. Organisationspädagogik bietet aus einer solchen Sicht einen innovativen forschungstheoretischen Deutungshorizont, in dem die kategoriale Bezugnahme von Organisationstheorie auf Lerntheorie in einem wechselseitigen Prozess zu einer jeweils neuartigen Gegenstandsbestimmung führt. Im Rahmen unseres empirischen Forschungsprogramms bietet sie die grundlagentheoretischen Voraussetzungen für eine adäquate Forschungsmethodologie, der ihr entsprechenden methodischen Verfahren und Analyseinstrumente. In diesem methodologischen Begründungszusammenhang erhält das heuristische Konzept der „Institutionalform" eine theoriestrategische Schlüsselstellung. Mit ihr wird die Differenz zwischen kontextgebundener Organisationsentwicklung innerhalb einer gefestigten Institutionalform einerseits und einem institutionellen Strukturwandel im Übergang zwischen differenten Institutionalformen andererseits beschreibbar.

1. Organisationspädagogik: das komplementäre Verhältnis zwischen Lerntheorie und Organisationstheorie

Als ein grundlegendes Defizit der gegenwärtigen erziehungswissenschaftlichen Organisationsforschung erweist sich aus unserer Sicht, dass man offenbar meint, den Kategorien „Lernen" und „Organisation" tragfähigen Konsens unterstellen zu können. Man leitet daher erziehungswissenschaftliche Forschungsperspektiven aus der Verknüpfung von zwei zunächst alltagssprachlich unverdächtigen, theoretisch aber wenig gesicherten Kategorien ab, die zudem noch jeweils inkommensurablen Paradigmen verpflichtet sind. Bei einer erziehungswissenschaftlich relevanten Gegenstandsbestimmung wird es daher darum gehen, das Verhältnis zwischen Lerntheorie und Organisationstheorie als eine wechselseitige Relation zu fassen. Hierzu allerdings ist es erforderlich, zunächst beide Seiten kontingent zu setzen. „Pädagogische Organisation" als Forschungsgegenstand und „Organisationspädagogik" als professionelle Deutungsperspektive sind in einem kulturwissenschaftlichen Zugang nur im Rahmen einer grundlagentheoretischen Dekonstruktion und institutionstheoretischen Rekonstruktion von Organisation und Lernen zu erschließen.

1.1 Die erziehungswissenschaftliche Gegenstandskonstitution von Organisation und von Lernen als Problem

Für den erziehungswissenschaftlichen Diskurs bietet das Erfordernis einer wechselseitigen kategorialen Neubestimmung Anlass zu einer längst überfälligen Klärung. Es wird nun endlich möglich, das traditionell gestörte Verhältnis zwischen Organisation und Pädagogik (Terhardt 1986; Schäffter 1987; Kuper 2001) nicht nur als disziplinären Strukturkonflikt zu beklagen, sondern es in seinen professionstheoretischen Voraussetzungen zu analysieren und unter erziehungswissenschaftlicher Perspektive zu bearbeiten. Man stößt hierbei auf eine bereits länger schwelende „Krise im Doppelpack". Erkennbar werden nun Inkonsistenzen sowohl im Organisationsverständnis als auch im Verständnis von Lernen, was in ihrer Kombination letztlich ein tragfähiges Konzept von Organisationspädagogik blockiert.

- *Erstens* geht es dabei um die Krise eines substantiell verengten Verständnisses von Organisation: In einer kulturhistorisch begriffsgeschichtlichen Sicht auf Organisation wird erkennbar, dass im Verlauf einer beachtenswerten Ausdifferenzierung organisationstheoretischer Konzeptionalisierungen bereits ein Spektrum differenter, jeweils für sich zutreffender Beschreibungsvarianten unterscheidbar wurde, was selbst wiederum als ein wichtiger Forschungsertrag gewertet werden kann (Kieser 2002; Scherer 2002; Walgenbach 2002a). Innerhalb eines weiten Kontinuums unterschiedlicher Konzeptionalisierungen dessen, was jeweils unter Organisation verstanden, als soziale Realität gelebt und schließlich in einer Heuristik organisationaler Wirklichkeitskonstruktionen typisierbar wird, (Schäffter 2005a, Dollhausen 2008) stellt sich aus einer kulturtheoretischen Sicht nicht mehr die essentialistische Frage, wie „Organisation" „an sich" beschaffen sein mag und wie sie als faktische Gegebenheit zum Objekt wissenschaftlicher Erkenntnis und empirischer Forschung gemacht werden könnte. Stattdessen gilt es, im Rahmen eines „interpretativen Paradigmas" der Organisationsforschung, für den jeweils empirisch fassbaren Einzelfall eine historisch und kontextuell situierte Rekonstruktion der jeweils bedeutungsbildenden Formen des semantischen *Selbstausdrucks, der Selbstbeobachtung und der Selbstbeschreibung* vorzunehmen. „Organisation" als Gegenstand empirischer Forschung bezieht sich dabei auf „autokommunikative Prozesse" (Schäffter 2003) performativer Bedeutungsbildung und des „sensemaking", deren interpretative Struktur in der Methodologie des Forschungsprogramms konzeptionelle Berücksichtigung zu finden hat (Schäffter/Schicke 2009).

- *Zweitens* geht es um das Scheitern tradierter Lernkonzepte für Lernen im Lebenszusammenhang: Die Grenzen der Übertragbarkeit der meisten lerntheoretischen Ansätze auf „transformative", d.h. Deutungshorizonte überschreitende Entwicklungs- und Bildungsprozesse erklären sich aus einer konzeptionellen Engführung, mit denen sich eine Vielzahl von Einwänden zusammenfassen lässt (vgl. Schäffter 2008).

So besteht offenkundig Bedarf an einer erziehungswissenschaftlich angeleiteten Theorie, mit der „Lernen im Lebenslauf" in all seiner strukturellen Komplexität und seinen qualitativen Varianten differenziert beobachtbar wird. Pointiert ließe sich formulieren, dass bisher noch jede einigermaßen honnette wissenschaftliche Denkschule auf der Grundlage ihrer jeweiligen paradigmatischen Forschungsrichtung ihre spezielle Konzeption von dem entwickelt hat, was man unter „Lernen" verstehen kann. So kommt Niklas Luhmann – ebenfalls einem speziellen Forschungsparadigma verpflichtet – zu der metatheoretischen These, dass „Lernen" kein anthropologisches Elementarfaktum sei, sondern selber eine positionsabhängige Beobachterperspektive, aus der heraus „Lernen" kategorial in seiner Historizität und Kontextualität kontingent wird. In ihrer methodologischen Konsequenz läuft diese Einsicht auf eine Sozialtheorie des Lernens als Bestandteil transformativen Strukturwandels hinaus.

Erziehungswissenschaftliche Theoriebildung lässt sich dabei unter dem Gesichtspunkt kritisch beobachten, welcher Bezugsdisziplin jeweils besonderer Einfluss zugemessen wird und damit, aus welchen disziplinären „Anlehnungsstrukturen" die Professionalität pädagogischen Handelns ihre jeweiligen axiomatischen Grundüberzeugungen und ihre implizite Legitimationsbasis bezieht. Aus der bislang unzureichenden Reflexion auf ihre grundlagentheoretischen Voraussetzungen erklärt sich, weshalb pädagogische Praxis so anfällig für Instrumentalisierungen durch andere gesellschaftliche Funktionssysteme ist und bisher noch nicht zu einer eigenständigen Gegenstandsbestimmung von pädagogischer Professionalität finden konnte.

In den heterogenen Diskursen zu einer Theorie des Lernens liegt somit keine universell konsensfähige oder gar abschließende Definition von dem vor, was unter „Lernen" in differenten pädagogischen Praxisfeldern verstanden werden kann. Vielmehr ist genau das Gegenteil der Fall: Bereits die Unterstellung, man könne von einem vorgegebenen Lernbegriff ausgehen, bildet das gegenwärtige professionelle Problem von Erwachsenenbildung im Lebenslauf. Sofern man sich also „on the state of the art" befindet, hat man von einer „inkommensurablen" Pluralität konkurrierender Paradigmen des Lernens auszugehen, die sich bisher unter keine übergeordnete Theorie als Teilperspektiven subsumieren lassen. Darin gleicht sie der oben angesprochenen Problematik in den Organisationswissenschaften. Aufgrund der polyparadigmatischen Struktur haben sich die epistemologischen Anforderungen an eine Theorie des Lernens ebenfalls auf eine Meta-Ebene verlagert, nämlich auf die übergeordnete Frage, wie mit dem Widerstreit inkommensurabler Theoriefassungen von Lernen umzugehen ist, ohne gezwungen zu sein, sich selbst wiederum eine der konkurrierenden Positionen zu eigen zu machen. Eine für „reflexive Erziehungswissenschaft" adäquate Antwort auf die beschriebene Problematik besteht somit nicht notwendigerweise darin, in Konkurrenz zu den anderen Disziplinen eine weitere (z.b. eine spezifisch „pädagogische") Spielart zu entwickeln (vgl. als Überblick: Strobel-Eisele/Wacker 2009).

1.2 Die institutionstheoretische Perspektive als das „vermittelnde Dritte" einer gesellschaftlich-historischen Einbettung

Lernen wird sich allerdings erst dann nachhaltig zu erwartbaren sozialen Praktiken verfestigen, wenn es über personengebundene situative Einzelereignisse hinaus in geeigneten Organisationsstrukturen auf Dauer gestellt werden kann. Auf eben derartige Strukturbildungsprozesse in Richtung auf Institutionalformen lebenslangen Lernens bezieht sich unser Konzept von Organisationspädagogik. Zur theoretischen Modellierung der Schrittfolge einer kategorialen Dekonstruktion von Lernen und von Organisation und seiner anschließenden wechselseitigen Rekonstruktion innerhalb historischer Prozesse gesellschaftlicher Institutionalisierung wird daher vorgeschlagen, sich bei der erwachsenenpädagogischen Bestimmung von Lernen im Lebenslauf wissenschaftstheoretisch auf der Meta-Ebene einer „Beobachtung zweiter Ordnung" zu bewegen und sowohl „Organisation" als auch „Lernen" als je kontextspezifischen Ausdruck einer gesellschaftlichen Institutionalform lebensbegleitenden Lernens zu rekonstruieren (Schäffter 2001). Hierbei wird unter einem „pädagogischem Erkenntnisinteresse"[2] beobachtbar, wie „Lernen" in differenten historischen und ontogenetischen Entwicklungszeiten sowie in verschiedenen gesellschaftlichen Funktionsfeldern durch je besondere *Formen sozialer Praktiken* zum Ausdruck gebracht wird und dabei in unterschiedlichen Semantiken verschiedene Bedeutung erhält. Eine erziehungswissenschaftliche Theorie des Lernens kann sich auch hier methodologisch an Prinzipien eines kulturtheoretischen Forschungsprogramms orientieren, wie es von dem Kultursoziologen Andreas Reckwitz (Reckwitz 2004) disziplinübergreifend entwickelt wurde. „Lernen" bestimmt sich in diesem wissenschaftstheoretischen Zusammenhang als eine kontextuell und historisch situierte Kategorie, bei der vor allem ihre Kontingenz zu berücksichtigen ist (Schäffter 2008). „Kontingent" meint, dass „Lernen" kategorial nicht ein für alle mal festlegbar, sondern „immer auch anders", wenn auch nicht beliebig möglich ist. Aus einer kulturhistorisch begriffsgeschichtlichen Deutungsperspektive wird erkennbar, dass sich im Zuge der gesellschaftlichen Differenzierung bereits ein breites Spektrum differenter Variationen kontextabhängigen „Lernhandelns" weit über das Bildungssystem hinaus in allen Bereichen und Organisationen der Gesellschaft institutionalisiert hat, was selbst wiederum als ein wichtiger Forschungsertrag gewertet werden kann. Vor dem breiten Spektrum unterschiedli-

---

[2] Hier definiert als Erweiterung verfügbarer Optionen der Welterschließung im System/Umwelt-Kontakt.

cher Konzeptionalisierungen dessen, was jeweils unter Lernen verstanden und als soziale Realität in gefestigten sozialen Praktiken ausgestaltet werden kann, stellt sich daher nicht mehr die „essentialistische" Frage, was Lernen letztlich „ist" und wie es zum objektiven Gegenstand wissenschaftlicher Erkenntnis und experimenteller Forschung gemacht werden kann. Schließlich sind auch Experimentalsituationen bedeutungsbildende Sinnhorizonte. Stattdessen gilt es im Rahmen eines „interpretativen Paradigmas" empirisch zu klären, was in welchen gesellschaftlich gefestigten Institutionalformen unter „Lernen" verstanden wird und welche Bedeutung dies für pädagogisches Unterstützungshandeln in ausgewählten Situationen hat. Wichtig ist hierbei, die sozialstrukturelle Dimension sozialer Praktiken zu beachten und daher „soziale Praktiken des Lernens" deutlich von einem tradierten individualpsychologischen oder interaktionistisch-handlungstheoretischen Lernverständnis zu unterscheiden:

> „Eine Praktik ist ... weder identisch mit einer Handlung noch mit bloßem Verhalten: Praktiken enthalten in sich Handlungsakte, die wiederholt hervorgebracht werden, aber während das Konzept der „Handlung" sich punktuell auf einen einzigen Akt bezieht, der als intentionales Produkt eines Handelnden gedacht wird, ist eine Praktik von vornherein sozial und kulturell, eine geregelte, typisierte, von Kriterien angeleitete Aktivität, die von verschiedensten Subjekten getragen wird. Wenn die Handlung per definitionem eine Intention impliziert, enthält die Praktik von vornherein einen Komplex von Wissen und Dispositionen, in dem sich kulturelle Codes ausdrücken (und die damit unter anderem auch typisierte Intentionen enthalten)." (Reckwitz 2006, S. 38)

Soziale Praktiken sind somit gefestigter Ausdruck gesellschaftlicher Institutionalisierung auf einer performativen Handlungsebene. Im Rahmen organisationspädagogischer Praxisforschung gilt es also, für den jeweiligen empirisch fassbaren Einzelfall eine historisch und kontextuell situierte Rekonstruktion der beobachtbaren Deutungen des semantischen *Selbstausdrucks, der Selbstbeobachtung und der Selbstbeschreibung* (Schäffter 2003; Schäffter/Schicke 2009) dessen vorzunehmen, was in einem Bedeutungskontext als Lernen gilt und welche praktische Bedeutung ihm dabei für pädagogisch professionelles Handeln zugeschrieben wird. Grundsätzlich geht es also darum, bei sozialen Praktiken des Lernens ihre Historizität, Biographizität und Kontextualität (Schäffter 2008) im Sinne einer Kategorie der Selbst- und Fremdbeobachtung zu berücksichtigen.

Mit dem so skizzierten kulturwissenschaftlichen Konstrukt von „Lernen" als Formen einer sozialen Praktik, die sich abhängig von ihren historischen Bedingungen in unterschiedlichen Kontexten herausbilden, verfestigen und weiterentwickeln, wird es nun möglich, den theoretischen Bezug zu einem hierfür kompatiblen Verständnis von lernförderlicher Organisation herzustellen. Eine solche Bezugnahme verlangt allerdings eine kategoriale Erweiterung des Organisationsverständnisses im Sinne seiner Einbettung in den umfassenden Entwicklungszusammenhang von Prozessen gesellschaftlicher Institutionalisierung.

2. Eine institutionstheoretische Sicht auf Organisation und auf Lernen

2.1 Organisation als Ermöglichungsstruktur zur Integration von Konstitution, Funktion und Leistung

Neuere Entwicklungen des Institutionsbegriffs nehmen neben der fraglos wichtigen *ordnungsbetonten* und damit *handlungsentlastenden* Funktion auch seine gleichermaßen bedeutungsvollen *handlungsermöglichenden* Strukturierungsleistungen in den Blick. Hierdurch gewinnt der Institutionsbegriff an Historizität und unterliegt in seiner Semantik selber einer gesellschaftlichen Entwicklungsdynamik. Anders als dies in früheren Deutungen möglich war, wird nun institutioneller Wandel nicht nur als Verfall tradierter Wertbindungen oder als Verlust von Verhaltenssicherheit wahrnehmbar, sondern lässt sich selber auch als ein lernhaltiger „Möglichkeitsraum zweiter Ordnung" konzipieren und gestalten. Die neue Sicht auf die Wandelbarkeit der Formen gesellschaftlicher Institutionalisierung (Schäffter 2001) setzt jedoch eine kritische Relativierung des bisherigen Grundverständnisses von Institution voraus. Sprachlich drückt sich dies darin aus, dass im Rahmen einer pädagogischen Organisationstheorie weniger von „Institution" als von Prozessen gesellschaftlicher Institutionalisierung die Rede ist. Damit soll der historische Prozesscharakter und die Temporalität seiner je auf Dauer gestellten Ereignisstrukturen zum Ausdruck gebracht werden.

Grundsätzlich gesehen hat der „neue Institutionalismus" (Hasse/Krücken 2005; Walgenbach 2002a; Walgenbach 2002c) zu einer erheblichen Erweiterung der Organisationstheorie im Sinne einer „Rückkehr der Gesellschaft" in vielen sozialwissenschaftlichen Teildisziplinen geführt. Dies gilt z.B. für die Wirtschaftswissenschaft („Neue institutionelle Ökonomie"), die Politischen Wissenschaften („Theorie politischer Institutionen"), vor allem aber auch transdisziplinär für die Organisationswissenschaften. Es führte dazu, dass die zunehmend verselbständigten Einzeldisziplinen wieder in einen übergreifenden gesellschaftlichen Gesamthorizont (Ortmann u.a. 1997) eingebettet werden konnten.

Auf der Grundlage eines institutionstheoretischen Ansatzes wird nun in Verbindung mit einer systemtheoretischen Sicht eine übergreifende Bedeutung von Organisation für gesamtgesellschaftliche Transformationsprozesse erkennbar. „Organisation" im Sinne eines gesamtgesellschaftlich eingebetteten sozialen Systems bietet über eine optimale Gewährleistung zweckgebundener Zielerreichung hinaus die integrativen Voraussetzungen für Prozesse der Systembildung. Erst durch Organisationsstrukturen werden zunächst okkasionell aufscheinende Prozesse der Institutionalisierung auf Dauer gestellt und damit strukturell entwicklungsfähig. Im Rahmen gesellschaftlicher Institutionalisierung stellt somit die organisationale Dimension eine übergreifende integrative Systemreferenz dar, die grundsätzlich für ein erstes Herausbilden, Auf-Dauer-Stellen und anschlussfähiges Weiterentwickeln von Kontexten sozialer Praktiken unverzichtbar ist.

Die *rekursive Selbstreferenz systemischer Integration* durch reflexive Organisationsstrukturen verweist daher in einem institutionstheoretischen Zusammenhang darauf, dass der wechselseitige Abgleich von Konstitution, Funktionsbestimmung und Leistungsprofil nicht als einmalige historisch oder kontextunabhängige Vorgegebenheit betrachtet werden kann, sondern selbst als ein permanenter komplexer Prozess kontingenter Strukturbildung verstanden werden muss, der professioneller Beobachtung und lernförderlicher Unterstützung bedarf. Hier ist der strukturelle Ort für „strategisches Management" zu lokalisieren. Zu seiner Analyse schlagen wir das heuristische Konstrukt der „Institutionalform" vor, wie es im Folgenden kurz eingeführt und erläutert wird (vgl. genauer Schäffter 2005b).

2.3 Lebenslanges Lernen im Prozess gesellschaftlicher Institutionalisierung

Im Kern geht es somit beim sozialtheoretischen Begriff der Institutionalisierung um Formen gesellschaftlicher Ordnungs- und Strukturbildung, die soziale mentale, körperliche und handlungstheoretische Aspekte umfassen. Institutionalisierung beschreibt Entwicklung im Sinne strukturellen Wandels als ein Herausbilden von „Möglichkeitsräumen" für neuartige Wahrnehmung, Bedeutungsbildung und soziales Handeln. Hier kann die eingangs skizzierte kulturwissenschaftlich inspirierte Entwicklungstheorie lebenslangen Lernens ansetzen. Gesellschaftliche Institutionalisierung von lebenslangem Lernen meint in diesem Verständnis ein Auf-Dauer-Stellen von konkreten Möglichkeitsräumen für Lerner und von generellen Erwartungen an Lernen auf zunächst zwei komplementär aufeinander bezogenen Ebenen:

- Auf einer *mikro-sozialen Ebene* der lebensweltlichen Möglichkeitsräume (enabling structures) findet man alltagsnahe Institutionalisierungen im Sinne einer Verfestigung von pädagogischen Verhaltenserwartungen und von situativ definierten Handlungsanlässen, die sich in lernhaltigen und lernförderlichen Lebenslagen und Lebensumständen von Arbeit und Freizeit konkretisieren. Institutionalisierung erscheint hier als Konfiguration historisch spezifischer Lernpraktiken.

- Auf einer makro-sozialen Ebene gesellschaftlicher Funktionssysteme findet Institutionalisierung über das Herausbilden einer gesellschaftlich und politisch legitimierten Funktionsbestimmung lebenslangen Lernens statt, das die Grundlage zur Bereitstellung von ökonomischen Ressourcen und sozialem Kapital bietet. Institutionalisierung erscheint hier als Orientierung an einer kollektiv geteilten Wissensordnung von gesellschaftlichen Funktionssystemen. Das sozialtheoretische Konzept des „Neuen Institutionalismus" verknüpft somit über beide Ebenen der Institutionalisierung akteursgebundene

Deutungskontexte des Lernens mit einer gesellschaftlichen Dimension der Funktionsbestimmung lebenslangen Lernens. Hierdurch erhält Organisation eine umfassende strukturbildende Bedeutung. Die Logik dieser vertikalen Verknüpfung lässt sich unter Rückgriff auf Anthony Giddens strukturationstheoretisch untermauern (vgl. Walgenbach 2002b).

- Unter *„Institutionalform"* verstehen wir in diesem Zusammenhang die konzeptionelle Verknüpfung einer einrichtungs- oder aufgabenbereichsübergreifenden Programmatik, bei der *erstens* die gesellschaftliche Funktion lebenslangen Lernens respezifiziert und die *zweitens* präzisiert wird mit den hierbei ko-evolutiv entwickelten pädagogischen Praktiken auf einer mikro-sozialen Ebene der Institutionalisierung. Beides kommt schließlich *drittens* in einem besonderen Leistungsprofil gegenüber spezifischen „Systemen in der Umwelt" zum Ausdruck.

Das Gelingen gesellschaftlicher Institutionalisierung von Kontexten „lebensbegleitenden Lernens" setzt somit organisationstheoretisch eine wechselseitige integrative Bezugnahme als „Strukturationsprozess" (Walgenbach 2002b) voraus. Die Einsicht in diese vertikale Aussteuerung zwischen mikro- und makrosozialer Institutionalisierung in Richtung auf ein je besonderes pädagogisches Leistungsprofil bedeutet einen Paradigmenwechsel in Richtung auf ein sozialtheoretisches Verständnis von Lernorganisation. Im Sinne eines emergenten organisationalen Feldes bietet sie eine „enabling structure" für Prozesse gesellschaftlicher Institutionalisierung von Lernen durch eine integrative und intermediäre Verknüpfung von drei Dimensionen pädagogischer Strukturbildung. Im Rahmen organisationaler Felder wird es möglich, in einer Konfigurationanalyse typische Muster zu klassifizieren, in denen das Zusammenspiel zwischen den drei „Eckpunkten der Institutionalisierung" empirisch zum Ausdruck gelangen kann und aus dem die jeweilige pädagogische Einrichtung in Übereinstimmung mit anderen Organisationen innerhalb einer gemeinsamen Feldstruktur ihren besonderen funktionalen Sinn- und Begründungszusammenhang bezieht und sich so zu einer einrichtungsübergreifenden „Institutionalform" strategisch weiterzuentwickeln vermag. Dieses integrative Zusammenspiel der drei Eckpunkte in einem emergenten organisationalen Feld wird in Abb. 1 verdeutlicht:

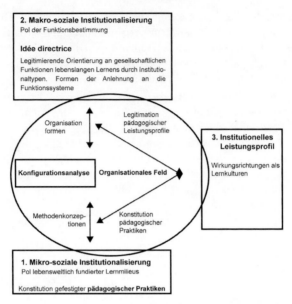

2. Makro-soziale Institutionalisierung
Pol der Funktionsbestimmung

Idée directrice
Legitimierende Orientierung an gesellschaftlichen
Funktionen lebenslangen Lernens durch Institutio-
naltypen. Formen der Anlehnung an die
Funktionssysteme

Organisation
formen

Legitimation
pädagogischer
Leistungsprofile

**3. Institutionelles
Leistungsprofil**

Konfigurationsanalyse   **Organisationales Feld**

Wirkungsrichtungen als
Lernkulturen

Methodenkonzep-
tionen

Konstitution
pädagogischer
Praktiken

1. Mikro-soziale Institutionalisierung
Pol lebensweltlich fundierter Lernmilieus

Konstitution gefestigter **pädagogischer Praktiken**

Abb. 1: Das organisationale Feld als Rahmen pädagogischer Institutionsanalyse

Die Abbildung 1 lässt an ihren drei Eckpunkten erkennen, dass ein emergentes organisationales Feld institutionalisierten Lernens den strukturell integrativen Hintergrund für das Herausbilden einer Vielzahl von Relationen bietet: nämlich zwischen 1. ausgewählten Modellen pädagogischer *Praktiken*, 2. ihrer institutionspolitischen Rahmung durch gesellschaftlich legitimierende *Institutionaltypen* und 3. differenten Wirkungsrichtungen pädagogischer *Leistungsprofile*. Der Gegenstand empirischer Forschung bezieht sich somit auf ein organisationales Feld mit seinen je besonderen Konfigurationsmustern, die sich historisch in Gestalt von Institutionalformen der Erwachsenenbildung konstellieren und strukturell auf Dauer stellen können. Insofern ist das Schema zunächst als Rahmen zur Strukturanalyse von Erwachsenenbildung und beruflicher Weiterbildung geeignet, desweiteren aber auch universell auf alle Formate gesellschaftlicher Institutionalisierung jenseits des Bildungs- und Erziehungssystems analytisch anwendbar.

3. Zur Differenz zwischen Organisationsentwicklung und institutionellem Wandel

Im konzeptionellen Rahmen eines organisationalen Feldes, in dem sich über unterschiedliche Prozesse eines „institutionellen Isomorphismus" (z.B. Zwang, mimetische Angleichung oder normativer Druck) (vgl. Walgenbach 2002a; Di-

Maggio/Powell 1991, S. 73) zunehmend konsistentere „Institutionalformen" konfigurieren und damit einrichtungsübergreifende Bedeutungshorizonte ausbilden, lässt sich nun auch differenzierter rekonstruieren, was jeweils unter Organisationslernen verstanden werden kann. Soziale Praktiken des „Organisationslernens" beziehen sich kategorial auf formative, transitorische oder transformative Prozesse der Systembildung im Verlauf gesellschaftlicher Institutionalisierung. Als sozialtheoretische Kategorie werden sie zu einem dynamischen Bestandteil bei der Entstehung, der Verfestigung oder der anschlussfähigen Variation sozialer Praktiken einer Organisation in ihren vier Referenzbereichen der Systembildung, also in den konstitutiven Praktiken, den Praktiken der Funktionsbestimmung, der gesellschaftlichen Legitimierung sowie in den sozialen Praktiken der Herstellung ko-produktiver Dienstleistungsbeziehungen. Konzipiert man Organisationslernen als Prozess der Institutionalisierung sozialer Praktiken auf einer mikro-sozialen, makro-sozialen und dienstleistungsbezogenen Ebene einer sich hierdurch konfigurierenden gesellschaftlichen Institutionalform, so wird die Frage virulent, ob diese Institutionalform bereits als gefestigter und handlungsleitender Deutungshorizont in einem organisationalen Feld verfügbar ist oder ob er problematisch geworden ist und damit zur Disposition gestellt wurde. Im *ersten Fall* richtet sich Lernen im Sinne eines Kompetenzerwerbs auf die Formation sozialer Praktiken im weitgehend gesicherten Kontext einer bereits in ersten Ansätzen bestehenden, wenn auch noch zu optimierenden gesellschaftlichen Institutionalform. Im *zweiten Fall* geht es um organisationale *Lernkontexte des Übergangs,* in denen man sich von dem Bedeutungshorizont einer obsolet gewordenen Institutionalform distanzierend löst, um sich der erschließenden Entwicklung einer noch unvertrauten Institutionalform lernend zuwenden zu können.

Für ein differenziertes Verständnis aktueller Probleme des Organisationslernens in der Weiterbildung gilt es daher, genauer zwischen *Kompetenzerwerb* bei Prozessen interner Organisationsentwicklung innerhalb einer gesicherten, aber optimierungsbedürftigen Institutionalform einerseits und *Kompetenzentwicklung* im Zuge eines transformativen Wandels zwischen differenten Institutionalformen zu unterscheiden. Erst hierdurch lässt sich die Bedeutung von Organisationspädagogik als institutionstheoretisch gefasste Grundlage für ein professionelles Weiterbildungsmanagement ermessen.

4. Organisationspädagogik als institutionstheoretisches Forschungsfeld

Zusammenfassend können wir vor dem Hintergrund der bisherigen Argumentation festhalten, dass mit dem hier skizzierten institutionstheoretischen Ansatz kategoriale Grundlagen verfügbar werden, mit denen sich nicht allein Bildungseinrichtungen innerhalb des Erziehungs- und Bildungssystems, sondern auch Unternehmen in „außer-pädagogischen" organisationalen Feldern in Hinblick auf Lernen im Verlauf ihrer institutionellen Strukturentwicklung erforschen und lernförderlich unterstützen lassen. Das Forschungsprogramm ist dabei von erheblicher praktischer Relevanz für strategisches Management innerhalb und außerhalb des Bildungssystems, weil es grundlagentheoretisch zwei strukturelle „Differenzlinien" herausarbeitet, die es zukünftig genauer methodologisch und forschungspraktisch zu berücksichtigen gilt:

Erstens in der Unterscheidung zwischen außer-pädagogisch und pädagogisch strukturierten organisationalen Feldern und *zweitens* in der Unterscheidung zwischen optimierender Qualitätssicherung innerhalb einer gegebenen Institutionalform und den lernförmigen Suchbewegungen beim transformativen Übergang in eine neu zu erschließende Institutionalform.

Verschränkt man beide Differenzlinien in einer Kreuztabellierung, so lässt sich das nun zu erschließende Forschungsfeld einer institutionstheoretisch gefassten Organisationspädagogik in vier Schwerpunkten differenziert abstecken. Es umfasst dabei sowohl die lernförderliche Unterstützung von Kompetenzerwerb und Kompetenzentwicklung in pädagogischen Institutionalformen als auch in außerpädagogischen organisationalen Feldern sowie darüber hinaus in ihren gegenseitigen Wechselbeziehungen. Hierdurch gewinnt Organisationspädagogik ein Verständnis von pädagogischem Handeln, das die übliche Begrenzung auf das Erziehungs- und Bildungssystem sprengt. Dies jedoch kann an dieser Stelle nicht genauer ausgeführt werden und muss späteren Arbeiten überlassen bleiben.

Literatur

Dollhausen, K. (2008): Planungskulturen in der Weiterbildung. Angebotsplanungen zwischen wirtschaftlichen Erfordernissen und pädagogischem Anspruch. Bielefeld

Emirbayer, M. (1997): Manifesto for a Relational Sociology. In: American Journal of Sociology. Volume 103, Number 2, S. 281-317

Hasse, R./Krücken, G. (2005): Neo-Institutionalismus. Bielefeld

Geißler, H. (1994): Grundlagen des Organisationslernens. Weinheim

Geißler, H. (1998): Umrisse einer Grundlagentheorie des Organisationslernens. In: H. Geißler/A. Lehnhoff/J. Petersen (Hrsg.): Organisationslernen im interdisziplinären Dialog. Weinheim, S. 163-224

Geißler, H. (2000): Organisationspädagogik. Umrisse einer neuen Herausforderung. München

Geißler, H. (2005): Grundlagen einer pädagogischen Theorie des Organisationslernens. In: M. Göhlich/ C. Hopf/I. Sausele (Hrsg.): Pädagogische Organisationsforschung. Wiesbaden, S. 25-42

Geißler, Harald (2009): Das Pädagogische der Organisationspädagogik. In: M. Göhlich u.a. (Hrsg.): Erfahrung in Organisationen. Wiesbaden, S. 239-250

Kieser; A. (2002): Organisationstheorien. Stuttgart

Ortmann,G./Sydow, J./Türk, K. (1997): Theorien der Organisation. Die Rückkehr der Gesellschaft. Opladen

Küchler, F. v./Schäffter, O. (1997): Organisationsentwicklung in Weiterbildungseinrichtungen. Frankfurt a.M.

Kuper, H. (2001): Organisationen im Erziehungssystem. Vorschläge zu einer systemtheoretischen Revision des erziehungswissenschaftlichen Diskurses über Organisation. In: Zeitschrift für Erwachsenenbildung. 4. Jg., Heft 1, S. 83-106

Laucken, U. (2003): Theoretische Psychologie. Denkformen und Sozialpraxen. Oldenburg

Packer, M.J./Goicoechea, J: (2000): Sociocultural and Constructivist Theories of Learning: Ontology, Not just Epistemology. In: Educational Psychologist 35(4), S. 227-241

Powell, W.W./DiMaggio, P.J. (1991): The New Institutionalism in Organizational Analysis. Chicago/London

Reckwitz, Andreas (2004): Die Kontingenzperspektive der Kultur. Kulturbegriffe, Kulturtheorien und das kulturwissenschaftliche Forschungsprogramm. In: F. Jaeger/J. Rüsen (Hrsg.): Handbuch der Kulturwissenschaften. Band 3, Stuttgart/ Weimar, S. 1-20

Reckwitz, A. (2006): Das hybride Subjekt. Eine Theorie der Subjektkulturen von der bürgerlichen Moderne zur Postmoderne. Weilerswist

Schäffter, O. (1987): Organisationstheorie und institutioneller Alltag der Erwachsenenbildung. In: H. Tietgens (Hrsg.): Wissenschaft und Berufserfahrung. Zur Vermittlung von Theorie und Praxis in der Erwachsenenbildung. Bad Heilbrunn, S. 147-171

Schäffter, O. (2001): Weiterbildung in der Transformationsgesellschaft. Zur Grundlegung einer Theorie der Institutionalisierung. Baltmannsweiler

Schäffter, O. (2003): Institutionelle Selbstpräsentation von Weiterbildungseinrichtungen – Reflexion pädagogischer Organisationskultur an institutionellen Schlüsselsituationen. In: D. Nittel/ W. Seitter (Hrsg.): Die Bildung des Erwachsenen. Erziehungs- und sozialwissenschaftliche Zugänge. Bielefeld, S. 165-184

Schäffter, O. (2005a): Organisationskultur in Weiterbildungseinrichtungen als Lernkultur? Zur These einer nachholenden Modernisierung von Weiterbildungsorganisationen. In: G. A.Wiesner/A. Wolter (Hrsg.) Die lernende Gesellschaft. Lernkulturen und Kompetenzentwicklung in der Wissensgesellschaft. Weinheim/ München, S. 181-198

Schäffter,O. (2005b): „Pädagogische Organisation" aus institutionstheoretischer Perspektive. Zur Ausdifferenzierung von Institutionalformen lebenslangen Lernens in der Transformationsgesellschaft. In: M. Göhlich/ C. Hopf/ I. Sausele (Hrsg.): Pädagogische Organisationsforschung. Wiesbaden, S. 77-92

Schäffter, O. (2008): Lebenslanges Lernen im Prozess der Institutionalisierung. Umrisse einer erwachsenenpädagogischen Theorie des Lernens in kulturtheoretischer Perspektive. In: H. Herzberg (Hrsg.): Lebenslanges Lernen. Theoretische Perspektiven und empirische Befunde im Kontext der Erwachsenenbildung. Frankfurt a.M., S. 67-90

Schäffter, O./Schicke, H. (2009): „Erfahrung" in pädagogischer Organisation als narrativer Prozess der Bedeutungsbildung. Kategoriale und methodologische Überlegungen zur pädagogischen Institutionsanalyse. In: M. Göhlich u.a. (Hrsg.): Organisation und Erfahrung. Wiesbaden, S. 103-114

Scherer, A.G. (2002): Kritik der Organisation oder Organisation der Kritik? – Wissenschaftstheoretische Bemerkungen zum kritischen Umgang mit Organisationstheorien. In: A. Kieser (Hrsg.): Organisationstheorien. Stuttgart, S. 1-38

Strobel-Eisele, G./Wacker, A. (2009): Konzepte des Lernens in der Erziehungswissenschaft. Phänomene, Reflexionen, Konstruktionen. Bad Heilbrunn

Terhardt, E. (1986): Organisation und Erziehung. Neue Zugänge zu einem alten Dilemma. In: Zeitschrift für Pädagogik. 32.Jg., Heft 2, S. 205-223

Walgenbach, P. (2002a): Institutionalistische Ansätze in der Organisationstheorie. In: A. Kieser (Hrsg.): Organisationstheorien. Stuttgart, S. 319-354

Walgenbach, P. (2002b): Giddens´ Theorie der Strukturierung. In: A. Kieser (Hrsg.): Organisationstheorien. Stuttgart, S. 355-375

Walgenbach, P. (2002c): Neoinstitutionalistische Organisationstheorie – State of the Art und Entwicklungslinien. In: G. Schreyögg/P. Conrad (Hrsg.): Theorien des Managements. Band 12, Wiesbaden S. 155-202

Timm C. Feld/Klaus Meisel

Organisationspädagogik – Begründung, Relevanz und Herausforderungen einer neuen erziehungswissenschaftlichen (Teil-) Disziplin

Die exakte Bestimmung des Verhältnisses der Pädagogik bzw. Erziehungswissenschaft und Fragen der Organisation, des Organisationswandels und der bewussten Gestaltung und Unterstützung organisationaler Lernprozesse erweist sich als schwierig. Zum einen lässt sich feststellen, dass die Organisationsthematik insgesamt lange Zeit vernachlässigt wurde (vgl. Terhart 1986; Fuhr 1994). Zum anderen war es allerdings für die Erziehungswissenschaft immer auch selbstverständlich, sich mit organisationalen Teilaspekten zu befassen, und zwar „als Rahmenbedingungen dessen, was als Mittelpunkt pädagogischer Praxis betrachtet wurde: die Interaktion pädagogischer Professionals mit ihrer Klientel" (Geißler 2009, S. 239). Die pädagogische Diskussion der Organisationsthematik richtete demnach ihren Fokus auf die Restriktion pädagogischen Handelns im Kontext (ausschließlich) pädagogischer Organisationen wie Schulen oder Weiterbildungseinrichtungen.

Eine solche Verhältnischarakterisierung muss unter den gegenwärtigen Entwicklungstendenzen als überholt angesehen werden. So lässt sich in den letzten Jahren eine zunehmende Etablierung eines pädagogisch geprägten Zugriffs auf die gestaltbare Seite der Organisation bzw. auf die konkreten Möglichkeiten und Grenzen produktiver Bearbeitung organisationaler Veränderungsprozesse durch *organisationales Lernen* deutlich erkennen (vgl. u.a Rosenbusch 2005; Göhlich/ Tippelt 2008). Geführt wird dieser Diskurs unter dem Begriff der „Organisationspädagogik" (vgl. u.a. Geißler 2000) und gipfelte 2007 in der Gründung der Arbeitsgruppe „Organisationspädagogik" (AG) in der Sektion Erwachsenenbildung der Deutschen Gesellschaft für Erziehungswissenschaft (DGfE). Das Interessante an dieser Entwicklung ist einerseits der Einbezug von Organisationen jeglicher Art, also nicht nur pädagogischen, und anderseits die zunehmende Identifizierung einer genuin pädagogischen Begründung organisationalen Lernens, oder anders formuliert, der Klärung der Frage nach dem „Pädagogischen der Organisationspädagogik" (vgl. Geißler 2009).

Der vorliegende Aufsatz nimmt die Entwicklungen der Organisationspädagogik hin zu einer eigenständigen Teildisziplin der Erziehungswissenschaft zum Anlass, eine kleine Zwischenbilanz zu ziehen. Dazu wird zunächst einmal geklärt, worum es beim organisationalen Lernen überhaupt geht (1), bevor dann die spezifische pädagogische Sicht auf das organisationale Lernen bestimmt wird (2). Anschließend erfolgt eine Einschätzung der Relevanz der Thematik (3), bevor im abschließenden Ausblick Herausforderungen, denen sich die Organisationspädagogik zukünftig stellen sollte, angeschnitten werden.

Eine solche Ausrichtung des Artikels ermöglicht nicht nur eine Reflexion über Stand und Entwicklungstendenzen des organisationspädagogischen Diskurses, sondern zeigt auch deutlich, dass gerade die Arbeiten von Harald Geißler einen bedeutenden Beitrag zur Herausbildung und Fundierung eines solchen Diskurses geleistet haben.

1. Worum geht es beim organisationalen Lernen?

Die vornehmlich organisationspsychologisch, -soziologisch sowie betriebswirtschaftlich geprägte Diskussion um die Lernfähigkeit von Organisationen besteht nun bereits seit einigen Jahrzehnten. Es haben sich in dieser Zeit einige organisationstheoretische Ansätze zur Identifizierung, Klärung und Förderung organisationaler Lernprozesse entwickelt. Bevor auf diese unterschiedlichen Ansätze eingegangen wird, stellt sich zunächst einmal grundsätzlich die Frage nach Unterschied respektive Verhältnis von individuellem und organisationalem Lernen. In der Literatur finden sich dazu verschiedene Auffassungen (vgl. hierzu Berger/ Feldner/König 2001, S. 32f.; Al-Laham 2003, S. 51). Benannt werden der *methodologische Individualismus*, der davon ausgeht, dass organisationales Lernen vollkommen auf Prozesse individuellen Lernens reduzierbar ist. Eine eigenständige Konzeptionalisierung organisationalen Lernens ist somit weder möglich noch erforderlich. Daneben das *Analogie-Konzept*, welches die Auffassung vertritt, dass Organisationen ähnlich wie Individuen lernen. Organisationales Lernen kann somit in Analogie zu individuellen Lernprozessen konzeptionalisiert werden. Als dritte Variante besteht ein *Multi-/Mehrebenen-Lernmodell*, bei dem individuelles Lernen als notwendige, aber nicht hinreichende Voraussetzung für organisationales Lernen angesehen wird. Auf Ebene der Organisation kommen spezifische Besonderheiten hinzu, die eine differenzierte Betrachtung der unterschiedlichen Ebenen erforderlich machen.

Um einen Überblick über die enorme Fülle an Theorieansätzen zum organisationalen Lernen und ihren Kernaussagen zu bekommen, bieten sich systematisierende Perspektiveneinteilungen an. So lässt sich die Bandbreite nach Pawlowsky/Geppert (vgl. 2005, S. 266-276) in sieben unterschiedliche Perspektiven aufsplitten.

Entscheidungsorientierte Perspektive

Diese Perspektive organisationalen Lernens basiert auf dem Prinzip des Stimulus-Response-Modells des Lernens und bedeutet eine Verhaltensänderung als Reaktion auf einen bestimmten Umweltreiz. Auf Organisationen übertragen bedeutet dies, dass Lernprozesse von externen Schocks ausgelöst werden, die eine (reaktive) Anpassung der Organisation erforderlich machen. Organisationen haben in dieser Situation eine gewisse Anzahl von Optionen und internen Regeln der Entscheidungsfindung, wie sie auf den Umweltreiz reagieren können. Durch eine Erweiterung der Optionen und Regeln kann die Organisation ihre Anpassungsfähigkeit in einer dynamischen Umwelt erhöhen. Verhaltensoptionen der Organisation, die nicht erfolgreich waren, werden bei zukünftigen ähnlichen Situationen nicht mehr reproduziert und angewendet. Somit lernen Organisationen aus Erfahrung. Diese Perspektive vertritt z.B. der Ansatz von March/Olsen (1975).

Kognitive Perspektive und Wissensperspektive

Kognitive Ansätze organisationalen Lernens basieren grundlegend auf der Annahme, dass alle bewussten Handlungen aus kognitiven Prozessen von Individuen resultieren. Somit haben auch Lernprozesse grundsätzlich einen bewussten Charakter. Das Lernen der Organisationsmitglieder lässt sich somit nicht bloß auf die Speicherung rationaler Erfahrungen reduzieren, sondern diese müssen vor dem Hintergrund ihrer individuell ausgeprägten kognitiven Strukturen als Interpretatoren der Wirklichkeit betrachtet werden. Bei der Wissensperspektive sind vor allem die wissensbasierten Ansätze von Bedeutung (z.B. Nonaka/Takeuchi 1997). Eine lernende Organisation entsteht in diesem Bereich durch die Zunahme des organisatorischen Wissens. Es geht hierbei um die Aspekte der Qualität individuell erworbenen Wissens, seine Transformation in die Organisation sowie seine dortige Integration über kollektive Lernprozesse.

Systemtheoretische Perspektive

Die Ansätze in dieser Perspektive setzen sich auf unterschiedliche Weise und Intensität mit organisationalem Lernen unter einer systemtheoretischen Sichtweise auseinander (etwa Malik 1992; Senge 2003). Dabei lassen sich mindestens drei verschiedene Richtungen unterscheiden:

I. *Traditionelle systemtheoretische Managementansätze*: Sie beschäftigen sich zentral mit der Beziehung zwischen Umwelt und System, wobei die organisationale Umwelt hinsichtlich ihres Veränderungsdrucks, den sie auf die Organisation ausübt, interpretiert wird.

II. *Systemdynamischer Ansatz*: Die wesentliche Annahme besteht darin, dass Organisationen, die mit der Untersuchung der relevanten Umweltfaktoren und deren Dynamik einmal die Komplexität eines (Umwelt-) Systems reduziert haben, dieses Wissen nutzen können, um die Funktionsweise komplexer Systeme zu durchdringen und situativ zu intervenieren.

III. *Selbstorganisationsansätze*: Diese Ansätze begreifen Selbstreferentialität als grundlegenden Prozess, mit dem sich Organisationen auseinandersetzen müssen, um organisationale Lernprozesse zu verstehen und die Qualität der organisationsinternen Problemlösungsfähigkeit zu steigern.

Kulturperspektive

Eine große Zahl von Ansätzen (etwa Schein 2003) bezieht sich im Kern auf die Frage der (Weiter-) Entwicklung der Unternehmenskultur und betrachtet organisationales Lernen als grundlegenden Wandel der organisationsintern vorherrschenden Kultur(en) (Normen und Werte). Bei dieser Perspektive wird die lernende Organisation somit primär durch die Weiterentwicklung der eigenen (d.h. durch die Mehrzahl der Organisationsmitglieder getragenen) Organisationskultur gebildet. Bei den kulturfokussierenden Ansätzen organisationalen Lernens wird in der Regel von einem Gruppenprozess ausgegangen, bei dem die Wirklichkeitskonstruktion sowie die Auswahl und Umsetzung alternativer Handlungen nach kollektiven, kulturell bedingten Ordnungsmustern stattfinden. Kultur wird dabei als Determinante gemeinsamer Lernprozesse betrachtet, welche zugleich zukünftige Lernprozesse bestimmt.

Action-Learning-Perspektive

Zentraler Kern der Action-Learning-Perspektive ist die Idee, dass sich Lernen durch Handeln vollzieht. Prozesse eines tief greifenden Verstehens beruhen auf Reflexionen, auf die wiederum (angepasste) Handlungen folgen. Die Ergebnisse einfacher Lernprozesse können zwar gespeichert und gegebenenfalls abgerufen werden, tatsächliches Verstehen ist jedoch nicht unbedingt damit verbunden. Vielmehr ist die Reflexion der individuellen Erfahrungen ein entscheidendes Kriterium für verhaltensrelevantes Lernen. Auf dieser Basis werden dann Generalisierungen vorgenommen und mit individuellen Wirklichkeitskonstruktionen abgestimmt, die in ähnlicher Situation getestet und gegebenenfalls modifiziert werden. Die Lernprozesse bei dieser Perspektive stehen somit in zentraler Abhängigkeit von Wissen, Reflexion und der Implementierung neuen Wissens sowie dem Transfer von Wissen in Handlungen. Ein Vertreter dieser Perspektive ist z.B. der Ansatz von Argyris/Schön (1978).

Interaktionistische Perspektive

Unter dieser Perspektive ist das Verständnis organisationalen Lernens sehr stark sowohl von sozialökonomischen Organisationstheorien als auch dem symbolischen Interaktionismus geprägt. Lernen wird hier als Prozess der sozialen Konstruktion von Wirklichkeit verstanden, welche sich in Interaktionsprozessen von verschiedenen Akteuren innerhalb und außerhalb der betreffenden Organisation konstituiert. Organisationales Lernen wird somit als ein kontextabhängiger Prozess interpretiert, der über die Grenzen der Organisation hinweg in sogenannten communities of practice stattfindet.

Eklektische Perspektive

Bei dieser Perspektive bauen die Ansätze (z.b. Senge 2003) im Wesentlichen auf Erkenntnisse vorangegangener Arbeiten und Theorien auf und versuchen neue Sichtweisen organisationalen Lernens durch das Zusammenführen verschiedener theoretischer Zugänge zu erschließen.

Trotz oder gerade wegen der Fülle an Theorieansätzen zum organisationalen Lernen kann nicht davon gesprochen werden, dass es eine allgemeingültige Verständigung darüber gibt, was mit organisationalem Lernen gemeint ist. Bereits Mitte der 1990er-Jahre konstatierte dazu Geißler, dass eine tragfähige Theorie des Organisationslernens nicht vorhanden ist und bezeichnete die vorliegenden (thematisch unterschiedlich ausgerichteten) Arbeiten als „Ansätze" und „Fragmente" (vgl. Geißler 1995, S. 370). Diese Aussage ist auch heute noch – gut fünfzehn Jahre später – als Zusammenfassung für den heterogenen Forschungsstand zum Thema Lernen von Organisationen zutreffend.

2. Zur pädagogischen Sicht auf das organisationale Lernen

Wie bereits aus der Einleitung ersichtlich, handelt es sich bei der Organisationspädagogik um ein relativ junges, sich im Herausbilden befindliches Theorie- und Forschungsfeld der Erziehungswissenschaft. Gegenstand sind Organisationen jeglicher Art. Das Interesse richtet sich auf die spezifisch pädagogische Betrachtung und Erforschung der Organisationen als Ganzes oder einzelner organisationaler Teilsysteme. Somit beschränkt sich das Augenmerk nicht mehr (nur) auf Bildung und Erziehung von Individuen, sondern zielt zentral auf die Erforschung und Unterstützung von Lernprozessen größerer sozialer Gebilde, von Teams und Organisationen (vgl. Göhlich 2005, S. 9).

Der geführte Diskurs nach der spezifischen pädagogischen Sichtweise wird bestimmt durch Fragen „nach der Spezifik organisationalen Lernens, nach dessen bildendem Gehalt, nach dem Verhältnis individuellen, kollektiven und organisationalen Lernens, nach Ressourcen und Hindernissen sowie nach Formen der Unterstützung solcher Lernprozesse" (AG-Antrag 2006, S. 3). Es geht folglich um Theorie und Praxis der Unterstützung bzw. Ermöglichung und Kultivierung von Lernprozessen *in* und *von* Organisationen (vgl. Göhlich 2005, S. 15).

Betrachtungs- und Reflexionsgegenstand werden dabei die jeweils in einer Organisation unterschiedlich bestehenden Wirklichkeitssichten, Verhaltens- und Kommunikationsmuster, die „im systemischen Zusammenspiel der Organisationsmitglieder entwickelt und gewohnheitsmäßig eingespielt werden"

(Dollhausen 2007, S. 6). Insbesondere zielt das organisationspädagogische Interesse somit auf die entwicklungsgerichtete Bearbeitung bzw. produktive Nutzbarmachung dieses Zusammenspiels durch die konkrete Gestaltung organisationaler Dimensionen wie z.b. struktureller, strategischer oder kultureller Ausprägungen (vgl. Feld 2007). Der Prozess eines solchen Zusammenspiels lässt sich auch als eine „gemeinsame Erkenntnissuche" (vgl. Geißler 2000, S. 46) der Organisationsmitglieder zur Verbesserung der gegenwärtigen Organisationspraxis verstehen. Aufgabe der Organisationspädagogik ist es dann, Aufklärungsunterstützung anzubieten.

Geißler sieht darüber hinaus in der Abgrenzung zu anderen relevanten Organisationswissenschaften eine Fundierungsmöglichkeit eines pädagogisch begründeten Zugangs. So bescheinigt Geißler der entsprechenden organisationspsychologisch geprägten Literatur zum organisationalem Lernen ein *bildungstheoretisches Reflexionsdefizit des Inhalts* (vgl. Geißler 2009, S. 244), welches aufgrund der zentralen Thematisierung der Binnenmoral zwischen Organisationsberater und Klient entsteht. Das Reflexionsdefizit umfasst dabei die Beantwortung der Frage, welcher Umgang durch organisationale Lernprozesse pädagogisch wünschenswert gelernt werden sollte, dies mit Bezug auf den Umgang der Organisationsmitglieder untereinander und der Organisation mit der Gesellschaft, also Kunden, Lieferanten und Stakeholdern (vgl. ebd.). Die Organisationspädagogik hat hier die Möglichkeit der Beantwortung dieser Fragen, wobei es laut Geißler allerdings einer Umstellung von einer Binnenmoral auf eine universalistische Ethik bedarf. Geißler formuliert in diesem Kontext vier Subsysteme der Organisationspädagogik (Geißler 2009, S. 244f.):

• Subsystem 1: Die Interaktion der Organisation mit der Gesellschaft, d.h. mit ihren Kunden, Lieferanten und Stakeholdern, also mit allen, die von den Aktivitäten und Entscheidungen der Organisation direkt und indirekt betroffen sind.

• Subsystem 2: Die Interaktion der Organisationsmitglieder innerhalb und zwischen den Funktionsbereichen und Hierarchieebenen der Organisation.

• Subsystem 3: Die Interaktion organisationsexterner Berater mit Organisationsmitgliedern, -gruppen und -einheiten.

• Subsystem 4: Die Interaktion der Wissenschaft mit organisationsexternen Beratern.

Die organisationspädagogische Zielperspektive wäre dabei unter Bezug auf ein „normatives Organisationslernen", dass den Lern- und Entwicklungsprozessen der gesamten Organisation wie gleichermaßen der einzelnen Organisationsmitglieder und der Gesellschaft ein ethisch reflektierter, normativer Referenzpunkt vorgegeben wird, nämlich der sich am Konzept der helfenden Beziehung orientierende, allseitig offene, konstruktiv-wertschätzende Dialog. Vor diesem Hin-

tergrund wäre somit das Pädagogische der Organisationspädagogik der Gesamt-
zusammenhang der vier beschriebenen Subsysteme (vgl. Geißler 2009, S. 246).

3. Relevanz der Thematik

Die Relevanz der Thematik des organisationalen Lernens im Allgemeinen und
die Bedeutung eines spezifisch pädagogischen Zugriffs im Besonderen ergibt
sich in erster Linie infolge der Kombination von zwei Begründungen. Erstens
wurde in den letzten zwei Jahrzehnten deutlich, dass nahezu jede Organisation
multikausalen Veränderungsfaktoren ausgesetzt war und die Veränderungsher-
ausforderungen zu einem dauerhaften Begleiter der Organisationen wurden.
Zweitens lässt sich erkennen, dass klassische Konzepte des geplanten Wandels
von Organisationen an ihre Grenzen stoßen.

So unterlag z.B. die „klassische" Organisationsentwicklung – trotz vielfältiger
Erfolge und einer breiten Anerkennung – schon seit ihren Anfängen reichlicher
Kritik (vgl. Rieckmann 1994). Bemängelt wurden theoretische als auch anwen-
dungspraktische Aspekte, insbesondere eine unzureichende theoretische Begründung sowie der unrealistische Glaube, Produktivität und Menschlichkeit
gleichermaßen umsetzen zu können. Rieckmann konstatierte dazu Anfang der
1990er Jahre, dass die klassische, humanistisch-emanzipatorische und „normative OE" ihres uneinlösbaren Anspruchs bezüglich Integration und Harmonie
„überführt" wurde (vgl. ebd., S. 138).

Betrachtet man die Diskussion um die Leistungs- und Zukunftsfähigkeit von
Organisationsentwicklung, so lässt sich feststellen, dass die Kritik zunehmend
schärfer und grundlegender geworden ist (vgl. u.a. von Rosenstiel/Molt/
Rüttinger 2005, S. 401f.). Der fundamentalste Kritikpunkt zielt(e) auf das über-
holte Verständnis bezüglich Organisation und Wandel (vgl. z.B. Schreyögg
1999). Zu Beginn der Organisationsentwicklung wurden Organisationen als
starr, bürokratisch und hierarchiebetont betrachtet. Probleme entstanden hauptsächlich durch strukturbedingte Kommunikations- und Entscheidungsproblema-
tiken sowie durch die „Unterdrückung" von Entwicklungsmöglichkeiten der
Mitarbeiter. Das Verständnis von Wandel beruhte dabei auf relativ stabilen Or-
ganisationsverhältnissen, die sich in Organisationsumwelten reproduzieren können, die langsame, evolutionäre Anpassungsprozesse an veränderte Überlebens-
bedingungen zulassen. Umwelteinflüsse spielten demnach in dem ursprüng-
lichen Wandelverständnis der klassischen Organisationsentwicklung eine eher
geringe Rolle.

Die Ansätze des organisationalen Lernens lassen sich indirekt als eine Weiterentwicklung der Organisationsentwicklung verstehen, wobei die Besonderheit
in der Überzeugung liegt, dass Veränderungen nie abgeschlossen sind und daher
ein permanenter organisationaler Wandel bzw. eine permanente Fokussierung
und Bearbeitung dieses Wandels erforderlich sind. Eine Organisation besteht in

diesen Ansätzen prinzipiell aus dynamischen Elementen, die sich hochflexibel, schnell und unproblematisch an Umweltveränderungen anpassen können bzw. diese bereits proaktiv bearbeiten. Die Theorie sozialer Systeme flankiert viele Ansätze organisationalen Lernens durch eine institutionelle Sichtweise, die zu erklären versucht, wie organisationale Identität durch flexible Organisationsgrenzen bestimmt werden kann. Es wird also die Idee des dauerhaften Lernens mit bestehenden institutionellen Anforderungen zusammengebracht (vgl. Schröer 2004, S. 94). Übergeordnet bedeutsam ist zudem die Beachtung des Organisations-Umwelt-Verhältnisses sowie der Lernperspektive der einzelnen Organisationsmitglieder als zentraler Bestandteil einer lern- und leistungsfähigen Organisation. Schreyögg (vgl. 2008, S. 552) sieht in diesem Kontext auch, dass mit dem Konzept der lernenden Organisation eine Basisperspektive gewonnen wurde, die es schafft, die Unzulänglichkeiten des OE-Ansatzes zu überwinden.

Die organisationspädagogische Debatte erweitert diese Perspektive durch die unter dem 2. Abschnitt genannte Schwerpunktsetzung. Bedeutsam ist dabei vor allem das bei der Organisationspädagogik im Zentrum stehende Interesse an der Identifizierung, Initiierung und Unterstützung organisationaler Lern- und Entwicklungsprozesse.

4. Ausblick und Herausforderungen

Organisationspädagogik hat sich in den letzten Jahren sowohl als Arbeitsfeld für Pädagoginnen und Pädagogen als auch als eigenständiger Diskurs innerhalb der Erziehungswissenschaft zunehmend etabliert. Deutlich wird dies neben der Gründung der AG Organisationspädagogik im Jahr 2007 auch durch das Entstehen mehrerer organisationspädagogisch ausgerichteter Studiengänge[1] oder durch die Verstetigung von Tagungen und Workshops als reflexions- und vernetzungsförderliche Mittel[2]. Hinzu kommt nicht zuletzt eine spürbare Zunahme einschlägiger Forschungen[3] und Publikationen (neben den bisher genannten z.B. Göhlich/Hopf/Sausele 2005; Rosenbusch 2005; Merkens 2006; Göhlich/Weber/ Wolf 2009; Heidsiek 2009).

---

[1] Exemplarisch nennen lassen sich die BA/MA-Studiengänge „Sozial- und Organisationspädagogik" der Stiftung Universität Hildesheim oder der Zertifikatsstudiengang „pädagogische Organisationsberatung" der Friedrich-Schiller-Universität Jena.

[2] Die bisherigen Tagungen der AG Organisationspädagogik waren 2008 zum Thema „Organisation und Erfahrung" (Hildesheim), 2009 zum Thema „Organisation und Beratung" (Marburg) und 2010 zum Thema „Organisation und Führung" (Heidelberg).

[3] Z.B. finden sich unter dem Schlagwort „Lernende Organisation" in der Kategorie „Institutionalisierung" der Forschungslandkarte Erwachsenen- und Weiterbildung mit 32 genannten Forschungsprojekten, die aktuell laufen bzw. vor kurzem abgeschlossen wurden, die meisten Nennungen in dieser Kategorie (vgl. http://www.die-bonn.de/ forschungslandkarte.info/).

Trotz dieser Leistungen und Aktivitäten zeigt sich allerdings auch, dass noch vielfältige Herausforderungen bestehen, denen sich die Organisationspädagogik zukünftig verstärkt widmen sollte. Drei dieser Herausforderungen beziehen sich auf die interdependenten Felder *Theorie*, *Forschung* und *Praxis*:

- Um die Eigenständigkeit als Disziplin der Erziehungswissenschaft weiter zu begründen und um sich somit nicht nur gegenüber den anderen erziehungswissenschaftlichen Teildisziplinen, sondern auch gegenüber anderen Organisationswissenschaften abzugrenzen, bedarf es einer Vertiefung der eigenen Theoriebildung. Ansetzen lässt sich dabei an vielen Stellen. Hervorzuheben wäre sicherlich die Bedeutsamkeit der Entwicklung einer pädagogischen Organisationstheorie, die (weitere) Klärung des spezifisch Pädagogischen der Organisationspädagogik oder die organisationspädagogische Deutung zentraler Begrifflichkeiten wie z.b. „Macht", „Intervention" oder „Entwicklung".

- Eine solche theoretische Entwicklungsarbeit ist angewiesen auf kontinuierliche, empiriebasierte Forschung. Hier gilt es stärker als bisher, das angewendete qualitative oder quantitative Methodenrepertoire hinsichtlich seiner Stärken und Schwächen z.B. bezogen auf die Identifizierung oder Bearbeitung organisationaler Veränderungs- und Lernprozesse zu reflektieren. Göhlich/Tippelt weisen z.B. darauf hin, dass angesichts des Interesses an Lern- und Lernunterstützungsprozessen viel dafür spricht, prozessorientierte Verfahren einzusetzen, die nicht nur auf der Ebene des Bewussten, Intentionalen, Reflexiven, sondern auch auf der Ebene des Performativen ansetzen und die Zeitlichkeit des Lern(unterstützungs)prozesses einholen (vgl. Göhlich/Tippelt 2008, S. 633).

- Nicht zuletzt ist es bedeutsam, die theorie- und forschungsbasierten Erkenntnisse unter einer entwicklungsorientierten Perspektive zu betrachten, um daraus z.B. praxisrelevante Handlungsempfehlungen ableiten zu können. Naheliegend wäre dies im Sinne externer organisationspädagogischer Beratungstätigkeit oder organisationsinterner Leitungs- und Steuerungsfunktionen.

Literatur

AG-Antrag (2006): Antrag auf Einrichtung einer AG, Kommission oder Sektion „Organisationspädagogik" in der DGfE, Erlangen-Nürnberg. Online: http://dgfe.pleurone.de/ueber/sektionen/folder.2004-0909.5045997312/AGOrganisation/ziel/document.2007-11-16.61 50318177/document_view – Download vom 12.08.2009

Argyris, C./Schön, D. A. (1978): Organizational learning: A theory of action perspective. Reading

Al-Laham, A. (2003): Organisationales Wissensmanagement. München

Berger, C./Feldner, J./König, R. (2001): Die Kommunalverwaltung als lernende Organisation. Stuttgart u.a.

Dollhausen, K. (2007): Einführung: „Lernende Organisation" als Bezugspunkt erwachsenenpädagogischer Organisationsforschung? In: Dollhausen, K./Nuissl, E. (Hrsg.): Bildungseinrichtungen als „lernende Organisationen"?. Wiesbaden, S. 1-15

Feld, T. C. (2007): Volkshochschulen als „lernende Organisationen". Hamburg

Fuhr, T. (1994): Pädagogik und Organisation. Anmerkungen zu einem schwierigen Verhältnis. In: Pädagogische Rundschau 48, S. 579-591

Geißler, H. (1995): Managementbildung und Organisationslernen für die Risikogesellschaft. In: Geißler, H. (Hrsg.): Organisationslernen und Weiterbildung: Die strategische Antwort auf die Herausforderungen der Zukunft. Neuwied u.a., S. 362-384

Geißler, H. (2000): Organisationspädagogik. München

Geißler, H. (2009): Das Pädagogische der Organisationspädagogik. In: Göhlich, M./Weber, S. M./Wolff, S. (Hrsg.): Organisation und Erfahrung. Beiträge der AG Organisationspädagogik. Wiesbaden, S. 239-249

Göhlich, M. (2005): Pädagogische Organisationsforschung – Eine Einführung. In: Göhlich, M./Hopf, C./Sausele, I. (Hrsg.): Pädagogische Organisationsforschung. Wiesbaden, S. 9-23

Göhlich, M./Hopf, C./Sausele, I. (2005.): Pädagogische Organisationsforschung. Wiesbaden.

Göhlich, M./Tippelt, R. (2008): Pädagogische Organisationsforschung. In: Zeitschrift für Pädagogik, H. 5, S. 633-636

Göhlich, M./Weber, S. M./Wolff, S. (2009.): Organisation und Erfahrung. Beiträge der AG Organisationspädagogik. Wiesbaden

Heidsiek, C. (2009): Reflexion und Organisationsberatung. Frankfurt a.M.

Malik, F. (1992): Strategie des Managements komplexer Systeme. 4. Aufl. Bern, Stuttgart

March, J. G./Olsen, J. P. (1975): The uncertainty of the past: Organizational learning under ambiguity. In: March, J. G. (Hrsg.) (1988): Decisions and organizations. New York, S. 335-358

Merkens, H. (2006): Pädagogische Institutionen. Pädagogisches Handeln im Spannungsfeld von Individualisierung und Organisation. Wiesbaden

Nonaka, I./Takeuchi, H. (1997): Die Organisation des Wissens: Wie japanische Unternehmen eine brachliegende Ressource nutzbar machen. Frankfurt a.M./New York

Pawlowsky, P./Geppert, M. (2005): Organisationales Lernen. In: Weik, E./Lang, R. (Hrsg.): Moderne Organisationstheorien. 1. Handlungsorientierte Ansätze. 2. Aufl., Wiesbaden, S. 259-294

Rieckmann, H. (1994): Organisationsentwicklung: von der Euphorie zu den Grenzen. In: Sattelberger, T. (Hrsg.): Die lernende Organisation: Konzepte für eine neue Qualität der Unternehmensentwicklung. 2.Aufl., Wiesbaden, S. 125-143

Rosenbusch, H. S. (2005): Organisationspädagogik der Schule. Grundlagen pädagogischen Führungshandelns. München

Rosenstiel, L.v./Molt, W./Rüttinger, B. (2005): Organisationspsychologie. 9.Aufl., Stuttgart

Senge, P. (2003): Die fünfte Disziplin. 9. Aufl., Stuttgart

Schein, E. H. (2003): Organisationskultur: The Ed Schein corporate culture survival guide. Bergisch Gladbach

Schreyögg, G. (1999): Organisationsentwicklung – quo vadis? In: Organisationsentwicklung. H. 3, S. 76-79

Schreyögg, G. (2008): Organisation: Grundlagen moderner Organisationsgestaltung. Mit Fallstudien. 5. Aufl., Wiesbaden

Schröer, A. (2004): Change Management pädagogischer Institutionen: Wandlungsprozesse in Einrichtungen der Evangelischen Erwachsenenbildung. Opladen

Terhart, E. (1986): Organisation und Erziehung. Neue Zugangswege zu einem alten Dilemma. In: Zeitschrift für Pädagogik, H. 2, S. 205-223

Stefan Kühl

Die Irrationalität lernender Organisationen

Überlegungen zur Nützlichkeit von Managementkonzepten

Managementkonzepte, die Unternehmen mit konkreten Vorschlägen für Organisationsformen bedienen, geraten zunehmend in die Krise. Kaum hatten Business Process Reengineering und Lean Management erste erkennbare Spuren in europäischen Unternehmen hinterlassen, schon kamen ernsthafte Zweifel auf: Haben verschlankte Unternehmen genug organisatorische Reserven, um den Anpassungsanforderungen an sich ständig wechselnden Umweltbedingungen gerecht zu werden oder ist mit dem Abbau organisatorischer Fettpolster auch das Potential für Innovationen verloren gegangen? Schafft das Neudenken und Neuplanen von Organisationen „von Grund auf", wie es das Business Process Reengineering vorsieht, nur einen neuen stabilen organisatorischen Zustand, der mit neuen Veränderungen der Umweltbedingungen ein Hemmschuh wird?

Die Ermüdungserscheinungen, die man bei vielen Managerinnen und Managern in Bezug auf Lean Management oder Business Process Reengineering beobachten kann, sind sicherlich Ausdruck einer zunehmenden Skepsis gegenüber Organisationsmoden, die in immer kürzeren Zyklen über sie hineinbrechen. Darüber hinaus steht die wachsende Kritik an Lean Management und Business Process Reengineering aber auch für eine Krise der Managementkonzepte, die konkret eine neue Form der Organisation von Unternehmen vorschlagen. Die neuen „one best ways", die Vertreterinnen und Vertreter von Lean Management und Business Process Reenigineering in die Unternehmen zu drücken versuchen, werden immer seltener akzeptiert. Die Zweifel werden lauter, ob es überhaupt noch möglich ist, genaue Kriterien für die effizienteste und angepassteste Form der Organisation zu formulieren.

Selbst Wissenschaftler und Manager, die sich vor einigen Jahren noch für Business Process Reengineering oder Lean Management stark gemacht haben, setzen sich jetzt für Unternehmensformen ein, die so flexibel, anpassungs- und wandlungsfähig sind, dass es kaum noch möglich ist, genau zu bestimmen, was das spezifische dieser Unternehmen ausmacht. Die Konzepte der lernenden Organisation, der vitalen, wandlungsfähigen Firma und des evolutionären Unternehmens löst als Zielvorstellung zunehmend die noch relativ statischen Managementkonzepte der späten achtziger und frühen neunziger Jahre ab. Nach der

Idealisierung der bürokratisch-tayloristischen Organisation, der Propagierung prozessorientierter verschlankter Unternehmen, haben wir es jetzt mit einem weiteren Wechsel zu tun, in dem kaum noch konkrete Vorschläge über die Form der Organisation gemacht werden. Was bedeutet diese Entwicklung? Was steckt dahinter?

Ausgerechnet jetzt ... Warum braucht eine Organisation während eines Wandlungsprozesses Rationalität?

Die Krise klassischer Rationalitätsvorstellungen kommt für die Unternehmen in einem äußerst ungünstigen Moment: Viele Mitarbeiter fühlen sich durch ein Zuviel an Unklarheit, an Unsicherheit und an Chaos bedroht. Es entsteht bei immer mehr Mitarbeitern der Eindruck, dass niemand mehr genau weiß, was die Organisation genau macht, wie sie es macht und wer wofür zuständig ist. Die Kunst im Unternehmen besteht heutzutage darin, diese Unsicherheit auf ein erträgliches Maß zu reduzieren, so dass auch gehandelt werden kann, wenn die Komplexität der Umwelt sehr hoch ist. Wenn das Modell der Wirklichkeit einer Firma nicht so komplex sein soll, dass es sie paralysiert, dann muss die Organisation Vereinfachungen ihrer Reaktionen entwickeln. Und hier könnte eigentlich Rationalität in gewisser Weise als rettender Engel ins Spiel kommen.

Rationalität ist ein zentraler organisatorischer Kniff, um Unsicherheit, Unklarheit und Chaos zu reduzieren. Weil Organisationen Unruhe fürchten, müssen sie sich durch Verweis auf die Rationalität, Vernunftmäßigkeit und logische Konsistenz ihres Handelns beruhigen. Rationalität ist dabei eine der geschicktesten Formen der organisierten Selbstberuhigung der Unternehmen. Sie vermittelt den Eindruck, dass man Entscheidungen nicht aufgrund einer bestimmten, willkürlichen, mikropolitischen Lage trifft, sondern sie letztlich aus bestimmten Grundprämissen ableitet. Genau in diesem Vertrauen in die Deduzierbarkeit liegt die Beruhigungsfunktion von Rationalität (vgl. Baecker 1997, S. 8). Rationalität gibt dem Unternehmen die Gewissheit auf dem richtigen Weg zu sein und hilft, die Mitarbeiterinnen und Mitarbeiter auf eine bestimmte Strategie einzuschwören, in dem sie diese und nur diese Strategie als einleuchtend erscheinen lässt.

Zur Selbstberuhigung ist es dabei nicht notwendig, dass die Unternehmen nach irgendwelchen weltlichen oder überweltlichen objektiven Kriterien rational handeln. Schon allein die vielen rationalen Fassaden des betrieblichen Geschehens entfalten die notwendige stabilisierende und koordinierende Kraft, die Unternehmen benötigen. Um sich zu beruhigen, reicht es aus, dass die Organisation selbst davon überzeugt ist, dass sie rational handelt: Wirtschaftlichkeitsanalysen müssen, um Handlungen zu ermöglichen, nicht alle relevanten Kriterien berücksichtigen – das ging vermutlich auch gar nicht – sondern sie müssen nur so überzeugend formuliert sein, dass sie für oder gegen eine bestimmte Investitionsentscheidung sprechen. Eine Gewinnrechnung des deutschen Ablegers eines internationalen Großunternehmens muss natürlich nicht die Unternehmenslage dieses Ablegers widerspiegeln, sondern das Großunternehmen muss nur nach außen die Gewinne als „rational", „objektiv" und „berechnet" präsentieren, um dann die Überschüsse des Unternehmens in Niedrigsteuerländern als Gewinn anfallen lassen zu können. In letzter Konsequenz ist Rationalität eine Art „positives Denken" von Unternehmen. Man redet sich ein, dass man Kraft hat, etwas Bestimmtes zu tun und alleine das Einreden führt dazu, dass man die Kraft entwickelt.

Wenn Rationalität eine geschickte Form der Unsicherheitsabsorption in Unternehmen ist, leuchtet relativ schnell ein, welche Probleme von den momentan so begehrten Innovationen und Organisationsveränderungen ausgehen. Denn Innovation und Organisationswandel sind letztlich nichts anderes als die Produktion von Unsicherheit: Man weiß nicht, ob sich ein neues Produkt verkaufen wird. Man zweifelt, ob die Mitarbeiter beim Wandlungsprozess mitziehen. Man kann noch nicht mal bestimmen, ob eine bestimmte Maßnahme überhaupt Erfolg haben wird. Organisationen, die versuchen, ihre Unsicherheit auf ein beherrschbares Maß zu reduzieren, – so die Beobachtung des Bielefelder Systemtheoretikers Niklas Luhmann (1997) – wären eigentlich töricht, wenn sie auf Innovation und Wandel setzen. Statt Unsicherheit zu reduzieren würden sie Unsicherheit aufbauen.

Eine prekäre Situation für Unternehmen zeichnet sich ab: Innovationen und Organisationswandel bedeuten eine große Verunsicherung für Organisationen. Aber gerade die klassischen Vorstellungen von Rationalität, die Unternehmen dazu gedient haben, Unsicherheiten zu absorbieren und auch bei hoher Komplexität handlungsfähig zu bleiben, stecken in einer großen Krise. Mit der Vorstellung von dem einen, besten Weg der Organisation verschwindet auch eine relativ problemlose organisationsinterne und -externe Legitimierbarkeit von Lösungen durch scheinbare Alternativlosigkeit (vgl. Tacke 1992, S. 13) Eine brisante Situation entsteht: Auf der einen Seite brauchen Organisationen dringend Rationalität, um mit den durch Veränderungsanforderungen entstehenden Unsicherheiten umzugehen. Auf der anderen Seite brechen ihnen durch die organisatorischen Veränderungen die vertrauten Mechanismen weg, mit denen sie bisher den Anschein von Rationalität aufrechterhalten haben. Die neuen Organisationsformen untergraben noch weiter die Vorstellungen von Rationalität in Organisationen.

Versuch zur Rettung der Rationalität: Wie präsentieren sich lernende Unternehmen als rationale Organisationen?

Was können Unternehmen angesichts dieser Situation tun? Eine naheliegende Möglichkeit wäre, von Rationalitätsvorstellungen ganz Abschied zu nehmen. Das Unternehmen würde darauf verzichten, über Vorstellungen von Rationalität den Verständigungsaufwand im Unternehmen zu reduzieren. Aber der völlige

Verzicht auf die Reduzierung von Verständigungsaufwand wäre verheerend. Die Organisation würde an der eigenen übermächtigen Komplexität zugrunde gehen. Deswegen bräuchte ein Unternehmen, das auf Rationalität verzichtet, andere Mechanismen, um die eigene Unsicherheit, die eigene Komplexität zu reduzieren. Es müssten sogenannte funktionale Äquivalente zur Rationalität von Unternehmen eingesetzt werden, mit denen ebenfalls Unsicherheit reduziert werden könnte. Davon gibt es in Unternehmen eine ganze Menge: Als eine Möglichkeit könnte die Organisation eine starke Unternehmensideologie, eine starke Unternehmenskultur nach innen und nach außen kommunizieren: „Wir haben die modernsten Maschinen", „Wir sind ein kooperativ geführtes Familienunternehmen". Eine andere Möglichkeit wäre, die Mitarbeiter dazu anzuhalten, sich mit den Produkten der Firma zu identifizieren: „Unsere Fertigbackmischung ist die beste"; „Niemand stellt buntere Blumenvasen her als wir". Eine dritte Möglichkeit wäre, dass die Organisation eine starke Führungspersönlichkeit aufbaut, die das volle Vertrauen der Mitarbeiter genießt: „Unsere Chefin ist so dynamisch und kompetent, dass wir ihr voller Vertrauen folgen können." Eine vierte Möglichkeit wäre die Einbindung in einen regionalen Kontext: „Weil wir alle Thüringer sind, halten wir zusammen und vertrauen höchstens noch den Sachsen, aber auch diesen nicht völlig."

Bedauerlicherweise bringen diese verschiedenen Mechanismen der Unsicherheitsabsorption für die Organisation schwerwiegende Nachteile mit sich. Eine starke Unternehmensideologie und eine ausgeprägte Unternehmenskultur hilft zwar Unsicherheit zu reduzieren, weil es die Handlungsmöglichkeiten beschränkt, aber es reduziert die Spannweite, für das, was im Rahmen der Organisation möglich ist: Ein Unternehmen, das sich den kooperativen Anstrich eines Familienunternehmens gibt, kann nur schwerlich in Krisenzeiten Mitarbeiter entlassen. Ein ähnliches Problem entsteht, wenn sich die Mitarbeiter zu sehr mit dem Produkt des Unternehmens identifizieren. Die Organisation verliert an Elastizität: Was geschieht, wenn statt dem Backpulver, mit dem sich alle Mitarbeiter identifziert haben, plötzlich Puderzucker hergestellt werden muss. Man kann sich die Identitätskrisen der Mitarbeiter vorstellen. Auch die Reduzierung von Unsicherheit über die Identifizierung mit einer starken Führungspersönlichkeit ist riskant, weil das Unternehmen mit dem Verschwinden dieser Unternehmerpersönlichkeit massiv bedroht wäre: Was passiert, wenn die Person, die für alle der Garant von Effizienz und Menschenfreundlichkeit gewesen ist, plötzlich die Firma wechselt. Ähnlich auch die Unflexibilität bei Unsicherheitsreduzierung über regionale Bindungen: Was passiert wenn plötzlich die Thüringer mit Personen aus anderen Bundesländern kooperieren müssen?

Nachteil all dieser Instrumente zur Unsicherheitsabsorption – Unternehmenskultur, Identifizierung mit Produkten, starke Führungspersönlichkeit und regionale Bindung – ist, dass sie nicht die gleiche Abstraktionsleistung erbringen wie das Konzept der Rationalität. Die Stärke der rationalen Organisationsform ist, dass sie eine Unsicherheitsabsorption leistet ohne jedoch bestimmte Verhaltensweisen letztendlich festzuschreiben: Mit dem Verweis auf rationales Handeln, kann in einer Unternehmenskrise, relativ problemlos eine neue Unternehmensstrategie legitimiert werden.

Wegen der spezifischen Vorzüge der Rationalität als „Unsicherheitsabsorber" – so meine These – sind Unternehmen darauf angewiesen, Formen von Rationalität zu entwickeln, die die Krisenerscheinungen traditioneller Rationalitätsvorstellungen in Organisationen aufheben. „Lernende Organisation", „vitales Unternehmen", „evolutionäre Firma" sind Label, unter denen versucht wird, neue Vorstellungen von Rationalität in Organisationen zu propagieren: Die lernende Organisation soll fähig sein, sich kontinuierlich und flexibel an eine sich verändernde Umwelt anzupassen. Die lernende Organisation soll ein Ort sein, wo Menschen kontinuierlich ihre Fähigkeiten erweitern, um die Ergebnisse zu erreichen, die sie wirklich anstreben, wo neue, sich erweiternde Muster des Denkens gefördert werden, wo gemeinschaftliche Wünsche frei werden und wo Menschen kontinuierlich lernen, wie man miteinander lernt (vgl. dazu Geißler 1994).

Die Punkte, an denen sich die Definitionen von Rationalität festmachen, verschieben sich: In der klassischen Rationalitätsvorstellung wurde davon ausgegangen, dass die durchdachte Regelhaftigkeit von Entscheidungs- und Produktionsprozessen zur Rationalität von Entscheidungen führt. Genau diese Regelhaftigkeit von auf Organisationen bezogenen Entscheidungsprozessen bricht zusammen. Formale Organisationen, die Definition von Regeln und als Verhaltungserwartungen begreifbare Handlungsstrukturen in Organisationen, lassen sich nicht mehr als rational präsentieren.

Der Kunstgriff, der im Fall der lernenden Organisation benutzt wird, ist, dass keine Regeln mehr für das rationale Abwickeln des Alltagsgeschäfts aufgestellt werden, sondern für die rationale Gestaltung von Lern- und Wandlungsprozessen. Die Begriffe der lernenden Organisation, des vitalen Unternehmens, dienen als Metaphern, um die Prozesse zu bezeichnen, mit denen Organisationen unter wechselnden Umweltbedingungen ihr Überleben sicherstellen. Die Kriterien für Rationalität verschieben sich von der Ebene der Organisation auf die der Organisationsgestaltung. Es gibt keine rationalen „Blaupausen" mehr für das Funktionieren der Organisation, sondern nur noch rationale „Blaupausen" dafür, wie Organisationen verändert werden können. Es geht nicht mehr um die rationale Regelhaftigkeit von bestimmten Organisationen sondern um die Regelhaftigkeit der Gestaltung von Organisationswandel. Statt des „Wie produzieren wir?" steht das „Wie verändern wir?" als Anknüpfungspunkt für rationales Handeln der Organisation im Vordergrund. Die vom Management-Guru Peter Senge fast willkürlich gewählten fünf Disziplinen der lernenden Organisation – Systemdenken, Mentale Modelle, Selbstführung und Persönlichkeitsentwicklung, gemeinsame Vision sowie Team-Lernen – erfüllen genau diese Funktion. Sie sollen den Blick

verschieben von der Regelhaftigkeit in Organisationen hin zu der Regelhaftigkeit von Organisationsveränderungen (vgl. ausführlich Kühl 2000).

Diese Verschiebung des Rationalitätsfokus von den besten rationalsten Formen der Organisation auf die Lern- und Veränderungsprozesse in Unternehmen
findet darin Ausdruck, dass sich die Rezeptierungen in Unternehmen grundlegend ändern. So erlauben Rezepte zur optimalen Gestaltung von Organisationswandel einen regelrechten Boom: „Keine Tricks bei der Organisationsgestaltung, weil diese nur zweimal wirken – das erste und das letzte Mal". „Ein-
fachheit und Klarheit im Veränderungsprozess". „Man sollte nie gegen die
Interessen der Betroffenen handeln". „Der Zweck der eingesetzten Lern- und
Wandlungsmethoden muss immer erkennbar sein". „Permanente Rückmeldung
der Resultate". „Partizipative Einbeziehung der Mitarbeiter". Das sind die Bot-
schaften, die zur Zeit über Managementzeitschriften, Beratungsfirmen und un-
ternehmensnahe Forschungsprojekte verbreitet werden.

Diese Formen der Rezeptierung werden in der Zwischenzeit von einer Anzahl
von Organisationsberatern – auch von mir – sehr kritisch betrachtet. Aber vielleicht steckt doch ein tieferer Sinn, hinter den simplifizierenden Rezepten vieler
Kollegen und Kolleginnen. Sicherlich funktionieren Rezepte beim Entwickeln
von Organisationsstrukturen nicht genauso wie beim Kochen eines elaborierten
Vier-Gänge-Menüs. Aber eine Gemeinsamkeit besteht doch zwischen der Organisationsgestaltung nach Rezept und der Essengestaltung nach Rezept: Das Rezept nimmt uns die Hemmschwelle, überhaupt etwas anzufangen. Genauso wenig wie ich es ohne Rezeptbuch wohl nie wagen würde, ein Menü aus
Jacobsmuscheln in Sauerampfer und Wachtelbrüsten in Weißkohl zu zaubern,
würden sich viele Menschen ohne Rezeptbuch wohl auch nicht an bestimmte
Formen des fundamentalen Organisationswandels herantrauen. Zwar wird das
Essen bei mir niemals auch nur annähernd so, wie es sich Wolfram Siebeck,
„Chefkoch" bei der Wochenzeitung „Die Zeit", beim Verfassen seines Kochbu-
ches gedacht hat, aber ich kann wenigstens etwas auftischen. Der Effekt bei Or-
ganisationsrezepten ist wohl ein ganz ähnlicher.

Die lernende, wandlungsfähige Organisation: Es geht nicht nur um Errei-
chung eines Lernzieles, sondern vorrangig soll unter hoher Unsicherheit
Handlung ermöglicht werden

Die prinzipielle Stärke des Konzeptes der lernenden Organisation besteht nicht
in den vielen kleinen Methoden, mit der Lernprozesse in Unternehmen angestoßen werden, sondern darin, dass die lernende Organisation „Lernen" und „Wandel" als Unternehmensziel verabsolutiert, d.h. Kritik daran verunmöglicht.
Dadurch, dass Wandel zum Unternehmensziel wird, wird ein offener, interner
Konflikt über das Thema verhindert. Das Postulat der lernenden, wandlungsfähigen Organisation raubt Mitarbeitern die Rechtfertigungsmöglichkeiten, um per
se gegen Veränderungen zu sein: Wir können uns doch dem Lernen der Organi-

sation nicht verschließen, sonst wären wir gar nicht eine lernende Organisation. Wir können uns nicht dem Wandel verweigern, sonst wäre „Wandel doch nicht das einzige Stabile in unserem Unternehmen" wie es doch so schön in den Unternehmensleitlinien heißt.

Letztlich ist die von allen Seiten propagierte, lernende, wandlungsfähige Organisation der Versuch, ein Unternehmen, das bisher – jedenfalls offiziell – immer zielgerichtet gehandelt hat, davon zu überzeugen, dass der Weg das Ziel ist: Was nützt die eine kurzfristige Umsatzrendite, wenn Deine Firma nicht flexibel genug auf eventuelle Krisen reagieren kann? Was nützt es Dir, wenn Deine Unternehmensstruktur an die jetzige Marktsituation optimal angepasst ist, aber eine Umstellung dieser Struktur nur schwer möglich ist. Die lernende Organisation – und das steckt hinter der Aussage „der Weg ist das Ziel" – befreit von detaillierten Zielbestimmungen. Es ist nicht möglich, zu sagen, wo man genau hingeht, aber man weiß, dass man den Weg dahin gestalten kann. Überspitzt gesagt: Das Management ist entschlossen – es weiß nur nicht genau wozu. Und auf diese ziellose Entschlossenheit ist es dann auch noch stolz.

Der Trick hinter dem Konzept der lernenden, wandlungsfähigen Organisation und hinter dem Konzept des vitalen, evolutionären Unternehmens ist, dass Wandel und Lernen zu einem Synomym für Rationalität und Erfolg gemacht wird. Durch das permanente Predigen, dass man eine lernende, wandlungsfähige Organisation und/oder ein vitales evolutionäres Unternehmen ist, wird Wandel im Unternehmen ritualisiert. Die Aussage „Wandel über Alles" bekommt eine ähnliche Selbstverständlichkeit wie die Aussagen „wir wollen alle, dass dieses Unternehmen Gewinn macht" oder „wir wollen im Unternehmen glücklich und zufrieden sein".

All dies wäre nur bedingt interessant, wenn die Vermutung, dass die lernende Organisation überwiegend zur Motivierung von Handlungen in turbulenten Zeiten dient, nicht eine spannende Konsequenz hätte: Es wäre für die Motivierung von Handlungen schädlich, wenn die lernende Organisation ihr eigenes Postulat des Lernens zu wörtlich nehmen würde.

Die notwendige Irrationalität, Ignoranz und Vergesslichkeit der lernenden Organisation

Viele Theoretiker und Praktiker der lernenden Organisationen gehen von der Annahme aus, dass derjenige, der mehr weiß, auch besser handelt. Das Konzept impliziert, dass Organisationen, die lernen, besser, rationaler und überlegter handeln können als Organisationen die wenig oder gar nicht lernen. Es mag viel an den, manchmal fast paradiesisch klingenden Beschreibungen aus den lernenden Organisationen dran sein. Vielleicht haben wir es teilweise wirklich mit dynamischen, sich ständig wandelnden Unternehmen zu tun. Aber dies darf nicht von einem zentralen Problem lernender Organisationen ablenken.

Die Herausforderung ist, dass ein großer gemeinschaftlicher Lern- und Arbeitsprozess zwar dazu führen kann, dass die „richtigen", „rationalen" Entscheidungen getroffen werden, aber Menschen für diese Entscheidungen nicht mehr ohne weiteres motiviert werden können. Der schwedische Organisationstheoretiker Nils Brunsson (1985) hat gezeigt, dass ein langer und intensiver Abwägungs- und Lernprozess zwar zu „guten" Entscheidungen führen kann, aber dieser rationale Entscheidungs- und Abwägungsprozess so demotivierend wirken kann, dass niemand mehr dafür begeistert werden kann, die Entscheidung auch umzusetzen: Je mehr Alternativen miteinbezogen werden, desto stärker wird die Handlung im Sinne der ausgewählten Entscheidung in Frage gestellt: „Man könnte ja auch ganz anders". Je intensiver die Folgen einer Entscheidung betrachtet werden, desto zweifelhafter erscheint eine Handlung im Sinne dieser Entscheidung: „Bei all diesen möglichen Problemen, sollen wir wirklich dies so machen?" Je mehr Akteure in eine Entscheidung miteinbezogen werden, desto mehr begrenzte Rationalitäten kommen ins Spiel, desto aufwendiger gestalten sich Problemdefinition und -handhabung und desto schwerer wird es, für eine bestimmte Handlung zu motivieren: „Ich konnte mein Interesse ja doch nicht durchsetzen, weswegen soll ich diese Konsensentscheidung jetzt mittragen?"

Was bedeutet dies für die lernende Organisation? Wenn die lernende Organisation das Lernen zu ernst nimmt, droht ihr eine Form von Selbstblockade. Organisatorisches Lernen produziert Erkenntnisse, organisatorisches Lernen produziert gute Entscheidungen, aber organisatorisches Lernen motiviert nicht zum Handeln. Das am stärksten demotivierende Unternehmen ist dasjenige, in dem zuviel gedacht, gegrübelt, abgewogen und diskutiert wird.

Was ist die Moral von der Geschichte? Manager in lernenden, wandlungsfähigen Organisationen, die die Handlungsfähigkeit der Organisationen erhalten und steigern wollen, täten gut daran, sich beim Postulieren der Lernfähigkeit ein gewisses, wissendes Lächeln aufzusetzen und der lernenden Organisation ein ordentliches Maß an Irrationalität, Ignoranz und Vergesslichkeit zuzugestehen und im Notfall dieser Irrationalität, Ignoranz und Vergesslichkeit gar ein bisschen nachzuhelfen. Ein gewisses Maß an Irrationalität erlaubt es, sich beim Lernprozess durch die Suche nach richtigen Lösungen nicht handlungsunfähig zu machen. Irrationalität führt dazu, dass man sich nicht in die Suche nach der besten Lösung verbeißt und ermöglicht das Ausprobieren von ungewöhnlichen, auf den ersten und zweiten Blick nicht einleuchtenden Lösungen. Ein gewisses Maß an Ignoranz erlaubt es, sich auf bestimmte Sachen einzulassen, die man sonst nicht gewagt hätte. Wenn man in einem intensiven Lernprozess alle Vor- und Nachteile abwägen würde, dann kämen wohl nur sehr wenige größere Innovationen zustande. Ein gewisses Maß an Vergesslichkeit hilft, dass Erinnerungen an zurückliegende Probleme und Versuche nicht das Handeln in der Gegenwart verhindert. Lernende Organisationen müssen vergessen, was sie gestern falsch gemacht haben, weil sonst jeder neue Versuch mit Verweis auf frühere Versuche ausgehebelt werden kann.

Das Bild einer irrationalen, ignoranten und vergesslichen lernenden Organisation mag nicht ganz dem Bild entsprechen, das man sich bisher von der lernenden Organisation gemacht hat. Aber wenn die Annahme stimmt, dass es bei dem Konzept der lernenden, wandlungsfähigen Organisation überwiegend darauf ankommt, Organisationen auch in turbulenten Zeiten handlungsfähig zu halten, dann ist die teilweise irrationale, ignorante und vergessliche lernende Organisation sicher geeigneter als die lernende Organisation, die das Lernen zu wortwörtlich nimmt.

Schlussbemerkung

Die Aufforderung, dass lernende Organisationen ignorant und irrational sein sollen und notwendigerweise auch zentrale Aspekte ihres Handelns und Erfahrungsschatzes vergessen müssen, darf auf keinen Fall als Plädoyer gegen die lernende Organisation verstanden werden – im Gegenteil. Für Unternehmen macht es Sinn, sich selbst als lernendes Unternehmen zu begreifen, das sich selbst immer wieder auf neue Situationen einstellen kann.

Das Konzept der lernenden Organisation erfüllt für Unternehmen die gleiche Funktion wie die vom Organisationstheoretiker Karl Weick (1985) beschriebenen Karibu-Knochen für den Stamm der Nsakpi-Indianer in Amerika. Um zu entscheiden, in welche Richtung sie für eine Jagd losziehen, halten diese einen Knochen des Karibu-Elches über ein Feuer. Aus den entstehenden Rissen und Flecken, aus denen die Götter sprechen, deuten die Experten des Stammes die Jagdrichtung. Es gibt keine langen Diskussionen über die Richtung, sondern man ist sich sicher, die richtige Entscheidung getroffen zu haben. Die Zufälligkeit der Entscheidung gewährleistet ferner, dass sich das Wild nicht auf bestimmte Verhaltensmuster der Jäger einstellen kann und bestimmte Regionen zu bestimmten Zeiten systematisch meidet. Und auch falls die Jagd irgendwann nicht erfolgreich sein sollte, macht das Verfahren Sinn. Da die Entscheidung über die Jagdrichtung nicht von einer Person getroffen wurde, kann die Verantwortung für das Scheitern der Jagd auf die Götter abgewälzt werden, die von den Indianern nur relativ schlecht mit negativen Sanktionen belangt werden können. Der Stamm muss sich nicht mit zeitaufwendigen und sozial problematischen Fragen der Schuldklärung auseinandersetzen.

Ganz ähnlich verhält es sich mit der lernenden Organisation. Genauso wie ein Karibu-Knochen vermittelt das Konzept der lernenden Organisation die Sicherheit, dass man auf dem richtigen Weg ist. Sicher, die Wahrscheinlichkeit, dass man durch das Konzept der lernenden Organisation über längere Zeit erfolgreich am Markt agiert ist ähnlich groß wie, dass die Risse und Flecken die Nsakpi-Indianer zu den größten und am einfachsten zu jagenden Herden führt. Aber genauso wie das Auswahlverfahren der Indianer diese dazu motiviert, schnell und entschieden zu handeln, so motiviert das Konzept der lernenden Organisation die Mitglieder eines Unternehmens dazu, sich von dem Status Quo zu trennen und auf das Abenteuer von Veränderungen einzulassen. Und vielleicht steckt ja hinter dem Konzept der lernenden Organisation eine von Gott gewollte Rationalität, die wir bloß noch nicht erkannt haben.

Literatur

Baecker, D. (1997): Das Handwerk des Unternehmers. Überlegungen zur Unternehmerausbildung. Witten: unveröff. Ms.

Brunsson, N. (1985): The Irrational Organization. Irrationality as a Basis for Organizational Action and Change. Chichester et al.

Geißler, H. (1994): Grundlagen des Organisationslernens. Weinheim

Kühl, S. (2000a): Das Regenmacher-Phänomen. Widersprüche und Aberglaube im Konzept der lernenden Organisation. Frankfurt a.m./New York

Luhmann, N. (2000): Organisation und Entscheidung. Opladen

Tacke, V. (1992): Changing 'Organizations in Action'. In: Dies./K.P. Japp (Hg.): Rationalität und Wandel von Organisationen. J.D. Thompson revisited. Bielefeld: FSP „Zukunft der Arbeit" an der Universität Bielefeld, S. 2-14

Weick, K. E. (1985): Der Prozess des Organisierens. Frankfurt a.m.

Rainer Zech

Die permanente Selbsterschaffung des Unternehmens

Strategieentwicklung in Theorie und Praxis

„Eine Organisation, die nicht in der Lage ist, ihre Existenz zu verlängern, ist ge-scheitert" (Drucker 2007, S. 249). Den Erfolg eines Unternehmens auch in der Zukunft zu sichern, genau dazu dient Strategieentwicklung. Abgeleitet von dem griechischen STRATAEGEO, das ein Handeln bezeichnet, welches sich auf das übergeordnete Ganze bezieht, positioniert strategisches Management die Ge-samtorganisation in Bezug auf eine erwartete zukünftige Umwelt und deren An-forderungen. Es geht um die Weiterentwicklung von internen Kompetenzen, um veränderten und erwartbar sich verändernden Umweltanforderungen besser ge-recht werden zu können (vgl. auch Zech 2008, S. 209ff.)

Als strategisch gelten diejenigen Fragestellungen, die für die Entwicklung einer Organisation von signifikanter Bedeutung sind. Strategische Entscheidun-gen betreffen demnach Themen, die den unternehmerischen Kern einer Organisation berühren, die insofern komplex und folgenreich sind und sich lang-fristig auswirken (vgl. Glatzel/Wimmer 2009, S. 194f.). Strategisches Manage-ment handelt also mit Zukunft, und diese ist eben nicht die Verlängerung des Vergangenen, sondern ein Zustand, den noch keiner kennt. Strategisches Mana-gement hat es daher mit vielen Unwägbarkeiten zu tun, begibt sich auf unbe-kanntes Terrain, muss in Bezug auf schwache Signale und Vermutungen handeln. Wegen dieser Schwierigkeit wird es auch als Königsdisziplin des Ma-nagements bezeichnet, ebenso emphatisch gefordert wie in der Praxis vermie-den, denn Führungskräfte verlassen sich gern auf Zahlen, Daten, Fakten, die es in der betriebswirtschaftlich bewährten Form im strategischen Management nicht geben kann.

Die Indikatoren für mögliche zukünftige Entwicklungen ihrer Umwelten, Märkte und Anspruchsgruppen erhalten Organisation daher aus der systemati-schen Suche nach schwachen Signalen, aus denen auf eine bestimmte Entwick-lungstendenz geschlossen werden kann. Bei dieser systematischen Um-weltbeobachtung wird das gesamte Unternehmen als Einheit – und nicht wie im operativen Geschäft einzelne Aktivitäten – in den Fokus der Betrachtungen und Analysen gerückt. Die grundlegenden Prämissen des eigenen Geschäfts werden vor dem Hintergrund der Umweltanalysen hinterfragt und gegebenenfalls zur

Disposition gestellt. In diesem Prozess entwirft die Organisation für sich ein Bild der eigenen Zukunft, der eigenen besonderen Identität vor dem Hintergrund der erwarteten zukünftigen Herausforderungen. Diese bewusste Beschäftigung mit den Chancen und Risiken einer ungewissen Zukunft ist die Voraussetzung der Überlebensfähigkeit der Organisation. Zukunft ist nicht nur das, was uns schicksalhaft widerfährt, sondern auch das, was wir heute selbst schaffen.

Strategisches Management ist die konsequente Ausrichtung des Gesamtunternehmens an Umwelt, Zukunft und unternehmensindividueller Besonderheit. Während man früher glaubte, allein durch eine optimale Anpassung an die Umweltbedingungen seine Zukunft sichern zu können, so ist diese heute bereits nicht mehr ausreichend. Dafür ändern sich die Umweltbedingungen zu rasant. Heute kommt es zusätzlich darauf an, sich eine gewisse Einmaligkeitsstellung im Markt zu sichern, durch eine systematische Trendanalyse zukünftige Entwicklungen möglichst vorweg zu nehmen und Märkte damit zu gestalten. Strategisches Management kommt daher einem permanenten Selbsterschaffungsprozess des Unternehmens gleich, einer selbst gewählten zukünftigen Identität. Das Ergebnis dieses Prozesses besteht sowohl in der Neudefinition des eigenen Existenzgrundes als Unternehmen als auch in der Festlegung der wichtigen Schritte auf dem Weg dorthin (vgl. Nagel/Wimmer 2002, S. 23).

Fallbeispiel: Die Ausgangslage

Ein weltweit führendes, ingenieurwissenschaftliches Forschungs- und Entwicklungsunternehmen, das Grundlagen- und Anwendungsforschung für zivile und militärische Auftraggeber aus der europäischen Luftfahrt und der deutschen Industrie bietet, war durch erhebliche Veränderungen seiner Umwelt in eine kritische Situation geraten. Der Wandel der globalen militärstrategischen Lage, Verschiebungen der Zuständigkeiten zwischen europäischen Ländern in der Luftfahrt und deutliche Veränderungen in der heimischen Industrie führten zu einer radikal gewandelten Auftragslage. Die innere Struktur des Unternehmens korrespondierte nicht länger mit den äußeren Marktbedingungen. Zudem behinderten interne Konflikte zwischen Abteilungen eine gemeinsame Unternehmenspolitik. Der geschäftsführende Direktor reagierte zunächst mit einer betriebswirtschaftlichen Konsolidierung durch die Umstellung der internen Finanzierung und einer konsequenten Personalpolitik, die auch zu Neubesetzungen in Abteilungsleitungen führte. Weitergehende Reorganisationsbemühungen scheiterten allerdings an der Trägheit der internen Strukturen und mangelndem Engagement in der zweiten Führungsebene, die teilweise über mehr als ein Jahrzehnt eine eher autokratische Führung durch den vormaligen Direktor gewohnt und in der Verantwortungsübernahme für die Gesamtorganisation, wie sie der neue Leiter forderte, ungeübt war. In dieser Situation erteilte der geschäftsführende Direktor den Auftrag zur Unterstützung der notwendigen strategischen Entwicklung an das externe Beratungsunternehmen.

Strategieentwicklung ist der Kernbaustein der Lernfähigkeit von Organisationen. Sie ist eine nicht delegierbare gemeinschaftliche Führungsleistung, die von der obersten Unternehmensleitung verantwortet wird und in die das gesamte Unternehmen einbezogen ist. Klassische Strategieentwicklungsverfahren, die vom oberen Management – mit oder ohne externe Experten – geplant und dann top down im Unternehmen umgesetzt wurden, verbieten sich in Zeiten virulenter Märkte, die Kreativität und Innovationsbereitschaft von allen Beschäftigen fordern. Dem älteren Ansatz liegt ein Glauben an die rationale Planbarkeit der Zukunft und eine eher maschinenartige Vorstellung von Organisation zugrunde. Die Rationalität und die Übersicht werden vor allem der Spitze des Unternehmens zugebilligt. Die Einsicht in die Begrenztheit ausschließlich hierarchischer Steuerungsmodi wird von den systemischen Varianten der Strategieentwicklung gezogen (vgl. Nagel/Wimmer 2002). Diese gehen von einer grundsätzlichen Selbststeuerungsfähigkeit von sozialen Systemen aus. Das System wird aber nicht einem evolutionären Drift überlassen, sondern auf der Basis von Umwelt- und Organisationsanalysen bewusst gesteuert. Das geht nicht mehr allein von der Spitze aus, sondern dafür ist die Beteiligung des gesamten Unternehmens erforderlich. In wiederkehrenden Schleifen werden schrittweise Annäherungen an die aufgestellten Ziele organisiert. Vom Management werden die Kontextbedingungen bereitgestellt, die es den einzelnen Unternehmensteilen ermöglichen, sich selbst im Rahmen der gemeinsamen Ziele zu entwickeln.

Wie jeder Managementprozess beginnt auch das strategische Management mit Analysen der Ausgangslage in der Umwelt und der eigenen Organisation und führt über Planungen mit Zielaufstellungen und Maßnahmedurchführungen zu einer Prüfung des angestrebten Erfolges. Da sich aber strategische Managementperioden über längere Zeiträume – von bis zu fünf Jahren und mehr – hinziehen und sich in turbulenten Umwelten abspielen, ist dieser grundsätzliche Prozess von reflexiven Schleifen unterbrochen, in denen Veränderungen beobachtet werden, Pläne angepasst oder sogar aufgegeben werden, Prämissen und Ziele überprüft und ggf. nachjustiert werden, Maßnahmen in Einzelschritten realisiert und angepasst werden. Am Ende steht eine realisierte Strategie, die durchaus von den Vorstellungen am Anfang des Planungsprozesses verschieden sein kann – vielleicht nicht völlig verschieden, aber doch mehr oder weniger modifiziert. Das ist kein Manko, denn die Umwelt, auf die man seine Organisation ausrichtet, ist selbst in ständigem Wandel begriffen.

Die in diesem Aufsatz beschriebene Periode der durch Beratung unterstützten Strategieentwicklung und -implementierung zog sich über etwas mehr als zwei Jahre hin. Dabei wurden u.a. folgende Fragen gestellt und beantwortet:

- Weswegen gibt es uns, und was ist unser Geschäft?
- Welche Kundenprobleme lösen wir heute, und welchen Nutzen produzieren wir in Zukunft?
- Über welche Kompetenzen verfügen wir, und wie können wir sie ausbauen?

- Welche Geschäftsfelder besetzen wir heute, und welche wollen wir in Zukunft besetzen?
- Welche Produkte und Dienstleistungen bieten wir heute, und welche wollen wir in Zukunft anbieten?
- Wie kommunizieren wir heute mit unseren Kunden, und wie werden wir sie in Zukunft erreichen?
- Welche Ertrags- und Wachstumsziele streben wir an?
- Welches Unternehmensmarketing wollen wir betreiben?
- Wer sind unsere größten Wettbewerber, und was können wir von ihnen lernen?
- Welche Kooperationen gehen wir ein?

Sinnvollerweise beginnen Strategieprozesse in Unternehmen, indem zunächst die Veränderungen der Umwelt und im zweiten Schritt die gegenwärtige Situation der Organisation analysiert werden.

Die *Umweltanalyse* fragt nach Veränderungen hinsichtlich der politischen und wirtschaftlichen Rahmenbedingungen, der relevanten technologischen Entwicklung, soziokultureller und ökologischer Einflussfaktoren sowie der Kundenbedürfnisse bzw. Marktbedarfe und der Wettbewerbsbedingungen. In diesen sieben Feldern werden zentrale Trends diagnostiziert, die als Chancen oder Risiken der Organisation bewertet werden.

Fallbeispiel: Start des Strategieprozesses

Der Strategieprozess des Unternehmens startete nach einer Auftaktveranstaltung, bei der der zweiten und dritten Führungsebene auch der Berater vorgestellt wurde, indem der Direktor die Dringlichkeit von Veränderungen begründete. Der Berater erläuterte überblicksartig das geplante Vorgehen. Aufgrund der besonderen Ausgangslage der Organisation mit wechselseitig gegeneinander abgeschotteten und teilweise konkurrierenden Abteilungen sowie der eingeschränkten Veränderungsbereitschaft der zweiten Führungsebene wurde eine Spezifikation des oben erläuterten grundsätzlichen Vorgehens gewählt. Die Analysen und die Positionsbestimmung wurden parallel von vier Gruppen vorgenommen, die quer zu den Abteilungen zusammengestellt wurden: a) eine Gruppe junger, besonders engagierter Mitarbeiter/innen, b) eine Gruppe älterer, erfahrener Kollegen und Kolleginnen, c) die Gruppe der Abteilungsleiter und schließlich bildete d) der Direktor eine eigene „Gruppe". Alle Gruppen wurden vom Berater moderiert, erarbeiteten ihre Ergebnisse parallel, ohne sich wechselseitig zu informieren. Diese Beratungsarchitektur nutzte Kompetenzen aus dem gesamten Unternehmen und führte durch die Parallelisierung der Arbeit ein Element des sportlichen Wettbewerbs ein. Jede Gruppe wollte ein bestmögliches Ergebnis produzieren, schon um nicht im Vergleich mit den anderen am Ende schlecht dazustehen. Die jeweiligen Ergebnisse wurden anschließend in der Gesamtgruppe präsentiert und in einer gemeinsamen strategischen Neupositionierung zusammengeführt.

Der wichtigste Aspekt der Strategieentwicklung ist die kreative Neuerfindung der eigenen Organisation und ihre Neupositionierung in ihrem Markt. Strategisches Management kommt also einem permanenten Selbsterschaffungsprozess des Unternehmens gleich, einer Neubegründung des eigenen Existenzzwecks, einer Rekonfiguration des eigenen Geschäfts. Die *strategische Positionierung* umreißt daher die Stellung, die die Organisation in der angestrebten Zukunft in Bezug auf ihre Umwelt einnehmen will. Hier wird also eine über die Gegenwart hinausgehende Identität des Unternehmens beschrieben, die durch den Strategieprozess erreicht werden soll. Es geht also um den Doppelaspekt der Selbstveränderung im Kontext der Gestaltung der Umwelt- bzw. der Marktbedingungen. Die strategische Positionierung basiert auf den herausgearbeiteten Chancen und Risiken der Umweltanalyse, den Stärken und Schwächen der Organisationsanalyse, einer Konkurrenzanalyse und der Bestimmung der eigenen kritischen Erfolgsfaktoren. Auf der Grundlage der strategischen Positionierung werden zu erreichende strategische Ziele bestimmt.

Fallbeispiel: Strategische Neupositionierung und strategische Ziele

Wir sind *das* nationale Kompetenzzentrum für Flugforschung. Unsere Expertise erstreckt sich von der Grundlagenforschung bis zur Nachweisführung und Bewertung im Flug. Wir arbeiten international vernetzt, bestimmen die Forschungsthemen der Zukunft und gehören zur Weltspitze. Unsere Kunden kommen aus der internationalen Luft- und Raumfahrt sowie aus der deutschen und europäischen Industrie. Um unsere strategische Positionierung abzusichern und zu verbessern, werden wir...

- ein überschaubares Portfolio strategischer Zukunftsthemen identifizieren.
- unsere Strukturen, Schlüsselprozesse und Verantwortlichkeiten so definieren, dass die zentralen Funktionen des Unternehmens effektiv erfüllt werden können.
- unseren wissenschaftlichen Prozess so organisieren, dass sowohl mehr Tiefe als auch mehr Output gemäß der geforderten Messgrößen möglich wird.
- den Betrieb unserer Anlagen so organisieren, dass unsere strategischen Aufgaben effektiv und effizient erfüllt werden können.
- den Führungspositionen auf den verschiedenen Leitungsebenen professionelles Wissenschaftsmanagement und wissenschaftlich-fachliche Führung ermöglichen.
- abhängig von unseren Themen und Aufgaben einheitliche und nachhaltig wirkende Führungs- und Steuerungsinstrumente einführen.
- unsere Personalakquisition so aufbauen, dass wir für offene Stellen unter mehreren hochqualifizierten Bewerbern auswählen können.
- Voraussetzungen dafür schaffen, dass eine Weiterqualifizierung und Karriereentwicklung systematisch gefördert wird.
- herausarbeiten und transparent machen, wie das Gesamtergebnis zustande kommt und welche Beiträge hier jeder Einzelne leisten kann.
- ein Bemessungssystem entwickeln, das unsere spezifische Leistung angemessen zum Ausdruck bringt.
- systematisches Marketing und systematische Akquisition strukturell aufbauen.
- das Unternehmen zu einem Ort machen, an dem eine offene akademische Kultur genauso gefördert wird wie das soziale Miteinander.

Mit diesem Schritt tritt das strategische Management von der Strategieformulierung in die Phase der Strategieumsetzung. Dafür werden die Veränderungsprojekte definiert, über deren Realisierung man die strategischen Ziele erreichen will. Beim geplanten Veränderungsmanagement von Organisationen kommt es darauf an, dass Strategieentwicklung, Strukturveränderung und die Gestaltung der Unternehmenskultur in einem ausgeglichenen Verhältnis zueinander stehen. Königswieser u.a. nennen dieses systemisches Integrationsmanagement (vgl. 2001).

In leichter Abwandlung der Definition von Königswieser u.a. geht es bei der Strategie um Zwecke, Ziele und Positionierung des Unternehmens, in der Dimension Struktur um die Aufbau- und die Ablauforganisation und auf der kulturellen Seite um die handlungsleitenden Normen und Werte der formalen und informellen Kommunikation. Diese drei Dimensionen sind interdependent; in ihrer spezifischen Ausprägung machen sie den jeweils besonderen Charakter eines Unternehmens aus. Veränderungsimpulse, die auf eine der drei Dimensionen zielen, wirken sich immer auch auf die beiden anderen aus. Dies muss beim Verändern im Blick bleiben; hier liegt die Herausforderung, nämlich die integrierte Verknüpfung dieser drei Seiten der Organisation, das Austarieren möglicher Widersprüche, das Einstimmen des Gesamtunternehmens in eine einheitliche Richtung. Strategie-, Struktur- und Kulturentwicklung sind die drei miteinander verbundenen Aspekte der Organisationsentwicklung.

Fallbeispiel: Integration der Mitarbeitenden

Die Mitarbeiterintegration startete auf einer Großveranstaltung, auf der die bisherigen Arbeitsergebnisse präsentiert wurden. Die ca. 120 Beschäftigten wurden so in 10 Gruppen aufgeteilt, dass über die Abteilungsgrenzen hinweg ein maximales Mischungsverhältnis realisiert wurde. Dadurch sollten Diskussionen ermöglicht werden, die nicht bereits durch die bisherigen Strukturen in ihrem Ausgang präformiert waren. In der ersten Gruppenphase erarbeiteten die Gruppen Antworten zu den drei Fragen: 1. „Was finden wir gut?", 2. „Was sehen wir anders?" und 3. „Was wollen wir noch wissen?". Die Gruppen trugen Ihre Ergebnisse vor, und der Direktor bekam die Gelegenheit, auf die Anregungen und Nachfragen einzugehen. Im zweiten Teil der Veranstaltung erarbeiteten neu zusammengesetzte Gruppen Vorschläge für Veränderungsprojekte. Dabei kamen viele gute Vorschläge zusammen. Ganz oben auf der Rangliste stand der Wunsch, die Kommunikation im Unternehmen durch die Einrichtung eines zentralen Kommunikationszentrums zu verbessern. Auf der Veranstaltung wurden auch bereits die ersten Arbeitsgruppen eingerichtet, die sich mit der Umsetzung der beschlossenen Maßnahmen beschäftigten. Durch die Möglichkeit, in den verschiedenen Maßnahmegruppen mitzuarbeiten, wurde der Kreis der praktisch Beteiligten deutlich erweitert. Die Veranstaltung schloss mit einem Vortrag eines externen Referenten aus dem Kundenkreis des Unternehmens; hierdurch sollte die Perspektive der Umwelt für die Beschäftigten wahrnehmbar werden.

Alle Einzelmaßnahmen stehen dabei unter dem Leitstern der angestrebten Vision des Unternehmens in der Zukunft, die als strategische Positionierung ausformuliert wurde. Dies ist „ein visionsgetriebener, dynamischer und von gemeinsamer Reflexion getragener Prozeß, der die Entwicklung von Strategie, Struktur und Kultur zum Ziel hat und die Integration von Systemwidersprüchen als gemeinsame Gestaltungsaufgabe von Führung und Beratung sieht." (ebd. 2001, S. 255) Daher sind auch Gestaltungsimpulse ausgeglichen auf diesen Dimensionen vorzunehmen. Die Beteiligung möglichst aller Beschäftigten an der Strategieentwicklung und -umsetzung ist ein kritischer Erfolgsfaktor, denn diese sind es, die jene Leistungen produzieren müssen, die das Unternehmen zur Realisierung seiner strategischen Ziele braucht. Bevor es also ans praktische Verändern ging, waren noch die bisher nicht beteiligten Mitarbeiterinnen und Mitarbeiter des Unternehmens zu integrieren.

Eine Steuerungsgruppe koordinierte den Veränderungsprozess; hier wurden (Zwischen-)Ergebnisse der Arbeitsgruppen evaluiert, neue Maßnahmen angesprochen und neue Arbeitsgruppen eingerichtet. Die Steuerungsgruppe bewertete die Zielerreichungen. Die abschließenden Entscheidungen blieben allerdings dem geschäftsführenden Direktor vorbehalten. Drei größere Veränderungsprojekte sollen hier exemplarisch vorgestellt werden: 1. der Neuzuschnitt der Abteilungen, 2. die Einrichtung eines Kommunikationszentrums und 3. die Verbesserung des wissenschaftlichen Prozesses.

Die Neustrukturierung der Organisation orientierte sich an folgenden Prämissen (vgl. Malik 2007, S. 220ff.):

- Entwickle eine strategiegerechte Organisation, das heißt: Fasse alles zusammen, wofür eine gemeinsame Strategie möglich ist.
- Trenne aktuelles Geschäft und Innovationen, das heißt: Schaffe Platz für Neues.
- Bilde Einheiten so, dass sie groß genug sind, um sich ihre eigene Infrastruktur leisten zu können.
- Trenne ergebnisproduzierende Einheiten und unterstützende Funktionen.
- Dulde keine internen Monopole, sondern setze die Einheiten einem Wettbewerb aus.
- Dezentralisiere so weit wie möglich, aber achte auf ein starkes Zentrum.
- Minimiere die Schnittstellen.
- Die Organisation muss klar sein – nicht unbedingt einfach.

Die nahezu komplette Umstrukturierung einer Organisation gehört zu den schwierigsten Aufgaben der Organisationsentwicklung, da Gewohnheiten, Vorlieben, Karrierevorstellungen und Machtverteilungen etc. in Frage gestellt und neu konfiguriert werden müssen. Bekanntlich sind die fälschlicherweise „soft facts" genannten menschlichen Faktoren die härtesten und widerstandsfähigsten.

Fallbeispiel: Umsetzungsprojekte

Neustrukturierung der Abteilungen

Die Neustrukturierung der Arbeitsbereiche war eine der komplizierteren Aufgaben; galt es doch, eingefahrene innere Strukturen gemäß der veränderten Umweltbedingungen so zu verändern, dass die internen Geschäftsbereiche den Anforderungen der externen strategischen Geschäftsfelder entsprachen. Viel Fingerspitzengefühl und entschiedene Leitungskonsequenz waren erforderlich, damit funktionierende Strukturen und Prozesse erhalten blieben, aber liebgewordene dysfunktionale Strukturen und Prozesse aufgelöst werden konnten. Da die Neustrukturierungen es erforderten, dass Mitarbeitende andere Arbeitsplätze erhielten, war der Betriebsrat am gesamten Prozess beteiligt. Bis auf eine Abteilung, die bereits eine homogene Ausrichtung hatte, wurden alle anderen Abteilungen aufgelöst. Aus zwei vorab getrennten Bereichen entstand eine neue Abteilung. Zwei thematisch völlig neue Abteilungen mit Zukunftsthemen wurden implementiert, und alle technischen Unterstützungsfunktionen wurden in einer Serviceabteilung zusammen-gezogen.

1. Die Bereiche wurden so geschnitten, dass für sie eine gemeinsame Strategie möglich war, z.B. die Abteilung Hubschrauber. Es ging darum, strategische Homogenitäten zu schaffen und „Gemischtwarenläden" aufzulösen.

2. Neben bewährten Bereichen, die zusammengefasst wurden, entstanden neue Bereiche, mit denen junge Zukunftsfelder der Flugforschung besetzt werden sollten, z.B. die Abteilung unbemannte Flugobjekte.

3. Die Größe der Abteilungen durfte unterschiedlich sein, es ging vor allem um Homo-genität im Aufgabenzuschnitt. Die beiden kleineren, neuen Abteilungen erhielten Wachstumspotenzial auf Kosten der Großen.

4. Die Serviceabteilung stellte ihre Leistungen allen anderen zur Verfügung. Die Leistungen wurden intern verrechnet; die Kosten mussten Wettbewerbsvergleichen standhalten.

5. Die Abteilungen waren budgetiert und konnten auf der Basis der gemeinsamen Strategie und Absprachen im Managementteam weitgehend eigene Entscheidungen treffen.
   Strategische und Grundsatzentscheidungen blieben dem geschäftsführenden Direktor vorbehalten.

6. Die administrativen Tätigkeiten wurden unter zentraler Leitung einheitlich organisiert, wobei die Arbeitsplätze der Beschäftigten teilweise dezentral angesiedelt waren, wo dies von der Arbeitserledigung Sinn machte. Controlling, Qualitätsmanagement und Marketing wurden Stabsstellen der Direktion.

Es war in einem zweijährigen, gemeinsam getragenen Prozess gelungen, diese Herkules-Arbeit erfolgreich zu bewältigen. Dieser Erfolg war u.a. dem erschaf-fenen Kommunikationszentrum und der Verknüpfung von Veränderungsprojekt und wissenschaftlichen Prozess zu verdanken

Kommunikationszentrum
Die Kommunikation im Unternehmen war traditionell abteilungsbezogen, teilweise hatten in der Vergangenheit Konkurrenzen und sogar Feindschaften eine Rolle gespielt. Es bestand ein großes Bedürfnis in der Mitarbeiterschaft nach einer entspannten Kommunikation quer zu den Abteilungsgrenzen. Diesem Wunsch wurde durch die Einrichtung eines gemeinsamen Kommunikationszentrums entsprochen, das von seiner Einrichtung her den Charakter einer Business-Lounge hat. Hier gibt es Literatur, Getränke, freien Internetzugang, die Möglichkeit, sich ins Intranet einzuloggen, Sitzecken und Stehtische. Das Zentrum ist nahe zum Eingang situiert, so dass jeder quasi mehrmals täglich automatisch daran vorbeikommt. Alles ist so arrangiert, zwanglose und zufällige Gespräche zu unterstützen, denn bekanntlich entstehen 70% aller innovativen Ideen in informeller Kommunikation.

Wissenschaftlicher Prozess
Die Qualität des wissenschaftlichen Prozesses wurde durch die Einrichtung eines Review-Commitee verbessert, dem Konferenz- und Zeitschriftenbeiträge vorgelegt werden mussten. Publikationspflichten wurden in die Zielvereinbarung übernommen und sind gehaltsrelevant. Die wissenschaftliche Kultur wird durch interne Kolloquien gefördert und dadurch, dass Arbeitsgruppen rotierend dem Managementteam über ihre Fortschritte berichten müssen.

Aber nichts bewahrt ein Unternehmen davor, sich in den nun neuen Abteilungsgrenzen wieder abzuschotten und Partialinteressen auszubilden, die nicht im Sinne der gemeinsamen Strategie sind. Daher wurde – angeregt durch die Idee der Innovationsmärkte bzw. -börse von Hamel (vgl. 2007, S. 210ff.) – zum Abschluss der Beratungsphase noch eine Innovationsstruktur auf den Weg gebracht, die quer zu den Abteilungsgrenzen innovative Projekte fördern soll.

Fallbeispiel: Innovationsprojekte
Jeder Mitarbeitende darf jedes beliebige Innovationsprojekt vorschlagen, dem er zu 20% seiner Arbeitszeit ungehindert und zentral finanziert nachgehen möchte, ohne sich um einen Return on Invest kümmern zu müssen. Vorbedingung ist allerdings, dass dieses Projekt allen Beschäftigten vorgelegt werden muss, die die Bedeutung und die Realisierungschance des Vorschlages dadurch bewerteten, dass sie zwischen 0 und 100 Punkte pro Projekt vergeben. Projekte, die eine Punktezahl von mindestens 50xAnzahl der Mitarbeitenden bekommen, haben die Chance, für zunächst ein Jahr realisiert zu werden. Danach werden die Ergebnisse nach demselben Verfahren bewertet. Steigt die Punktzahl des Projektes, dann darf es ein zweites Jahr fortfahren; sinkt sie, dann wird das Projekt zu Gunsten neuer oder anderer Projekte eingestellt, die besser bewertet wurden. Gibt es mehr Projektvorschläge als zur Verfügung stehende Finanzmittel, dann entscheidet jeweils die Höhe der Punktzahl über ihre Realisierung.

Wir installierten also einen internen „Einschätzungsmarkt", der die Weisheit eines breiten Querschnitts der Mitarbeiter nutzt, um die Erfolgsaussichten zukünftiger Projekte zu beurteilen" (Hamel 2007, S. 288). Sinn und Zweck dieses
Verfahrens ist es, die Anzahl der innovativen Ideen im Unternehmen zu erhöhen
und über das freie Experimentieren Forschungsergebnisse vorzulegen, die in
neue Produkte und Leistungen überführt werden können. Zugleich ging es
darum, jenseits der Abteilungen verlässliche Strukturen aufzubauen, in denen
Neues abgesichert erprobt werden kann, ohne dass es – wie fast immer üblich –
der Dringlichkeit der Tagesaufgaben geopfert werden muss. Innovationen entstehen daher oft an der Peripherie und nicht in den Zentren des Alltagsgesche-
hens. Das Bewertungsverfahren der Projekte vertraut auf die Er-kenntnis der
Intelligenz großer Gruppen bzw. die „Weisheit der Vielen" (vgl. Surowiecki
2005 und Hamel 2007, S. 331), deren Einschätzung erfahrungsgemäß der Expertise ausgewählter Fachleute deutlich an Treffgenauigkeit überlegen ist.

Um es abschließend in Abwandlung des Eingangszitates von Peter Drucker
zu formulieren: Ein Unternehmen, das nicht in der Lage ist, sich immer wieder
neu zu erschaffen, wird nicht in der Lage sein, seine Existenz zu verlängern.

Literatur

Drucker, P. F. (2007): Was ist Management? Das Beste aus 50 Jahren. 5. Aufl., München

Glatzel, K./Wimmer, R. (2009): Strategieentwicklung in Theorie und Praxis. In: R. Wimmer/J. O. Meissner/P. Wolf (Hrsg.): Praktische Organisationswissenschaft. Lehrbuch für Studium und Beruf. Heidelberg, S. 194-218

Hamel, G. (2008): Das Ende des Managements. Unternehmensführung im 21. Jahrhundert. Berlin

Königswieser, R./Cichy, U./Jochum, G. (2001): SIMsalabim. Veränderung ist keine Zauberei. Systemisches IntegrationsManagement. Stuttgart

Malik, F. (2007): Management. Das A und O des Handwerks. Frankfurt a.M./New York

Nagel, R./Wimmer, R. (2002): Systemische Strategieentwicklung. Modelle und Instrumente für Berater und Entscheider. Stuttgart

Surowiecki, J. (2005): Die Weisheit der Vielen. München

Zech, R. (2008): Handbuch Qualität in der Weiterbildung. Weinheim

Manfred Moldaschl

Depistomologie des Organisationslernens

Beiträge zur Wissenschaft des Scheiterns

Die ungeheure Masse der Literatur zum Organisationslernen und dem allseits herbeibehaupteten „Change" (wieviele Wälder werden eigentlich dafür verbraucht?) kann man auf zwei Weisen deuten. Entweder ist das Thema wegen der Beschleunigung oder der Wissensgesellschaft oder der Globalisierung oder der Risikogesellschaft (oder eines anderen Megatrends) so wichtig geworden, dass dieser zwischen Buchdeckeln versammelte Blätterwald nur deren Indikator ist. Das ist gewissermaßen die klassische objektivistische Interpretation. Oder das anschwellende, immer vielstimmigere Sprechen über „Change" umkreist einen Gegenstand, den es selbst konstruiert und über dessen Wahrheit wir nichts wissen. Dann ist es nur Ausdruck herrschender „Dispositive", welche in Foucaultscher Perspektive die Subjekte formen oder beliebiger Formung gefügig machen, insbesondere im Aufweis ihres Ungenügens. Oder das unablässige Sprechen und Schreiben ist ein Indikator des Scheiterns, der soviel aussagt wie die mediale Präsenz des Sex. Je mehr er sprachlich, textlich und bildlich in der Welt ist, desto mehr indiziert das Beschworene, dass es nicht stattfindet; oder nach Ansicht der Beschwörer zu wenig.

Wir müssen uns hier nicht entscheiden. Ich will jedenfalls nicht diskutieren, ob wir zuviel oder zuwenig „Change" haben. Schon deshalb nicht, weil sich Sozialwissenschaftler als Changeexperten ohnehin immer auf die Seite des Zuwenig schlagen (also gut: an der Uni haben wir zuviel – vor allem zuviel Falsches; und zu wenig dort, wo es wirklich um Bildung ginge). Überdies bin ich skeptisch gegenüber der allseits und rundum positiven Besetzung des Begriffs Lernen, welches der Universalschlüssel zum gelingenden Change sein soll. Alles lernt: der Mensch jetzt lebenslänglich, die Organisation, die Region, demnächst auch der Wald? Wir kennen doch auch gelernte Inkompetenz und gelehrte Ignoranz. Und was Schüler in Ballerspielen lernen, will ich lieber nicht wissen. Eher schon, was Landesbanken im Zockerkapitalismus lernen. Oder was Führungskräfte als Hauptarbeiter aus der Normalität von Gehältern lernen, die hundert- oder tausendfach über denen ihrer „Mitarbeiter" liegen.

Das führt zu meinem Thema: Es ist zugleich allgemeiner und spezieller als das des Organisationslernens. Ausgehend von zahllosen Alltagsbeobachtungen, auch und gerade in der Wissenschaft, interessiert mich die enorme Haltbarkeit (Nachhaltigkeit?) Potemkin'scher Dörfer, der fröhliche Fortbestand längst falsifizierter Theorien, die völlige Unabhängigkeit von Vorurteilen gegenüber Erfahrungsurteilen, kurz: Alles das, was Menschen davon abhält, aus ihren Beobachtungen und Erfahrungen zu lernen. Und das auf zwei Ebenen: der individuellen und der institutionellen. Insofern ist die hier eingenommene Perspektive zwar konventionell – Lernbarrieren werden eher als problematisch behandelt, aber es sollte zumindest gesagt sein, dass das nur eine von möglichen Perspektiven auf den sperrigen Gegenstand ist.

1. Erkenntnismittel: Individualismus versus Kulturalismus

Die Aufklärung hat uns gelehrt, an die Macht des Wissens zu glauben, unsere Unmündigkeit als selbstverschuldet zu betrachten, und den Ausgang aus ihr in die eigene Hand zu nehmen. Das hat uns weit gebracht: Wissenschaft, Kritik, rationale Prüfung, Diskurs, Technologie. Es hat uns aber – neben einigen Nebensächlichkeiten wie dem Klimawandel oder dem Artensterben – ein wenig auch den Blick benebelt für die fast unendlich scheinende Vielzahl der Mechanismen, die unseren Blick benebeln. Und so geht es praktisch die über gesamte Geistesgeschichte der Menschheit, nicht erst seit der Aufklärung, um die Frage, was wir erkennen (können) und was sich uns entzieht. Dem Schrecken, der hier aufkommt, es könne nun um Religion, Erkenntnistheorie, Esoterik, die endgültige Geschichte der Philosophie und dergleichen gehen, will ich gleich entgegentreten. Das große Thema soll nur die Kleinheit, aber die exemplarische Kleinheit dessen verdeutlichen, was ich hier behandeln will: Lernbarrieren.

Zugegeben, damit geht es doch unvermeidlich um ein wenig Epistemologie. Ein fundamentaler, paradigmatischer Streit in den Sozialwissenschaften dreht sich in verschiedenen Varianten um dieses Thema. Nehmen wir als Beispiel die Untergruppe der Wirtschaftswissenschaften, in denen Lernen und Organisationslernen große Themen sind. Der Paradigmenstreit entzündet sich hier an der Frage, inwieweit das Wirtschaftsgeschehen verstanden werden kann als ein emergentes Resultat unzähliger individueller Rationalentscheidungen, oder ob die individuellen Entscheidungen als Resultate institutioneller Einbettungen zu rekonstruieren sind. Das erste Paradigma ist das des Rational Choice, die Rationalwahltheorie, das zweite ein eher bunter Haufen mehr oder weniger kulturhistorischer Ansätze, zu denen beispielsweise auch Marx gehört. Die Äste dieses zweiten Stamms bzw. die Theorien dieses Paradigmas halten die Rationalität menschlicher Akteure für begrenzt, für geprägt und geformt durch gesellschaftliche Umstände: Traditionen, Gewohnheiten, Lebensweisen, Denkweisen, Ideologien, Institutionen. Also eben durch Kultur. Diese beiden anthropologischen oder methodologischen Basisparadigmen (methodologischer Individualismus vs. Kulturalismus) findet man in allen Sozialwissenschaften.

Damit sind wir zurück bei der Unterscheidung von individuellen *und* institutionellen Lernbarrieren. Vertreter des *methodologischen Individualismus* (rational choice) sehen im Grunde keine Notwendigkeit, institutionelle Erkenntnsbarrieren zu untersuchen. Für sie sind die Handlungsbedingungen transparent, die darauf bezogenen Entscheidungskalküle der Akteure rational. Wirtschaftswissenschaftler dieser Denktradition haben lediglich im Lauf der Zeit kleine Modifikationen vorgenommen, lokale Einschränkungen der Geltung ihrer ansonsten für universell gehaltenen Modelle. Diese betreffen Informationsasymmetrien (einer behält dem anderen systematisch Wissen vor), Kosten (sich über alle denkbaren Handlungsalternativen zu informieren ist nicht kostenlos) und seltsame psychische Mechanismen (z.b. lassen sich Versuchspersonen „Rache" gegen andere etwas kosten, obwohl das ihren Nutzen an anderer Stelle schmälert). Die „Gesetzmäßigkeiten" dieser „irrationalen" Phänomene, dieser „Anomalien" des „eigentlichen" Rationalverhaltens untersuchen seither die sogenannten *behavioral economics*. Sie gelten als Paradigmenwechsel in der Ökonomik und sind doch nur der kleinliche Versuch, die Idee des ‚rational man' mit ein paar Girlanden zu retten. So, wie man einst das geozentrische Weltbild mit dem Einzeichnen von „Epizyklen" in die Planetenbahnen gegen die Kopernikanische Wende zu retten versuchte.

Vertreter des *methodologischen Kulturalismus* (Gruchy 1987) oder – wie ich es nenne – des kulturhistorischen Paradigmas gehen nicht davon aus, dass menschliches Handeln und Denken prinzipiell rational sei. Sie schließen das zwar nicht aus, nehmen aber an, dass erstens das Ausmaß der beobachtbaren Rationalität jeweils selbst ein historisch kontingentes Resultat kultureller Evolution sei; und dass es zweitens viele andere Einflüsse gebe auf das Handeln sowie den Prozess der Verarbeitung dabei gemachter Erfahrungen – Einflüsse auf das Lernen also. Für sie ist die Interpretation der Erfahrungen selbst ein wissenschaftlicher Erklärungsgegenstand, der einer institutionalistischen Analyse zu unterziehen ist. Dem modernen Institutionenverständnis in den Sozialwissenschaften gemäß sucht man nach impliziten Regeln, die diese Interpretation beeinflussen; etwa, indem sie die Scheidung von richtig und falsch, wichtig und unwichtig anleiten. Natürlich sucht man auch nach den Existenzformen und der Genese dieser Regeln, etwa nach Praktiken, in die Subjekte eingeübt und mit denen sie vergesellschaftet (sozialisiert) werden.

Im Feld des Organisationslernens, hier verstanden als Diskurs, von manchen aber auch als Disziplin bezeichnet, kann man methodologische Individualisten von Kulturalisten dadurch unterscheiden, dass erstere behaupten, Organisationen könnten nicht lernen (mit Vorliebe Psychologen). Für sie können nur Individuen lernen; und nur bzw. erst das habe Auswirkungen auf die Organisation. Institutionalisten hingegen fragen nach Bedingungen und Verhältnissen, welche die Wahrnehmung, die Wertung und operative Verarbeitung von Ereignissen durch Subjekte und Gruppen in der Organisation beeinflussen. Sie fragen, wie das wiederum die herrschenden Diskurse, Deutungsmuster, Herrschaftsstrukturen, Fehlerkulturen und so fort bestätigt oder verändert. Sie fragen ferner, welchen routinierten Praktiken, die nicht nach Begründung verlangen, diese Deutungsmuster Sinn verleihen. Dies basierend auf der Beobachtung, dass Organisationen und ihre Kulturen den Wechsel von Personen durchaus ohne gravierende Änderungen überdauern (können). „Lernen kann ein System nur selbst, dies können nicht andere für das System" (Türk 1989, S. 101). Diverse Institutionalismen kann man wiederum danach unterscheiden, inwieweit sie historisch bzw. evolutionär argumentieren. Parsons Systemtheorie beispielsweise könnte man als Extremfall des Institutionalismus betrachten, der ahistorisch ist: die sozialen Mechanismen reproduzieren sich selbst – Wandel ist kein Thema oder kommt „irgendwie" von außen. Dieser ahistorische Institutionalismus entspricht dem in der neoklassischen Ökonomik (Transaktionskostentheorie etc.). Am anderen Pol des Spektrums stünden dann Institutionalismen, in denen die Subjekte die Regeln, die ihr Denken und Handeln bestimmen, permanent neu aushandeln, wenngleich nicht notwendig im vollen Bewußtsein ihrer Voraussetzungen und Folgen. *Kulturhistorisch* im vollumfänglichen Sinne wäre ein Institutionalismus, der das Verhältnis von „Struktur" und „Handeln" grundsätzlich evolutionär beschreibt, und zwar nicht als „Synthese", sondern als *Koevolution*. Dann gibt es nicht „den Menschen", der einer Kultur gegenübersteht, sondern der jeweilige Mensch ist Teil der Kultur und sie ein Teil von ihm. Hier sind die Menschen einer Epoche zwar „geprägt" durch die Mittel und Selbstverständlichkeiten ihrer Zeit, doch diese geben ihnen auch die Möglichkeiten des Handelns. Dabei können diese Gegebenheiten, die ohnehin aufgegriffen, interpretiert und verarbeitet werden müssen, auch modifiziert werden. An dieser Stelle kommt Innovation ins Spiel, oder sagen wir im Kontext dieses Bandes: Change.

2. Die Lehre von den Erkenntnisverhütungsmitteln

Der kleine Vorspann war nötig, um die zentrale Unterscheidung zu begründen, mit der ich nachfolgend operiere. Wenn wir nicht nur individuelle bzw. „psychologische" (in üblicher falscher Sprechweise, gemeint sind natürlich psychische) Lernbremsen behandeln wollen, muss die *Depistemologie* auch Wissen über institutionelle Hemmnisse zusammentragen. Als Depistemologie bezeichne ich hier – mit Bezug auf die Erkenntnistheorie bzw. die Epistemologie – die Kunde davon, wie sich Menschen und Organisationen vor Erkenntnis schützen. Das zu erklären gehört natürlich mit zur Epistemologie als Teilgebiet der Philosophie. Doch darin und daneben will ich ein Wissensgebiet eigenständig ausweisen, zu dem viele andere empirische Disziplinen und Forschungsfelder aufschlussreiche Beiträge liefern. Das Wort mag mit seinem Schuss Respektlosigkeit auch die Hürden senken, die mit dem großen Wort Erkenntnistheorie verbunden ist. Man darf dazu auch beitragen – Alltagsbeobachtungen, Befunde,

Annahmen, Erklärungen – wenn man sich nicht vom Schlage eines Kant wähnt. Wenn die Depistemologie dazu dienen sollte, beim Scheitern von Change-Projekten oder organisiertem Organisationslernen nicht nach der nächstbesten Erklärung zu greifen oder einfach zu „psychologisieren", so hätte sie schon erheblichen Nutzen.

Zur depistemologischen Wissenskollekte will ich an dieser Stelle weder empirische Befunde noch eigene Erklärungen beitragen, nur eine Übersicht darüber, welche Erklärungen für Blindheiten gegeben werden. Das ergibt eine Landkarte der Diskurse, eine Typologie der Erklärungen, mit jeweils ausgewählten Beispielen (vgl. *Tabelle 1*). Die Unterscheidung von Psychischem und Institutionellem kommt dabei gleich zweimal vor. Zum einen in der Unterscheidung von Subjekt und Struktur, die sich auf den *Erklärungsgegenstand* bezieht: Wo wird die Erkenntnisbarriere ausgemacht, in der Intransparenz eines nichtpersonalen Systems oder in den Mechanismen des Psychischen? Zum anderen in der Unterscheidung von systemischen und strategischen Erklärungen, die etwas über den *Erklärungstypus* aussagt: Werden Lernbarrieren mit intentionaler Abwehr erklärt, oder mit „Effekten" des Kontexts? Letzteres hilft, strukturelle Erkenntnisbarrieren von Erkenntnisverhütungsmitteln abzugrenzen, mit denen sich Menschen aktiv vor Lernen schützen.

	systemische Erklärungen	strategische Erklärungen
Struktur	(1) Komplexität: systemtheoretische Erklärungen	(2) Normen, Routinen, Legitimation: institutionalistische Erklärungen
Subjekt	(3) individualpsychologische und identitätstheoretische Erklärungen	(4) Macht/Interesse: (mikro)politische Erklärungen

Tab. 1: Erklärungstypen für Erkenntnisverhütung

Nichtwissenwollen, Nichtwissenkönnen: Abwehrmechanismen

Zunächst zu den strukturellen Blindheiten (*Feld 1*). In die *Zukunft* können wir nicht schauen. Wir sind blind für sie, weil und soweit sie nicht determiniert ist. Freilich kann man Zukünfte antizipieren, indem man beobachtbare Trends extrapoliert oder Fähigkeiten entfaltet, sie divergent auszumalen und zu entlinearisieren. Grundsätzlich los wird man sie nicht, die übermächtigen Stiefschwestern des Wissens, *unerkannte Handlungsbedingungen* und *unbeabsichtigte (Neben)Folgen* des Handelns, auf die Systemtheoretiker spätestens seit Parsons verweisen. System- und Komplexitätstheoretiker haben die damit zusammenhängenden Probleme der Intransparenz prinzipiell unter der Chiffre *Komplexität* abgehandelt. Luhmanns Wahrnehmung etwa war so sehr auf das Thema Komplexität gerichtet, dass daraus sein *digitaler Komplexitätsreduktionsfuktionalismus* entstand. Alles Beobachtbare in sozialen Systemen dient danach primär der Reduktion von Komplexität, und operiert wird mittels binärer Unterscheidungen (zugehörig oder nicht). Im Alltagsbewußtsein sind es wohl die *Hierarchien* mit ihren Lähmschichten, die als Lernbremsen gelten. In einer handlungstheoretischen Sprache und aus psychologischer Sicht formuliert Dietrich Dörner (1989) das Problem. Seinen Studien zur Steuerung komplexer Systeme (z.b. Kraftwerke, Städte) folgend rekonstruiert er eine *Logik des Misslingens*, deren Ausgangspunkt die Komplexität und Dynamik von „Systemen" ist. Sie zeichnen sich aus durch sehr viele und zudem vernetzte Variablen (mit der Folge „schwacher Kausalrelationen"), durch „Totzeiten" nach Interventionen und eine entsprechende „Intransparenz" der Handlungsbedingungen, sowie durch Eigendynamik (es geschieht auch etwas, wenn man nichts tut).

Was seine Erklärungen aber von rein systemtheoretischen unterscheidet ist seine Analyse *psychischer Mechanismen* (der Komplexitätsreduktion), mit denen Menschen entsprechende Situationen bewältigen (*Feld 2*). Statt etwa nach einem generativen Prinzip der Phänomene zu suchen, extrapolieren sie lieber beobachtete Trends. Statt zu tun, was nötig wäre, konzentrieren sie sich lieber auf das, was sie können („Horizontale Flucht"). Statt ihre Planung auf Unvorhersehbares einzurichten, blenden sie diese Unsicherheit lieber aus („Dekonditionalisierung" oder „Rumpelstilzchen-Planung"). Und für unser Thema der Erkenntnisverhütung besonders bedeutsam: Sie schützen ihre Annahmen, indem sie Folgen ihres Handelns nicht zur Kenntnis nehmen und Selbstreflexion ablehnen (*„Ballistisches Handeln": nur werfen, nicht gucken*). Gewisse Parallelen *gibt es zu sozialpsychologischen* Studien (Konformität, Group Think u.ä.), zu *identitätstheoretischen* bzw. psychohygienischen Erklärungen, zur *Dissonanztheorie* (s. unten) und den *„Abwehrmechanismen"* der Psychoanalyse. Mit ihnen sucht letztere zu erklären, wie und warum Klienten die von ihr gestellten Diagnosen nicht akzeptieren wollen bzw. können: *Nichtwissenwollenkönnen*.

Einen anderen Typus mentaler Erkenntnisbremsen beschreiben Ansätze der Wissenschafts- und der Professionsforschung sowie der Organisationstheorie. Diese Erklärungen liegen etwa zwischen rein system- und rein handlungstheoretischen Erklärungen, und sind im besten Fall interaktionistisch. Ihr Gegenstand ist *organisierte Blindheit*, und ihr Erklärungskern *Pfadabhängigkeit*. Sie gehen davon aus, dass Organisationen, Professionen, Scientific Communities und auch Einzelpersonen *Leitbildern* folgen, die sich in früheren Situationen bewährt haben, sei es, weil sie situationsangemessen waren, oder weil sie (trotz Realitätsferne) herrschenden Machtverhältnissen entsprachen. Und dass es entweder *notwendig* ist, solchen Relevanzordnungen zu folgen, um unter wechselnden Bedingungen konsistent handeln zu können, oder sozialisatorisch *unvermeidbar*. In der Wissenschaftsforschung hat Thomas Kuhn für mentale Pfadabhängigkeit den Begriff *Paradigma* eingeführt. Der wurde so wirkmächtig, weil Wissenschaft damit endgültig den Mythos verlor, epistemisch höher zu stehen als andere soziale Praxis. Die Zahl der Begriffe für solche mentalen Schemata, Ordnungen, Routinen oder Stile ist groß und variiert je nach Forschungsfeld und Disziplin.[1]

Neben den unerkannten Denkbedingungen gibt es *„strategische"* Blindheit, interessierte Verschleierung, strategischen Rabatt aufs Begreifen (*Feld 4*). Argyris und Schön (1999, S. 35) nennen etwa die Abweisung von persönlicher Verantwortung durch die Benennung von Sündenböcken, das Verbergen eigentlicher Absichten, systematische Täuschungen und Vertuschungen, etc. Das entspricht dem Typus *mikropolitischer* Erklärungen (z.b. Neuberger 2006), der auf partikulare Rationalität abhebt. Akteursgruppen mit divergierenden Interessen kämpfen danach in Organisationen um die Beherrschung von *Unbestimmtheitszonen* (Crozier/Friedberg 1979), wobei jede die der anderen aufklären, die eigenen dagegen als Machtquelle schützen und ausweiten will. Makropolitisch läuft das derzeit im Diskurs zur Finanzkrise: Konnte „man" das Finanzsystem nicht mehr überschauen, oder wurden seine Regeln und Instrumente von interessierten Akteuren gezielt so gestaltet, dass nur die Promotoren der Verschleierung von ihnen profitierten?

Wohin gehören nun die in der OE-Literatur so breit rezipierten *„defensiven Routinen"*, die Argyris und Schön (1999) im Rahmen ihrer Theorie des Organisationslernens beschrieben haben?[2] Sie gehören in mehrere Felder. Zum einen und vorrangig in das der individualpsychologischen Erklärungen. Die Vertreter des Action Learning beschreiben Mechanismen, wie Handelnde in Organisationen die ihrem Handeln zugrunde liegenden Annahmen bewahren, indem sie bei nicht erfolgreichem Handeln nur die Ausführungsweise variieren (Anpassungs- oder Einschleifenlernen). Das ist keineswegs a priori „ungenügend", wie oft behauptet wird, da auch der Physiker nicht gleich Schuster wird, weil ein Messwert nicht erzielt wurde. Die *theories-in-use*, welche etwa den obigen mentalen Schemata entsprechen, werden erst dann in Frage gestellt und revidiert, wenn sie wiederholt und fundamental bei der Problemlösung versagen („reflection-in-action"). So zumindest die grundsätzlich erkenntnisoptimistische und pragmatistische Ansicht von Argyris und Schön (zur Kritik, auch der Rezeption, vgl. Moldaschl 2001). Sie thematisieren aber auch einige organisationale „Leitvariablen" („gouverning variables of action"), die sich im Grad ihrer Offenheit bzw. Lernfreundlichkeit unterscheiden und in Feld 2 gehören. Der überindividuelle

---

[1] Vgl. für die Organisationstheorie etwa Nysrtrom/Starbuck 1984; Cyert/March 1995; zum Konzept der Organizational Inertia Hannan/Freeman 1984; zu Theorien der Dynamic Capabilities vgl. Moldaschl 2006.

[2] Unter defensiven Routinen versteht Argyris „(…) jegliche Handlungen und Politik, die Menschen vor negativen Überraschungen, Gesichtsverlust oder Bedrohung bewahrt und gleichzeitig die Organisation daran hindert, die Ursachen der Überraschungen, Gesichtsverluste und Bedrohungen zu reduzieren oder zu beseitigen" (Argyris 1993, S. 132).

Kontext wird hier aber nur in Form der Annahme berücksichtigt, Organisationen hätten ihre typischen Verhaltenswelten („behavioral worlds"), in denen Mitglieder dazu tendieren, sich wechselseitig ‚einzunorden'. Diesen Typus der Konformität oder des Isomorphismus aus legitimatorischen Gründen betonen sozialpsychologische Ansätze und der soziologische Neoinstitutionalismus (vgl. zur Übersicht Hasse/Krücken 2005, Csigó 2006).

3. Gegenmittel: Institutionelle Reflexivität

Nach dieser kurzen Übersicht über intellektuelle Kontrazeptiva und geeignete Erklärungsmittel möchte man natürlich wissen, welche Anti-Kontrazeptiva helfen könnten. Wie ließe sich die Empfänglichkeit für Erkenntnisse an den Abwehrmechanismen vorbei fördern? Bei meinen hier notwendig kurzen Antworten sehe ich wiederum ab von Einwänden gegen das Verhimmeln des intentionalen Immerfortlernens ohne Ansehen der Inhalte, erinnere damit aber zugleich an das Desiderat.[3] Einiges dazu fände sich in bereits erwähnten Ansätzen, etwa der Systemtheorie, der zufolge Organisationen gewissermaßen von ihrer Ignoranzfähigkeit leben, oder dem soziologischen Neoinstitutionalismus, dem zufolge Konformität (bzw. die Übernahme vorgefertigter Deutungen), und eben nicht das Lernen den Bestand und Erfolg der Organisation sichert.

Natürlich geht es in einer nicht statischen Umwelt stets um Balancen. Das *Basisdilemma* des Organisierens besteht darin, dass die Organisation Handeln zweckprogammieren soll, indem sie es *regelt*, verstetigt und für andere kalkulierbar macht. Zugleich soll sie sich veränderten Bedingungen anpassen, also Regeln umdeuten, modifizieren, gegebenenfalls auch außer acht lassen, außer Kraft setzen. Sie soll das Funktionieren des Ganzen vom Subjekt unabhängig machen, indem sie Verfahrensweisen objektiviert, und zugleich auf Ungeplantes reagieren, innovativ sein können, indem sie Subjektivität nutzt. Diese *Paradoxie des Organisationslernens* (eine Folge formaler Organisationen, Cyert/March 1995) brachten Weick und Westley (1996) auf den Punkt:

> „Organization and learning are essentially antithetical ... to learn is to disorganize and increase variety. To organize is to forget and to reduce variety." (Ebd., S. 440)

Meine Vorschläge zur Regulation dieses Basisdilemmas gehen dahin, es als zunächst einmal als solches anzuerkennen und hiervon ausgehend das Organisieren als kontinuierliche Suche nach kontextangemessenen Balancen zu verstehen. Balancen, denen das Prekäre freilich nicht zu nehmen ist. Ein Mittel dazu ist *Reflexivität*, verstanden im Sinne der *docta ignorantia* von Nikolaus Cusanus. Die „belehrte Unwissenheit" ist bei ihm eine Bildung, die ihre eigenen Grenzen

---

[3] Zur generellen Kritik der ganzen Change-Ideologie etwa Sturdy/Grey 2003.

kennt; eine sokratische Versicherung gegenüber intellektueller Hybris, Selbstgewissheit, Dogmatismus und dem Glauben an sicheres Wissen. Wie jede Bildung umfasst sie Wissen, Können und Haltungen, was ich hier aber nicht weiter ausführen kann (vgl. dazu Moldaschl 2006). Ohnehin will ich nicht auf der Ebene individueller Kompetenzen argumentieren; institutionelle Lernbarrieren sind das defizitäre Erklärungsfeld. Daher möchte ich den verbleibenden Raum dafür nutzen, das Konzept der *Institutionellen Reflexivität* zu skizzieren.

Dessen Grundidee ist es, organisationale Praktiken daraufhin zu analysieren, welche Anlässe oder „Anreize" der Selbstüberprüfung sie enthalten, die ein „lock-in" unwahrscheinlicher machen. Nehmen wir statt unanschaulicher Definitionen den Kontinuierlichen Verbesserungsprozess (KVP) als Beispiel. Er leitet die Organisationsmitglieder an, Verbesserungsmöglichkeiten der Produkte, der Produktion, ggf. auch der Organisation oder der Führung zu melden. Solche Konzepte enthalten Metaregeln zur Überprüfung von Regeln, weshalb wir sie als *reflexive Verfahren* bezeichnen, und die Gesamtheit solcher Verfahren als *Institutionelle Reflexivität*.

Reflexivität bezieht sich dabei auf *Sinn*, die *Prämissen* (einschließlich der unerkannten Handlungsbedingungen) und *Nebenfolgen* (nichtintendierte Folgen) ihrer aktuellen Praktiken zum Gegenstand kritischer Überprüfung machen. Aus der Sicht der Modernisierungstheorie, der Innovationstheorie und der Unternehmenstheorie lässt sich gleichermaßen gut begründen, Institutionelle Reflexivität als Konstrukt der *Innovationsfähigkeit* von Organisationen zu be-stimmen. Man könnte auch sagen: Sie beschreibt die Neigung oder Abneigung einer Organisation gegenüber „organisationalem Lernen". Der Sinn unserer Konzeption zur *Analyse* institutioneller Reflexivität besteht nun darin, unterschiedliche Grade und Qualitäten solcher rekursiver Regeln als „eingebauter" Distanzierung zu ermitteln. Die Bewertungskriterien und Dimensionen des Ansatzes ermöglichen es, Organisationen bzw. ihre Kulturen und Praktiken daraufhin zu bewerten und vergleichen

Generell billigt der Ansatz betrieblichen Verfahren wie dem KVP, dem Benchmarking, der Balanced Scorecard, der Kundenbefragung und ähnlichen Evaluierungsverfahren nur potentiell Reflexivität zu: Es muss jeweils konkret anhand operationaler Kriterien bestimmt werden. Am Beispiel des KVP: Unsere Analytik würde die Reflexivität der Methodik gering bewerten, wenn sie die Akteure (wie so oft) allein auf Maßnahmen mit Einsparpotential beschränkt, womöglich auch (wie meist) auf Produkte und Bearbeitungsverfahren, und wenn sie (wie fast immer) keine rekursive Anweisung zu ihrer eigenen Evaluierung enthält (Selbstanwendung).

Mit dem Konzept des *Organisationslernens* als einer auf Dauer gestellten Organisationsentwicklung und dem des *Wissensmanagements* gibt es einige Überschneidungen, aber auch Differenzen, insbesondere hinsichtlich der theoretischen Grundlagen (auf die ich hier allerdings nicht eingehen konnte; vgl.

Tabelle 2). Ich meine nein, soweit man in OE-Konzepten von der Vorstellung ausgeht, zur Bewältigung von Komplexität seien feste Strukturen zu opfern und durch ein Management des Organisationswandels zu ersetzen. *Institutionelle Reflexivität* beschreibt nicht direkt organisationales Lernen, sondern Verfahren der Selbstbeobachtung und der Selbstkritik, die dazu führen können. In dery OL-Terminologie beschriebe es eher die lernende Organisation. Ferner beginnt es mit der Analyse auf der institutionellen Seite, während die meisten OL-Vertreter (so auch Argyris und Schön) beim Individuum als Agens des Organisationslernens ansetzen. Ferner bietet das Konzept Institutioneller Reflexivität eine komplexere Epistemologie personaler und struktureller Lernbarrieren.

	Organisations-lernen	Wissens-management	Institutionelle Reflexivität
Gegenstand	Prozeduren	Inhalte	Prozeduren
Leitbegriff	Lernen	Wissen	Selbstkritik
Focus	Organisation von Wandel	Verwertung impliziten Wissens	Analyse organis. Dilemmata
Beobachtungs-ebene	individuell (& institutionell)	individuell, institutionell	institutionell; (individuell)
System/ Handeln-Begriff-lichkeit	Identität oder Analoge von Individual- und Aggregatbegriffen	Identität oder Analoge von Individual- und Aggregatbegriffen	Differenz von Individual- und Aggregatbegriffen
Kriterien	Change Adaption, Adaptionsfähig-keit	Wissensgenerierung, -nutzung, -verteilung und -speicherung	Dekonstruktion, Evaluation, reflexive Routinen, Selbst-anwendung
Lernbarrieren	Psychische Mechanismen	Statusinteressen	komplexe Depistemologie
Interventionslogik	Partizipation	Management	Diskurs, Irritation, Rekursion, Kritik

Tab. 2: Akzentsetzungen

4. Anwendungen

Mit diesem Ansatz kann man auf verschiedene Weise arbeiten, etwa (1) *empirische Untersuchungen* anstellen. Im Rahmen eines BMBF-geförderten Forschungsverbundprojekts führen wir derzeit Breitenerhebungen zur Innovationsfähigkeit im Profit-Sektor sowie Fallstudien in diesem sowie im öffentlichen und im Nonprofit-Sektor durch.[4] Eine weitere Möglichkeit (2) ist die *konzeptionelle Analyse von Management-Tools*, die auf dem Wissens- und Beratungs-

---

[4] Zwischenergebnisse sind auf der Website des Verbunds abrufbar unter www.reflexivitaet.de

markt angeboten werden. Die Kernfrage ist hier, inwieweit sie ihre Adressaten zu reflexivem anleiten oder zu „zweckrationalem" Vorgehen verführen. Werden etwa die aktuell offenbar so attraktiven Instrumente der Wissensbilanzierung oder des Bildungscontrolling primär als Instrumente der Objektivierung entwickelt und dargeboten, oder als strategisch-diskursive Verfahren (dazu Moldaschl 2010). (3) Drittens kann man es im Beratungskontext anwenden, zur Analyse der Interventionslogiken und der Selbstbeschreibungen von Beratern; zur Evaluierung der Interventionsfolgen von Beratung hinsichtlich der Veränderungsneigung und Innovationsfähigkeit von Organisationen; und zur Analyse der Berater-Klienten-Interaktion hinsichtlich der Nebenfolgenthematik (z.B. Corporate Social Responsibility).[5] (4) Natürlich kann man die Analytik auch gestalterisch wenden. Sie gibt dann Hinweise, wo in Bezug auf die jeweils mit analysierten Anforderungen an die Innovationsfähigkeit der Organisation welche Schwachstellen angegangen werden sollten, und welche der Verfahren hierfür geeignet wären.

> Scharfes Denken ist schmerzhaft. Der vernünftige Mensch vermeidet es,
> wo er kann.
>
> Bert Brecht, Flüchtlingsgespräche

---

[5] Vgl. www.obie-beratungsforschung.de

Literatur

Argyris, C. (1993): Eingeübte Inkompetenz – ein Führungsdilemma. In: G. Fatzer (Hrsg.): Organisationsentwicklung für die Zukunft. Köln, S. 129-144

Argyris, C./Schön, D.A. (1999): Die Lernende Organisation. Stuttgart

Cyert, R.M./March, C.G. (1995): Eine Verhaltenswissenschaftliche Theorie der Unternehmung. 2. Aufl., Stuttgart

Crozier, M.; Friedberg, E. (1979): Macht und Organisation – Die Zwänge kollektiven Handelns. Königstein

Csigó, M. (2006): Institutioneller Wandel durch Lernprozesse. Eine neo-institutionalistische Perspektive. Wiesbaden

Dörner, D. (1989): Die Logik des Misslingens. Hamburg

Gruchy, A.G. (1987): The Reconstruction of Economics. New York et al.

Hannan, M.T./Freeman, J. (1984): Structural Inertia and Organizational Change. American Sociological Review, 49(2), pp. 149-164

Hasse, R/Krücken G. (2005): Neo-Institutionalismus. 2. Aufl., Berlin

Moldaschl, M. (2001): Implizites Wissen und reflexive Intervention. Zur Theorie organisationaler Lernresistenz und geplanten Wandels. In: E. Senghaas-Knobloch (Hrsg.): Macht, Kooperation und Subjektivität in betrieblichen Veränderungsprozessen. Münster u.a., S. 135-166

Moldaschl, M. (2006): Innovationsfähigkeit, Zukunftsfähigkeit, Dynamic Capabilities. Moderne Fähigkeitsmystik und eine Alternative. In: Managementforschung 16, S. 1-36

Moldaschl, M. (2010): Betriebliche Wissensökonomie. Verfahren, Funktionen, Verirrungen. In: M. Moldaschl/N. Stehr (Hrsg.): Wissensökonomie und Innovation. Marburg, S. 240-294

Neuberger, O. (2006): Mikropolitik und Moral in Organisationen. Stuttgart

Nystrom, P.C; Starbuck, W.H (1984): Managing Beliefs in Organizations. Journal of Applied Behavioral Science, 20, pp. 277-287

Sturdy, A./Grey, C. (2003): Beneath and Beyond Organizational Change Management: Exploring Alternatives. Organization, 10(4), pp. 651–662

Türk, K. (1989): Neuere Entwicklungen der Organisationsforschung, Stuttgart

Weick, K./Westley, F. (1996): Organizational learning. Affirming an oxymoron. In: S. Clegg/C. Hardy/W. Nord (eds.): Handbook of organization studies. London, pp. 440-458

Detlef Behrmann

Lernen in der Organisation – Rekonstruktionen zum Verhältnis von individuellem und organisationalem Lernen

Im Sinne einer hermeneutischen Rekonstruktion wird der Frage nachgegangen, wie das begriffliche Verständnis des Organisationslernens in der letzten Dekade des 20sten und der ersten des 21sten Jahrhunderts aufgegriffen wird. Fokussiert wird insbesondere das Verhältnis zwischen individuellem und organisationalem Lernen. Der Zugriff erfolgt über die exemplarische Darlegung von Definitionen bzw. Umschreibungen, die sich im wissenschaftlichen Diskurs der Weiterbildung zeigen. Diese kaprizieren sich auf das Lernen in der Organisation, welches seitens der pädagogischen Organisationsforschung auf Strukturationsverhältnisse und -prozesse des Lernens sowie Formen und Muster der Lernunterstützung hin untersucht wird.

1. Organisationslernen – begriffliche Separierung oder konzeptionelle Integration von individuellem und organisationalem Lernen (1990 bis 2000)

Hinsichtlich der Definition des Organisationslernens lassen sich unterschiedliche Vorstellungen miteinander in Zusammenhang bringen, die einen Aufschluss über die Merkmale des organisationalen Lernens erlauben:

*   Organisationslernen lässt sich über die Lernfähigkeit einer Organisation fassen, wenn konstatiert wird: „Die Schlüsselkompetenz Lernfähigkeit wird mit der Transformationsfähigkeit begründet, über die eine Organisation verfügt und die es ihr erlaubt, sich an nahezu beliebige Umweltveränderungen anpassen zu können, diese sogar antizipieren und z.T. gestalten zu können" (Reinhardt 1998, S. 253). Hervorgehoben werden soll an dieser Stelle zunächst einmal, dass Organisationslernen als ein Vorgang zu betrachten ist, der sowohl die reaktive Anpassung als auch die zukunftsorientierte Gestaltung der Organisation im Verhältnis zur Umwelt beschreibt.

*   Ferner kann „Organisationslernen (...) als ein Prozeß verstanden werden, in dem sich das Steuerungspotential der Organisation mit ihrem Kontext und mit sich selbst verändert" (Geißler 1994, S. 10). Ein weiteres wesentliches Merkmal organisationalen Lernens ist demnach, dass Organisationslernen sich sowohl selbstreferenziell als auch fremdreferenziell konstituiert und Organisationslernen gleichermaßen einen internen Entwicklungsprozess der Organisa-

tion wie eine lernende Auseinandersetzung der Organisation mit deren Umwelt beschreibt.

- Eine weitere Vorstellung besagt: „Organisationales Lernen betrifft die Veränderung der organisationalen Wissensbasis, die Schaffung kollektiver Bezugsrahmen sowie die Erhöhung der organisationalen Problemlösungs- und Handlungskompetenz" (Probst/Raub/Romhardt 1999, S. 46). Hier wird deutlich, dass Organisationslernen auf organisationales Wissen, strukturelle Rahmenbedingungen und Problemlösefähigkeiten bezogen sowie auf deren Veränderung gerichtet ist.

- Des weiteren heißt es: „Die organisationale Lernfähigkeit stellt einen entscheidenden Faktor für das Überleben dar und besteht darin, daß die Organisation ihre Ziele samt der dazugehörigen Realisierungsstrategien und -mittel sowie ihre Strukturen und Abläufe auf ihren Sinn und Zweck hin überprüft, entwickelt und in Maßnahmen konkreten Handelns umsetzt" (Behrmann 1998, S. 143). Hier wäre besonders hervorzuheben, dass Organisationslernen eine sowohl zweckorientierte als auch sinnbezogene Überprüfung, Entwicklung und Umsetzung organisationaler Ziele und Handlungen darstellt.

Eine diese wesentlichen Merkmale organisationalen Lernens zusammenfassende Definition könnte demnach heißen: „Organisationslernen ist der Prozess der Herstellung von überdauernden Veränderungen des Denkens und Handelns der Mitglieder einer Organisation, d.h. die Erhöhung und Veränderung des organisationalen Wissens, der organisationalen Handlungs- und Problemlösefähigkeit, des organisationalen Sinn-, Ordnungs- und Wirklichkeitsrahmens" (Götz 1999, S. 70). Deutlich wird in dieser Definition, dass Organisationslernen zum einen die Veränderung des Denkens und Handelns sowie des Wissens der Individuen (Organisationsmitglieder) betrifft, und dass Organisationslernen zum anderen die Veränderung des Sinn- und Ordnungsrahmens einer Organisation beschreibt, der Wissen über die Organisation sowie zur Bewältigung von Handlungen und zur Lösung von Problemen bereithält und auf diese Weise Orientierungen für die Aktivitäten der einzelnen Organisationsmitglieder zur Verfügung stellt.

Da in der Diskussion durchaus „Irritationen" (Faulstich 1998, S. 168) hinsichtlich des Verständnisses und Verhältnisses von organisationalem und individuellem Lernen entstanden sind, soll nun die Vorstellung einer komplementären und integrativen Sichtweise herausgearbeitet werden, die gleichzeitig auf spezifische Qualitäten des organisationalen und individuellen Lernens verweist.

Zum einen lässt sich feststellen: „Es ist selbstverständlich, dass nur der einzelne Mensch gebildet sein und das Wort Bildung immer nur Formung und Haltung der Individuen, nicht der Institutionen oder der zwischenmenschlichen Beziehungsmuster bezeichnen kann" (Strzelewicz/Raapke/Schulenberg 1966, S. 1).

Zum anderen wird konstatiert: In „Organisationen geht es um notwendige Strukturanpassungen, also um Organisationslernen im eigentlichen Sinne, denn das subjektive Wollen, das Lernen der beteiligten Personen schafft noch keine neue Organisation (...). Vom Organisationslernen kann man erst sprechen, wenn die Organisationen Strukturen herausbilden, um ihre Strukturen zu ändern, bzw. Regeln, um ihre Regeln zu ändern – wenn sie also reflexiv geworden sind" (Zech/Ehses 1999, S. 7). Entsprechende Organisationen werden nicht zuletzt als „gebildete Unternehmung" (Petersen 1997, S. 3) gekennzeichnet.

In einer vermittelnden Perspektive heißt es: „Lernen von Organisationen gründet sich zunächst auf Interaktionsprozesse zwischen Individuen, bei denen durch Abweichungen oder Störungen Widersprüche bezogen auf den üblichen Ablauf entstehen. Daraus resultieren Modifikationen der Interaktionsmuster, welche die Organisation übernimmt und ihre generierende Grundlage verändert. Es sind aber immer Menschen, welche Diskrepanzen im Organisationskontext als Widersprüche bezogen auf ihre Position und Interessen interpretieren. Dies bedeutet, dass Lernen der Organisation nicht zu trennen ist von Veränderungen von Menschen, seien dies Einzelne oder Gruppen" (Faulstich 1998, S. 169). In diesem Sinne wird eine lernende Organisation „durch eine Lern- und Kooperationskultur gekennzeichnet (...), deren Dynamik von den Schlüsselqualifikationen und der Selbstorganisation der Mitarbeiter lebt" (Arnold/Weber 1995, S. 10). Es wird aber gleichzeitig darauf verwiesen, dass „soziale Einheiten, wie etwa Organisationen, (...) unabhängig von den Lernmöglichkeiten von Individuen zu Veränderungen gelangen können und darüber die Fähigkeit entwickeln, Fehler der Vergangenheit nicht zu wiederholen und damit zu einfachen Formen des Lernens, d.h. des gezielten Sich-Veränderns zu gelangen" (dies., S. 10). In letzter Konsequenz bedeutet dies, dass ein umfassendes Konzept organisationalen Lernens nur über die Wechselwirkungen von Organisation und Person bzw. über rekursiv zueinander stehende und komplementär wirkende Organisations- und Personalentwicklungsprozesse entfaltbar ist.

Mithin heißt es: „Bei allen Diskussionen darüber, ob Systeme oder Organisationen überhaupt lernen können und nicht vielmehr die Menschen in ihnen, hat sich doch der Gedanke durchgesetzt, dass Organisationen lern- und entwicklungsfähig seien. Dieser Lernprozess ist allerdings an Akteure gebunden, die in der Lage sind, Lern- und Erfahrungsprozesse zu entschlüsseln, die in Veränderungen auftreten" (Schley 1998, S. 22).

Der Kreis schließt sich also, wenn man davon ausgeht, dass Menschen lernen, um sich zu verändern oder um Veränderung zu bewirken, und dass dieses Lernen in Organisationen etablierter Strukturen bedarf, damit es nicht allein individuelles Lernen bleibt, sondern auch organisationale Veränderungen ermöglicht. Umgekehrt ist es zuweilen notwendig, und immer öfter erforderlich, organisationale Strukturen zu ändern, in die das Handeln bzw. das Arbeiten und Lernen von Individuen bzw. Organisationsmitgliedern eingebettet ist.

In einem Falle ist der Ausgangspunkt das Lernen der Individuen, welches einen Einfluss auf die Organisation hat und welches auf die individuellen Bewusstseinsstrukturen und die in der Organisation verfügbaren Arbeits- und Lernstrukturen zurückgreift, um das eine, das andere oder auch beides zu verändern und um die Entfaltung von Lern- oder Entwicklungspotenzialen zu ermöglichen. Im anderen Falle ist der Ausgangspunkt in den bestehenden organisationalen Strukturen zu sehen, die verändert werden sollen, dabei auf sich selbst und die in ihnen enthaltenen Entwicklungspotenziale sowie auf die Bewusstseinsstrukturen und die Lernpotenziale von Individuen zurückgreifen.

Individuelles und organisationales Lernen sind daher komplementäre Funktionen in Veränderungs- und Entwicklungsprozessen, sie bedingen sich wechselseitig, stehen in einem rekursiven Beziehungsverhältnis, weisen aber je für sich eine spezifische Variante des Zugriffs auf Veränderungsprozesse und darüber hinaus eine je eigene Qualität auf. Individuelles Lernen basiert auf Bewusstsein, auf Wissensaneignung und -anwendung, auf Veränderung von Bewusstseinsstrukturen und Verhaltensdispositionen, auf reflektierten Erfahrungen und Erkenntnissen, die in künftiges Handeln umgesetzt werden. Organisationales Lernen basiert auf Kommunikation bzw. auf erkennbaren, geordneten und geregelten und somit für Kommunikation zugänglichen Strukturen sowie mit diesen verwobenen kulturellen Implikationen, die über das einzelne Individuum bzw. das Organisationsmitglied hinausgehen. Sofern es um das Lernen von Organisationen geht, geht es um die Veränderung eines organisationalen Ordnungs- und Sinnzusammenhangs, der zwar mit den Bewusstseinsstrukturen der Organisationsmitglieder oder mit den Interaktionen zwischen Individuen in der Organisation gekoppelt ist, der jedoch in seiner strukturellen Präsenz ein besonderes Artefakt darstellt, welches über Einzelleistungen und interindividuelle Beziehungen hinausreicht bzw. zumindest unabhängig davon darstellbar ist.

Es gilt nun, dieses Verständnis im Hinblick auf Fortführung und Ausdifferenzierung zu Beginn des 21sten Jahrhunderts exemplarisch zu prüfen.

2. Organisationslernen – Metapher oder Strukturationskonzept zur pädagogisch orientierten Erschließung des Zusammenhangs von individuellem und organisationalem Lernen (2000 bis 2010)

Bezüglich der Definition von Organisationslernen zeigt sich in neueren Publikationen der Weiterbildung (vgl. Dollhausen/Nuissl von Rein 2007) ein bemerkenswerter, weil fasst identischer Rückgriff auf die oben bereits genannte Definition (vgl. Götz 1999), wenn es heißt: „Organisationales Lernen kann (…) als ein Prozess verstanden werden, der dazu beiträgt, dass sich das Denken und Handeln der Mitarbeiter/innen und das organisationale Wissen so verändern, dass sich die Handlungs- und Problemlösekompetenz (in) der Organisation erweitert und sich der organisationale Sinn-, Ordnungs- und Wirklichkeitsrahmen verändert" (Dietrich 2007, S. 79).

Auch im Hinblick auf das Verhältnis von individuellem und organisationalem Lernen scheinen sich entsprechende Bestimmungen einerseits verstärkt in den pädagogischen Diskurs der Weiterbildung einzuspeisen (vgl. Düsseldorff 2007), andererseits aber auch zu wiederholen. So wird etwa konstatiert: „Lernen – so wie Menschen – können Institutionen nicht – sie müssen sich entwickeln" (Faulstich 2007, S. 73). Gleichzeitig erfolgt der Hinweis auf die Rekursivität bzw. „starke Wechselwirkung zwischen Personal- und Organisationsentwicklung" (Sausele 2005, S. 94). Gesprochen wird vor allem davon, dass die „individuellen Lernprozesse (…) Auswirkungen auf weitere Kolleg/inn/en haben (können). Wenn hieraus Lernprozesse der Gruppe erwachsen, können daraus schließlich organisationsweite oder zumindest ganze Organisationseinheiten umfassende Veränderungen entstehen, die wiederum Auswirkungen auf die einzelnen Mitarbeiter/innen haben. Organisationales Lernen beginnt also beim einzelnen Mitarbeitenden und endet dort auch wieder" (Dietrich 2007, S. 79). Ebenso heißt es im Hinblick auf die strukturelle Spiegelung des individuellen Lernens in der Organisation: „Nur dann, wenn eine Organisation Lernen als Normalfall ermöglicht, wenn die Organisationsmitglieder generell Lernen in den Arbeitsprozess integrieren und wenn Lernen als originärer Bestandteil der Arbeitsleistung aufgefasst werden kann, darf auch von einer Lernenden Organisation, oder besser, vom Organizational Learning gesprochen werden" (Düsseldorff 2007, S. 137).

Auf den ersten Blick scheint sich in der ersten Dekade des 21sten Jahrhunderts das an die vorausgehende Dekade anschließende Verständnis von Organisationslernen nicht wesentlich zu ändern.

Dennoch deutet sich an, dass die Diskussionen der 1990er Jahre – vor allem auch angesichts der aus den hier zu würdigenden Arbeiten Harald Geißlers (z.B. 1994, 1995, 1997) hervorgehenden Impulse – den Weg dafür geebnet haben, das Thema Organisation respektive Organisationslernen und Organisationspädagogik im Diskurs der Weiterbildung sowie der Erziehungswissenschaft (vgl. Böttcher/Terhart 2004, Göhlich/Hopf/Sausele 2005) schrittweise zu etablieren – oder salopp formuliert: salonfähig zu machen.

Zuweilen wird der Begriff des Organisationslernens zwar auch heute noch umgangen, wenn stattdessen vom „organisationalen Wandel" (Faulstich 2007, S. 59) oder von „Organisationsveränderungen" (Küchler 2007, S. 7) gesprochen wird. Dies wird dann z.B. als „Ausgestaltung und Weiterentwicklung" (Nuissl von Rein 2007, S. 26) im Hinblick auf die „Qualitätsmerkmale von lernfähigen Weiterbildungsorganisationen" (Ehses/Zech 2002, S. 121) ausgelegt. Auch der Begriff der lernenden Organisation wird stellenweise durch „lernendes System" (Nuissl von Rein 2007, S. 19) ersetzt oder mit „lernbezogene Organisation" (Göhlich/Sausele 2008, S. 679) bezeichnet. Dennoch lässt sich feststellen: Organisationslernen ist von einer bloßen „Metapher" (Faulstich 2007, S. 58) zu einer „mittlerweile etablierten Figur für ein mentales Management-Modell geworden, das als systemische Betrachtungsweise zu charakterisieren ist" (Schlüter 2007, S. 41).

Zudem prägt sich offensichtlich eine spezifische pädagogische Positionierung im interdisziplinären, auf das Thema Organisation bezogenen Diskurs zwischen Soziologie, Betriebswirtschaft respektive Managementtheorie, Psychologie und Erziehungswissenschaft aus. Die Soziologie spricht z.B. davon, dass Organisationen im systemtheoretischen Sinne als konkrete Ausdrucksformen abstrakter gesellschaftlicher Zusammenhänge Respezifikationsmöglichkeiten für das Verhalten von Individuen anbieten (vgl. Luhmann 2002). Ebenso wird in neo-institutionalistischer Perspektive davon ausgegangen, dass Individuen bzw. soziale Akteure aus Denk- und Handlungsmustern von Institutionen und Organisationen stammende Präliminarien reifizieren bzw. verkörpern (vgl. Mense-Petermann 2006). Im erziehungswissenschaftlichen Diskurs wird dies keinesfalls negiert (vgl. Koch/Schemmann 2009), aber dennoch wird der Status von Individuen respektive Akteuren nicht auf Respezifikation oder Reifikation begrenzt. Vielmehr scheinen Respezifikations- und Reifikationsmechanismen mit Rekonstruktionsleistungen von Subjekten in Organisationen gekoppelt und stellen sich z.B. als „institutionelle Selbstpräsentation" (Schäffter 2003, S. 165) dar.

Was vor diesem Hintergrund nach wie vor bleibt, ist die Frage nach einem begrifflich differenzierten Verständnis von Organisationslernen. Hierzu bietet sich etwa die analytische Differenzierung zwischen individuellem Lernen, Lernen in der Organisation und organisationalem Lernen an:

• individuelles Lernen beschreibt „Lernen in interpersonaler Interaktion" und „betrachtet den organisatorischen Kontext als pädagogisch unzugängliche, externe Rahmenbedingungen",

• „Lernen in der Organisation sensibilisiert für das Spannungsfeld zwischen lernenden Individuen und den Organisationsstrukturen und fragt danach, inwieweit es Lernprozesse fördert, erzwingt oder verhindert",

• „organisationales Lernen fokussiert (…) auf strukturelle Veränderungen eines systemischen Bezugsrahmens in Auseinandersetzung mit einer spezifischen organisationalen Umwelt" (Schäffter 2001a, S. 244f.).

Dementsprechend fokussiert der in diesem Beitrag vornehmlich betrachtete Zusammenhang von individuellem und organisationalem Lernen das Lernen in der Organisation.

Eben jenes zwischen Individuum und Organisation vermittelnde Lernen versteht sich als Funktion im Zuge des sich wechselseitig bedingenden und ausbalancierenden Strukturationsverhältnisses und -prozesses von formalen und performativen Ausdrucksformen des Denkens und Handelns in Organisationen (vgl. Behrmann 2010). Lernen in Organisationen lässt sich charakterisieren als „Vorwärtsbewegung der aktualen Muster, welche einerseits das soziale System, andererseits das individuelle Handeln ausmachen und sich in mimetischem Umgang mit dem (im Habitus erscheinenden) kulturellen Konsens fortpflanzen" (Göhlich 2001, S. 241).

Mithin stellt sich die auf das Lernen in Organisationen bezogene Frage, wie mittels des Lernens sowohl typisierbare Formen und Regeln als auch musterhafte Deutungen und Dispositionen des Handelns im sozialen System der Organisation transparent und veränderungswirksam bearbeitbar gemacht werden können.

Hierin zeigt sich ein spezifischer Ausschnitt des Zugriffs organisationspädagogischer Forschung, die sich im 21sten Jahrhundert sowohl als theoretisch evident als auch als empirisch fundiert zu erweisen hat.

3. Lernen in der Organisation – ausgewählte Perspektiven pädagogischer Organisationsforschung

Organisationspädagogische Forschung kapriziert sich gegenwärtig auf die Untersuchung pädagogischer Organisationen respektive Bildungseinrichtungen einerseits, auf pädagogische Implikationen des Denkens und Handelns, deren struktureller wie kultureller Ausprägung und Veränderung in jedweder Art von Organisation andererseits. Entsprechend wird konstatiert, dass es zum einen um „Spezifika pädagogischer Organisationen" (Nuissl von Rein 2007, S. 19) geht. Zum anderen werden „nicht nur (…) pädagogische Organisationen (…), sondern auch (…) Betriebe, Kliniken, Behörden und andere Organisationen" unter „Fokussierung der Behinderung und Förderung organisationalen Lernens sowie der Verbindung von System- und Akteursperspektive" (Göhlich/Tippelt 2008, S. 633) in den wissenschaftlichen Blick genommen.

Im Diskurs der pädagogischen Organisationsforschung liegt es nahe, das für Bildung charakteristische Reflexivwerden sozialer Prozesse auf Organisation und Management selbst zu beziehen (vgl. Behrmann 2006a/b) und dies in einen übergeordneten strukturellen Wandel einzuordnen, in dem die Konstitution von Organisationen seitens institutioneller Verflechtungen und der an Bildung beteiligten Akteure multireferenziell beeinflusst wird (vgl. Schäffter 2001b, 2007).

Im Hinblick auf die organisationsinternen Voraussetzungen und Bedingungen eines damit verbundenen Lernens in Organisationen wird derzeit die Erforschung der Strukturen der Lernunterstützung (vgl. Göhlich 2001, Göhlich/Tippelt 2008) und der Professionalisierung von Akteuren angestrebt, die dieses Lernen fördern (vgl. Geißler 2009a). Neben den lernförderlichen Strukturen einer Organisation fokussiert die Frage nach der Professionalisierung sowohl auf organisationsinternes Personal (vgl. Göhlich/Sausele 2008) als auch auf organisationsexterne Berater (vgl. Göhlich/Seitter/Weber 2010), wie Coaches (vgl. Geißler 2009b, Heidsiek 2009), wissenschaftliche Begleiter (vgl. Behrmann/Essl 2010) oder an institutionellen Schnittstellen agierende Intermediäre (vgl. Brödel 2005).

Hinsichtlich des Entwurfs einer umfassenden pädagogischen Organisations-theorie besteht sicher noch Forschungs- und Diskussionsbedarf. Unklar ist, ob interdisziplinäre Bezüge zu bestehenden Organisationstheorien hinreichend „für die Adaption auf pädagogische Problem- und Fragestellungen" (vgl. Nuissl von Rein 2007, S. 27) erscheinen oder es vor allem gilt, dass die „Rezeption von Or-ganisationstheorien in der Erziehungswissenschaft kritisch rekapituliert" (Kuper 2001, S. 83) werden muss. Eine dezidiert pädagogische Organisationstheorie müsste sich jedenfalls der Kritik einer sozialtechnologisch anmutenden Über-nahme von Konzepten aus anderen Disziplinen stellen, insbesondere wenn es um das Lernen in der Organisation geht (vgl. Faulstich 2007). Ein möglicher Ansatz hierzu ist der fortwährend mit zu reflektierende „Standpunkt (…) der Humanität, der nicht einfach nur bezogen, sondern auch begründet wird" (Geißler 2000, S. V).

Literatur

Arnold, R./Weber, H. (1995): Zwischen Organisationslernen und lernenden Organisationen. In: Arnold, R./Weber, H. (Hrsg.): Weiterbildung und Organisation. Berlin, S. 9-11

Behrmann, D. (1998): Handlungs-, subjekt- und dialogorientierte betriebliche Weiterbildung. Impulse zum Konzept arbeitsplatznahen Lernens. Hamburg: Universität der Bundeswehr (Diss.)

Behrmann, D. (2006a): Reflexives Bildungsmanagement. Frankfurt a.M. u.a.

Behrmann, D. (2006b): Modernisierung als schleichende Ökonomisierung? Konsequenzen für ein Reflexives Bildungsmanagement. In: Forneck, H./Wiesner, G./Zeuner, C. (Hrsg.): Teilhabe an der Erwachsenenbildung und gesellschaftliche Modernisierung. Baltmannsweiler, S. 123-137

Behrmann, D. (2010): Ausbalancierung pädagogischen Handelns im organisationalen Kontext am Beispiel der betrieblichen Berufsbildung. In: Dollhausen, K./Feld, T./Seitter, W. (Hrsg.): Erwachsenenpädagogische Organisationsforschung (im Druck)

Behrmann, D./Essl, G. (2010): Wirkungen pädagogischer Organisationsberatung. Rekonstruktion eines wissenschaftlich begleiteten Projekts in der betrieblichen Berufsbildung. In: Göhlich, M./Seitter, W./Weber, S. (Hrsg.): A.a.O. (im Druck)

Böttcher, W./Terhart, E. (Hrsg.) (2004): Organisationstheorie in pädagogischen Feldern. Wiesbaden

Brödel, R. (2005): Das Verlaufsgespräch als intermediäre Methode der Evaluations- und Begleitforschung. In: Baldauf-Bergmann, K./Küchler, F.v./Weber, C. (Hrsg.): Erwachsenenbildung im Wandel. Baltmannsweiler, S. 103-124

Dietrich, S. (2007): Die – selbstgesteuert – lernende Organisation. In: Dollhausen, K./Nuissl von Rein, E. (Hrsg.) (2007): Bildungseinrichtungen als lernende Organisationen? A.a.O., S. 75-97

Dollhausen, K./Nuissl von Rein, E. (Hrsg.) (2007): Bildungseinrichtungen als lernende Organisationen? Wiesbaden

Düsseldorff, K. (2007): Lernende Organisation im Fokus. In: Dollhausen, K./Nuissl von Rein, E. (Hrsg.): A.a.O., S. 75-97

Ehses, C./Zech, R. (2002): Organisationale Qualitätsentwicklung aus der Perspektive der Lernenden. In: Heinold-Krug, E./Meisel, K. (Hrsg): Qualität entwickeln – Weiterbildung gestalten. Bielefeld, S. 114-124

Faulstich, P. (1998): Strategien betrieblicher Weiterbildung. Kompetenz und Organisation. München

Faulstich, P. (2007): Jenseits der lernenden Organisation. In: Dollhausen, K./Nuissl von Rein, E. (Hrsg.): A.a.O., S. 57-74

Geißler, H. (1994): Grundlagen des Organisationslernens. Weinheim

Geißler, H. (Hrsg.) (1995): Organisationslernen und Weiterbildung. Neuwied u.a.

Geißler, H. (Hrsg.) (1997): Unternehmensethik, Managementverantwortung und Weiterbildung. Neuwied u.a.

Geißler, H. (2000): Organisationspädagogik. München

Geißler, H. (2009a): Das Pädagogische der Organisationspädagogik. In: Göhlich, M./Weber, S./Wolff, S. (Hrsg.): A.a.O., S. 239-249

Geißler, H. (2009b): Die inhaltsanalytische „Vermessung" von Coachingprozessen. In: Birgmeier, B.R. (Hrsg): Coachingwissen. Wiesbaden, S. 93-125

Göhlich, M. (2001): System, Handeln, Lernen unterstützen. Eine Theorie der Praxis pädagogischer Institutionen. Weinheim und Basel

Göhlich, M./Hopf, C./Sausele, I. (Hrsg.) (2005): Pädagogische Organisationsforschung. Wiesbaden

Göhlich, M./Sausele, I. (2008): Lernbezogene Organisation. Das Mitarbeitergespräch als Link zwischen Personal- und Organisationsentwicklung. In: Zeitschrift für Pädagogik, 54. Jg., Heft 5/2008, S. 679-690

Göhlich, M./Tippelt, R. (2008): Pädagogische Organisationsforschung. In: Zeitschrift für Pädagogik, 54. Jg., Heft 5/2008, S. 633-636

Göhlich, M./Weber, S./Wolff, S. (2009): Organisation und Erfahrung. Wiesbaden

Göhlich, M./Seitter, W./Weber, S. (2010): Organisation und Beratung. Wiesbaden (im Druck)

Götz, K. (1999): Organisationslernen und individuelles Lernen. In: Hrsg.: Arnold, R./Gieseke, W. (Hrsg.): Die Weiterbildungsgesellschaft. Bd. 1: Bildungstheoretische Grundlagen und Analysen. Neuwied/Kriftel, S. 69-85

Heidsiek, C. (2009): Professionalisierung von Organisationsberatung durch Reflexion. In: Göhlich, M./Weber, S./Wolff, S. (Hrsg.): A.a.O., S. 205-214

Koch, S./Schemmann, M. (Hrsg.) (2009): Neo-Institutionalismus in der Erziehungswissenschaft. Wiesbaden

Küchler, F.v. (2007): Von der Rechtsformänderung zur Neupositionierung. In: Küchler, F.v. (Hrsg.): Organisationsveränderungen von Bildungseinrichtungen. Bielefeld, S. 7-29

Kuper, H. (2001): Organisationen im Erziehungssystem. In: Zeitschrift für Erziehungswissenschaft, 4. Jg., H. 1/2001, S. 83-106

Luhmann, N. (2002): Das Erziehungssystem der Gesellschaft. Frankfurt a.M.

Mense-Petermann, U. (2006): Das Verständnis von Organisation im Neo-Institutionalismus. In: Senge, K/Hellmann, K.-U. (Hrsg.): Einführung in den Neo-Institutionalismus. Wiesbaden, S. 62-74

Nuissl von Rein, E. (2007): Das Lernen pädagogischer Organisationen. In: Dollhausen, K./Nuissl von Rein, E. (Hrsg.): A.a.O., S. 17-27

Petersen, J. (1997): Die gebildete Unternehmung. Frankfurt a.M. u.a.

Probst, G.J.B./Raub, S./Romhardt, K. (1999): Wissen managen. Wie Unternehmen ihre wertvollste Ressource optimal nutzen. Wiesbaden

Reinhardt, R. (1998): Wissensmanagement konkret. In: Geißler, H./Behrmann, D./Krahmann-Baumann, B. (Hrsg.): Organisationslernen konkret. Frankfurt a.M. u.a., S. 233-273

Sausele, I. (2005): Personalentwicklung als pädagogisches Handeln. In: Göhlich, M./Hopf, C./Sausele, I. (Hrsg.): A.a.O., S. 93-106

Schäffter, O. (2001a): Organisation. In: Arnold, R./Nolda, S./Nuissl, E. (Hrsg.): Wörterbuch Erwachsenenpädagogik. Bad Heilbrunn/Obb., S. 243-246

Schäffter, O. (2001b): Weiterbildung in der Transformationsgesellschaft. Hohengehren

Schäffter, O. (2003): Institutionelle Selbstpräsentation von Weiterbildungseinrichtungen. In: Nittel, D./Seitter, W. (Hrsg.): Die Bildung des Erwachsenen. Bielefeld, S. 165-184

Schäffter, O. (2007): Erwachsenenpädagogische Institutionenanalyse. In: Heuer, U./Siebers, R. (Hrsg.): Weiterbildung am Beginn des 21. Jahrhunderts. Münster, S. 354-370

Schley, W. (1998): Change Management: Schule als lernende Organisation. In: Altrichter, H./Schley, W./Schratz, M. (Hrsg.): Handbuch zur Schulentwicklung. Innsbruck; Wien

Schlüter, A. (2007): Die Lernende Organisation als mentales Modell für die Personal und Organisationsentwicklung von Weiterbildungseinrichtungen. In: Dollhausen, K./Nuissl von Rein, E. (Hrsg.): A.a.O., S. 41-55

Strzelewicz, W./Raapke, W./Schulenberg, D. (1966): Bildung und gesellschaftliches Bewußtsein. Stuttgart

Zech, R./Ehses, C. (1999): Organisation und Lernen. Hannover

Sabine Seufert

Organisationslernen: die „Organisation des Informellen" als treibender Motor?

1. Charakterisierung und Bedeutung des informellen Lernens

Der Grundsachverhalt ist nicht neu. Bereits in den fünfziger Jahren des letzten Jahrhunderts wurde über „informal education" und „informal learning" debattiert (Knowles 1951). In den letzten Jahren lässt sich ein erneuter Trend zum informellen Lernen erkennen. Die Studie der American Society for Training & Development (ASTD) „Keep Learning Mission Critical" aus dem Jahr 2009 unterstreicht diese Entwicklungen, indem sie dem informellen und arbeitsplatznahen Lernen eine zentrale Bedeutung und Schlüsselfunktion in der Personalarbeit zuspricht (Schwuchow 2009). Manche Experten hinterfragen kritisch, ob sich nach dem eLearning-Hype mit dem Trend zum informellen Lernen wieder ein neuer Hype ankündigt (Hirning 2008).

Die Grundidee des informellen Lernens folgt dem Paradigma, dass Kompetenzentwicklung nicht nur im Rahmen systematischer, organisierter Lernprozesse stattfindet, sondern (wahrscheinlich) in einem höheren Maße unbeabsichtigt bzw. zufällig, unbewusst und ungerichtet. Informelles Lernen kann daher als ein Versuch verstanden werden, diese Prozesse der Kompetenzentwicklung differenzierter zu erfassen, konzeptionell zu erschließen und auf dieser Grundlage für eine gezielte Unterstützung greifbar zu machen. Kurz zusammengefasst bedeutet dieser Ansatz „die Organisation des Informellen", was sich näher betrachtet zunächst als ein paradoxes Unterfangen anmutet.[1]

Für informelles Lernen existieren in der Literatur mittlerweile zahlreiche, teilweise kontroverse Definitionen und Kategorisierungen in der internationalen Diskussion (Overwien 2001). Eraut (2000, S. 12) sieht insbesondere ein Problem der präzisen Begriffsabgrenzung darin, dass das Adjektiv „informell" vielfältig besetzt ist. Daher liegt es nahe, einen mehrdimensionalen Ansatz zu wählen, um zwischen formellem und informellem Lernen zu differenzieren. Als eine verbreitete Unterscheidungskategorie ist die Organisationsform des Lernens (formal oder nonformal organisierte Lernprozesse (vgl. Marsick/Watkins 2001)) hervorzuheben. Neben der Organisationsform erhält auch die Intentionalität

---

[1] Der Versuch, Informelles zu organisieren, kann als paradox bezeichnet werden (vgl. Seufert et al., 2001). Letztlich stellt sich die Frage, inwieweit informelle Vorgänge noch informell bleiben, sobald diese organisiert worden sind.

(bewusst/ zielgerichtet vs. unbewusst/nicht zielgerichtet) aus der Perspektive der Lernenden eine zunehmende Bedeutung (Eraut 2000).

Im vorliegenden Beitrag sollen diese beiden Kategorien – Organisationsform aus der Perspektive des Bildungsmanagements sowie die Intentionalität aus Sicht des Lernenden – zur Charakterisierung und Einordnung des informellen Lernens dienen. Kompetenzen können demnach in unterschiedlichen Kontexten entwickelt werden:

- Bislang standen überwiegend die Formen des *formellen Lernens* im Vordergrund. Hierunter versteht man, Kompetenzen im institutionalisierten Rahmen von organisierten Lehrangeboten („off-the-job"), beispielsweise in Seminaren und Trainingsprogrammen, zu entwickeln. Der formale Rahmen wird insbesondere durch das Curriculum (konzipierte Ziele und Inhalte der Bildungsmaßnahme) festgelegt. Lernen erfolgt nicht im Vollzug der Arbeitsaktivitäten selbst, sondern wird in Lernzeiten ausgelagert und folgt daher dem „Push-Prinzip".

- Populär sind neuerdings Formen des *informellen Lernens* („near-"/„on-the-job"). Dabei steht primär die Lösung von praktischen Anwendungsproblemen im Vordergrund, weitergehend sollen jedoch die gewonnenen Erfahrungen aufgenommen und über unterschiedliche Methoden (z. B. Action Learning Ansätze, Coaching, communities-of-practice) so reflektiert werden, dass sie für die Lösung ähnlicher Probleme in der Zukunft genutzt werden können.

- Darüber hinaus gibt es eine weitere Form der Kompetenzentwicklung: das *implizite Lernen*[2]. Im Gegensatz zum informellen Lernen erfolgt Lernen bestenfalls zufällig, ist aber nicht bewusst und nur bedingt verbalisierbar.

Im nachfolgenden Abschnitt soll näher auf die Frage eingegangen werden, in welchem Zusammenhang das informelle Lernen der Individuen mit dem Organisationslernen steht.

2. Bedeutung des informellen Lernens für das Organisationslernen

Definitionen zum Organisationslernen gehen auf eine Vielzahl von Theorien und unterschiedlicher Disziplinen zurück. Obwohl der Begriff „Lernen" eine pädagogische Verankerung anmutet, gibt es nur wenige Vertreter aus der Betriebs- und Wirtschaftspädagogik, die den Begriff „Organisationslernen" adaptieren. Geißler (1995) stellt diesbezüglich eine Ausnahme dar, da er dem Orga-

---

[2] Einige Autoren, wie beispielsweise Watkins und Marsick (1992) definieren das implizite Lernen als Teil des informellen Lernens. Im vorliegenden Beitrag ist die Unterscheidung jedoch zentral, das implizite und somit unbewusste Lernen vom informell stattfindenden, aber dennoch bewussten Lernen zu differenzieren, da sich diese informelle Lernformen aus Sicht der Personalentwicklung unterstützen lassen.

nisationslernen den Status eines betriebspädagogischen Grundbegriffs zuteil kommen lässt. Geißler definiert organisationales Lernen als jenes Lernen, „...das *in, durch* und *für* Arbeits- und Kooperationsstrukturen erfolgt" (Geißler 2000, S. 50). Das Drei-Ebenen-Lern-Modell für Organisationen von Argyis/Schön (1978) ist bis heute ein Klassiker und wird vielfach rezipiert bzw. modifiziert. Lernen erfolgt demnach auf drei Stufen:

- *Single-Loop-Learning:* Lernen wird konzeptualisiert als Anpassungslernen (Geißler, 2000) auf vorgegebene Ziele, um schnell auf Umweltveränderungen reagieren zu können; Das Lernen vollzieht sich innerhalb eines etablierten, generell akzeptierten Bezugsrahmens. Die Handlungstheorie als solche wird als gegeben betrachtet und selbst nicht hinterfragt.

- *Double-Loop-Learning:* dieses Lernen kann als Erschließungslernen (Geißler 2000) bezeichnet werden, da Lernprozesse stattfinden, die in Problemlösungs-strategien resultieren, die nicht genau prognostizierbare Herausforderungen an die Organisation antizipieren. Beim Double-Loop-Learning wird von funda-mentalen Anpassungen gesprochen. Die Prämissen und Wertvorstellungen der Handlungstheorie werden hinterfragt und ggf. modifiziert. Häufig voll-zieht sich das Lernen dabei als Konfliktbewältigungsprozess in oder zwischen Gruppen, wenn Grundwerte und -überzeugungen zur Debatte stehen.

- *Deutero-Learning*: die reflexive Stufe dieser Lernform findet statt, wenn die Lernprozesse selbst zum Gegenstand des Lernens werden. Wissen über ver-gangene Lernprozesse (Single- und Double-Loop) wird gesammelt und kom-muniziert, Lernkontexte, Lernverhalten sowie Lernerfolge und -misserfolge werden reflektiert. Durch Deutero-Lernen soll sichergestellt werden, dass sich Organisationen kontinuierlich lernbereit halten und organisationales Lernen nicht als Abfolge einzelner Episoden im alltäglichen Handeln begriffen wird. Beim Deutero-Learning wird die Technik des Wissens- und Kompetenzer-werbs selbst weiter entwickelt. Ziel ist es, die Lernfähigkeit der Organisation zu steigern.

Die Betrachtung des Organisationslernens aus didaktischer Perspektive rückt insbesondere den konzeptionellen Zusammenhang zwischen der ökonomischen Nutzenperspektive (Lernen der Organisation) und dem individuellen Lernen von Menschen in der Organisation (Sloane 1997) in den Vordergrund. Die alleinige Orientierung des Bildungsmanagements an dem ökonomischen Bedarf aus Or-ganisationsperspektive trifft auf zwei gewichtige Gegenargumente: Zum einen weiß qualifikationstheoretisch niemand, wie die Anforderungen der Zukunft aussehen werden. So ist der zukünftige Bedarf der Wirtschaft selbst für langfris-tig denkende Personalmanager nur schwer prognostizierbar. Zum anderen gibt es ein lerntheoretisches Argument: Die Anpassung von Mitarbeiterinnen und Mitarbeiter an einen vorgegebenen Bedarf führt dazu, dass diese ihr Handeln rigide auf Vorgaben, jedoch nicht flexibel auf Veränderungen ausrichten. An-

passung an Bedarf begründet somit eine fehlende Anpassungsfähigkeit an Veränderungen, denn angepasste sind keine anpassungsfähigen Mitarbeitenden.
Organisationslernen würde somit überwiegend im Sinne des Single-Loop-Ler-
nens stattfinden, welches das Anpassungslernen auf vorgegebene Ziele verfolgt.
Für das Organisationslernen auf höheren Ebenen (Double-Loop und Deutero-
Learning) ist es eine notwendige Voraussetzung, den Abstimmungsprozess zwischen einerseits individuellen Zielen und *Lernen in der Organisation* (geprägt
durch Partizipation und „Bottom-up Entwicklungen") und andererseits Unter-
nehmenszielen, die auf Unernehmenswerten und -strategien basieren und das
Lernen der Organisation prägen, bewusst aufzunehmen.

Die Begründung des Organisationslernens als Bildungsprozess legt folglich
nahe, dass die Pädagogik stark vertreten ist in Unternehmen. So tragen auch und
gerade Führungskräfte pädagogische Mitverantwortung und werden zum Pro-
motor und „Facilitator" für Lernen (Geißler, 1998; Arnold, 1995). Dadurch wird
Lernen – zumindest aus pädagogischer Perspektive – zunehmend in einem informelleren Rahmen direkt am Arbeitsplatz stattfinden. Darüber hinaus bedeutet
die Organisation von Lernen in diesem erweiterten Sinne nicht nur die Gestaltung einer Lehr-Lern-Situation, sondern auch die (Mit-)Gestaltung einer lernförderlichen Organisation. Der Ansatz, das informelle Lernen systematischer zu
organisieren („Organisation des Informellen"), folgt diesem Paradigma, Lernprozesse in Arbeitskontexten in der Breite zu fördern und einen angemessenen
Rahmen zu schaffen, um Lernen zu ermöglichen.[3]

Nachdem die Frage nach der Relevanz des informellen Lernens für das Organisationslernen geklärt wurde („warum?"), soll nun im nächsten Abschnitt näher
auf die Frage eingegangen werden, wie informelles Lernen in Unternehmen
systematisch organisiert werden könnte („wie?").

3. Entwicklungslinien für die systematische Integration informellen Lernens

Im Rahmen empirischer Studien, die zum einen Trends im Bildungsmanagement
(Diesner et al. 2008) sowie Fallbeispiele in der Praxis näher untersuchten
(Hasanbegovic/Seufert 2007; Seufert 2007) wurde u.a. auch der Frage nach der
Organisation des informellen Lernens nachgegangen. Die Auswertung des empi-
rischen Datenmaterials lässt darauf schließen, dass sich drei zentrale *Entwick-
lungslinien* ableiten lassen, wie in der nachfolgenden Abbildung zunächst im
Überblick dargestellt ist:

---

[3] Arnold (1995) prägte den Begriff der „Ermöglichung" als Leitparadigma einer Didaktik der
Selbstorganisation.

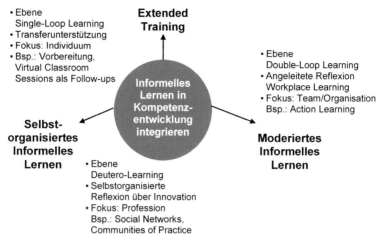

Abb. 1: Entwicklungslinien zur Integration informellen Lernens

Informelles Lernen kann folglich auf drei Arten systematisch in die Kompetenzentwicklung der Mitarbeitenden integriert werden:

- *Extended Training – Informelles Lernen mit formellem Lernen verzahnen:* Informelles Lernen stellt sich hierbei als eine Erweiterung des formellen Lernens dar, das in einem selbstgesteuerten Prinzip am Arbeitsplatz verläuft. Trainingsmaßnahmen werden somit systematisch um transferunterstützende Maßnahmen (z.B. gezieltere Vorbereitung oder Follow-up Unterstützung) erweitert, welche einen informelleren Charakter besitzen. Im Fokus steht dabei eine Unterstützung für den Lernenden, aber auch für Vorgesetzte, um Transferprozesse zu begleiten und zu fördern. Die Verbindung zum organisationalen Lernen ist überwiegend auf der ersten Ebene des Single-Loop-Learning anzusiedeln, da mit einem organisationsweiten Ansatz des „Extended Trainings" das Potenzial bestünde, zumindest ein Anpassungs- und Verbesserungslernen nach vorgegebenen Zielen zu verstärken.

- *Moderiertes informelles Lernen – Reflexion am Arbeitsplatz anleiten:* Bei diesem Ansatz werden Reflexionsprozesse von didaktisch organisierten Lernsituationen angeleitet, die in den Arbeitskontext integriert sind. Paradebeispiele sind hierfür erfahrungsbasierte Lernansätze am Arbeitsplatz, wie beispielsweise Action Learning. Action Learning geht davon aus, dass Wissen ein Produkt des Handelns und der kollektiven Reflexion über dieses Handeln ist. Beim Action Learning wird daher der Prozess des Problemlösens mit einem Prozess des Erfahrungsaustauschs verknüpft. Wesentlich ist das Stellen von kritischen Fragen aus unterschiedlichen Perspektiven in Lerngruppen von

Gleichgesinnten, die sich ihre gegenseitige Unwissenheit eingestehen und daraus die Motivation zu einem gemeinsamen Lernprozess entwickeln. In einem Action-Learning-Programm arbeitet ein Team an der Lösung eines konkreten, für ein Unternehmen relevanten Problems und reflektiert gleichzeitig über den Lernprozess. Das zugrunde liegende Problem ist dabei kein fiktives, sondern ein aktuell drängendes für das Unternehmen. Der „Problemeigentümer" ist der Auftraggeber des Action-Learning-Programms. Wichtig ist, dass er an der Lösung der Aufgabe unmittelbar interessiert ist. Idealerweise wird eine Vereinbarung zwischen Team und Auftraggeber geschlossen, welche geplante Ergebnisse und Vorgehensweisen, zur Verfügung stehende Ressourcen sowie Verantwortlichkeiten enthält. Ein Moderator unterstützt das Team bei der Reflexion und Auswertung der Erfahrungen, die bei der Lösung des Problems gemacht wurden. Zudem können auch die Führungskräfte als Lernpromotoren den Lernprozess unterstützen. Im Hinblick auf das organisationale Lernen besteht das Potenzial, in erfahrungsbasierten Lernansätzen insbesondere die Stufe des Double-Loop-Learning zu adressieren, auf der Grundannahmen und Routinen hinterfragt werden und Problemlösefähigkeiten in Teams gefördert werden sollen.

- *Selbstorganisiertes informelles Lernen – lernförderliche Rahmenbedingungen schaffen:* Dieser Lernansatz stellt die selbstgesteuerte Reflexion der Lernenden über ihren Lern- und Wissensprozess dar. Mitarbeiter erkunden selbst, inwieweit innovative Methoden in ein Arbeitsumfeld eingeführt werden sollten, das heißt sie entwickeln eigene Innovationsstrategien, die in ihrem Arbeitskontext relevant sind. Die Impulse dafür werden häufig durch die Zugehörigkeit einer Profession getrieben. Die Orientierung an Entwicklungen in einer Profession ist daher für Mitarbeiter sehr wichtig, um potentielle Innovationen für die eigene Arbeitspraxis zu reflektieren. Die Rolle des Bildungsmanagements besteht dann vor allem darin, lernförderliche Rahmenbedingungen zu schaffen, um sich – auch extern – in professionellen Communities auszutauschen. Ein Aspekt ist dabei sicherlich, Zugänge für informelles Lernen in einer Profession (über vielfältige Formen, wie z.B. Austauschforen, Blogs für Trendwatching, social networks, etc.) zu ermöglichen und wertzuschätzen. Die Unterstützung der selbstorganisierten Reflektion steht im Einklang mit der Ebene des Deutero Learning, da das „Lernen lernen" einen zentralen Stellenwert einnimmt, um somit die Lernfähigkeit einer Organisation insgesamt zu erhöhen.

4. Fallbeispiel Hewlett Packard (HP)

Bei einem Technologiekonzern wie HP stellen die sehr kurzen Lebenszyklen von Produkten und damit einhergehend des Wissens große Herausforderungen für die Personalentwickler dar. Um diesen Anforderungen gerecht zu werden, besitzt informelles Lernen und der Versuch, das „Informelle zu organisieren" bei HP einen hohen Stellenwert. Die Kompetenzentwicklung der Mitarbeiter findet in einem „integrierten Lernprozess" (Hirning 2008) statt, nach dem die Mitarbeiter zunächst einen Entwicklungsbedarf feststellen, einen Entwicklungs- und Lernplan erstellen sowie den Lernerfolg überprüfen. Die Führungskraft dient in diesem Zyklus als zentraler Ansprechpartner und Coach. Das informelle Lernen in diesen Entwicklungsprozess zu integrieren, ist bei HP sehr ausgeprägt und findet in allen der drei zuvor skizzierten Facetten statt.

Extended Training – Informelles Lernen mit formellem Lernen verzahnen:

In der Praxis haben sich bei HP Szenarien des Extended Trainings bewährt: Für die Einarbeitung in neue Themen (Grundausbildung) und für angeleitete prakti- sche Übungen wird formelles Lernen im Klassenraumtraining eingesetzt. In der Vorbereitungsphase steht insbesondere im Vordergrund, dass Mitarbeiter die Relevanz der Maßnahme für ihren eigenen Job erkennen und sich selbst Ziele stecken können. Im Nachgang zum Seminar werden unterschiedliche Unterstüt- zungsmaßnahmen angeboten. Aus den Teilnehmern des Trainings können sich beispielsweise Peer Groups bilden, die sich sowohl bei der täglichen Arbeit in- formell gegenseitig unterstützen, oder es werden Transfer Coaches eingesetzt, die den Mitarbeiter in dem neuen Thema im Arbeitskontext begleiten und unter- stützen.

Preparation	Training	Follow-up
• Get buy-in and support from management • Prepare students - Provide information about learning objectives - Clarify and check prerequisites - Bring expectations in line (organisation, manager, student) - Deliver pre-study program (e.g. Podcasts, Quick Tools, E-Learning)	Learning and development activities - Classroom learning - On/off job - Self-directed learning - Sharing Best Practices Vernissage - eTesting, Reflection Exercises, Self-Assessment - Action Plan - Learning Logs	• Allow and plan timely Application of new skills • Ensure support - Additional ressources - Follow-up events - Transfer Coaching - Implement support infrastructure • Measure learning success

Abb. 2: Fallbeispiel HP: Extended Training

Moderiertes informelles Lernen – Reflexion am Arbeitsplatz anleiten:

Die angeleitete Reflexion am Arbeitsplatz wird bei HP in unterschiedlicher Form unterstützt, wobei insbesondere der Wissens- und Erfahrungsaustausch bei

HP einen hohen Stellenwert einnimmt. Für die Zusammenarbeit von Arbeits-gruppen in längerfristigen Entwicklungsprogrammen werden vermehrt Wikis eingesetzt, um Ergebnisse aus der Zusammenarbeit (z.b. Erfahrungsberichte, Ergebnisprotokolle) zu dokumentieren und zu überarbeiten. Dabei ist es das Ziel, gängige Praktiken zu dokumentieren, kritisch zu reflektieren und weiter zu entwickeln. Weiterhin hat die Führungskraft die Option, ein sog. „Stretch Assignment" mit dem Mitarbeiter zu vereinbaren. Damit wird eine neue Heraus-forderung im Arbeitskontext bezeichnet, mit der bewusst neue Kompetenzen entwickelt werden sollen. Die Mitarbeiter erhalten dabei den Vertrauensvor-schuss ihrer Führungskraft, in dieses neue Gebiet, das von der Herausforderung her bewusst eine Nummer zu groß ist, „hineinzuwachsen" und stehen im Sinne des Pull Prinzips als Facilitator zur Verfügung. Coaching- und Mentoring-Pro-gramme sind darüber hinaus im Portfolio von Lern- und Entwicklungsmaßnah-men enthalten, um Beziehungsnetzwerke zu moderieren und dadurch Impulse zur Reflexion im Arbeitskontext zu setzen.

Selbstorganisiertes informelles Lernen – Rahmenbedingungen schaffen:

Zentraler Erfolgsfaktor für die Kompetenzentwicklung der Mitarbeiter stellt bei HP die Schaffung einer offenen Lernkultur dar (Hirning 2008), in der eine Wert-schätzung erfolgt, wenn Wissen geteilt wird. Die Aufgabe von Bildungsverant-wortlichen ist daher insbesondere, entsprechende Rahmenbedingungen zur Ver-fügung zu stellen, um Austauschforen und Communities auf Eigeninitiative hin einrichten und pflegen lassen zu können. Ein wichtiges Bindeglied für die zahl-reichen, zur Verfügung stehenden Technologien, stellt eine Social Networking Plattform dar. Diese trägt den sprechenden Namen WaterCooler, womit auf den Austausch an den Wasserspendern im Büro angespielt wird, die – sozusagen wie das eher europäische Gespräch an der Kaffeemaschine – den Wissensaustausch und die Weiterentwicklung der Mitarbeiter unterstützen soll. Ein maßgeblicher Mechanismus, damit Mitarbeiter Bereitschaft zeigen, ihr Wissen zu teilen, scheint dabei bei HP zu sein, eine höchstmögliche Transparenz zu schaffen, wer wo aktiv ist. Dies bedeutet, dass alle Beiträge, die ein Mitarbeiter in den zahlrei-chen Foren und Communities hinterlegt, automatisch im Profil des Mitarbeiters verlinkt und mitgeführt werden. Die Pflege von Beziehungsnetzwerken in einer selbstorganisierten Form nimmt somit bei HP einen hohen Stellenwert ein. Das Engagement und die Unterstützung der Weiterbildung durch den Vorgesetzten werden dabei als wesentlicher Schlüssel zum Erfolg bezeichnet.

5. Rahmenbedingungen zur „Organisation des Informellen"

Die konsequente Umsetzung, informelles Lernen systematisch in die Weiterbildung zu integrieren, in einem großen Konzern wie HP, zeigt deutlich die Veränderungen die sich im Weiterbildungsbereich abspielen.

Manche *Mitarbeiter* müssen Verhaltensmuster verändern, andere benötigen Hilfe für die Nutzung neuer Lerntechnologien und Wissenstools. Dies beinhaltet auch einen Wechsel von der Angebots- zur Nachfragestrategie: Wer etwas lernen soll, muss das selbst wollen und seinen Lernbedarf selbst formulieren. Trainings, die mit der Gießkanne über die Belegschaft verteilt werden, bleiben häufig wirkungslos. Damit einher geht eine veränderte Einstellung gegenüber Lernen. Unternehmen müssen von Push-Prinzipien loslassen und einen Pull-Prozess fördern, das heißt: mehr Eigen-Verantwortung für die Mitarbeiter.

Führungskräfte nehmen eine tragende Rolle als Unterstützer des Lernprozesses ein. Es genügt nicht, Mitarbeiter in Seminare zu schicken. Führungskräfte müssen die Rahmenbedingungen für das formelle wie auch informelle Lernen bei der Arbeit schaffen. Dazu gehört nicht nur, Freiräume zu gewähren, sondern auch Wertschätzung zu zeigen für das Lernen am Arbeitsplatz. Ziele, Inhalte, Methoden und Praxisrelevanz müssen im Vorfeld besprochen werden. Nach der Maßnahme muss die Führungskraft auf die Anwendung des Erlernten in der Praxis achten.

Bildungsverantwortliche nehmen künftig stärker eine Beraterfunktion ein, um nahe an den Fachbereichen und Geschäftsprozessen zugeschnittene Bildungsmaßnahmen wirksam durchführen zu können. Darüber hinaus schaffen sie Rahmenbedingungen für ein Lernklima. Dazu gehören beispielsweise flexible Zeitfenster für selbstgesteuerte Lernphasen und moderne Lern- und Informationstechnologien, um mediale und personale Ressourcen zur Unterstützung des Lernens zur Verfügung zu stellen. Das Methodenangebot ist so ausdifferenziert, dass die Auswahl sich danach richten sollte, wie geeignet die Methode für einen Mitarbeiter und seinen Entwicklungsstand ist. Transferbegleitende Maßnahmen, wie z.B. Learning Logs, Transfernetzwerke oder -coachings ergänzen das didaktische Methodenrepertoire im Bildungsmanagement. Die Lernfähigkeit von Unternehmen wird an einer qualifizierten Evaluation von Lernprozessen erkennbar und überprüfbar. Im Sinne einer kontinuierlichen Qualitätsentwicklung bleibt es nicht nur bei der Evaluation von Bildungsmaßnahmen, sondern die Ableitung von Konsequenzen und Maßnahmen aufgrund der Evaluationsergebnisse sind darüber hinaus ein elementarer Bestandteil.

Literatur

Argyris, C./Schön, D. A. (1978): Organizational Learning. A Theory of Action Perspective. Reading

Arnold, R. (1995): Bildungs- und systemtheoretische Anmerkungen zum Organisationslernen. In: R. Arnold/H. Weber (Hrsg.): Weiterbildung und Organisation. Berlin, S. 13-29

Diesner, I../Seufert, S./Euler, D. (2008): Trendstudie „Herausforderungen des Bildungsmanagements". scil-LEARNTEC-Trendstudie, St. Gallen

Eraut, M. (2000): Non-formal learning and tacit knowledge in professional work. British Journal of Educational Psychology, 70, S. 113-136

Geißler, H. (1995): Grundlagen des Organisationslernens. 2. Aufl., Weinheim

Geißler, H. (1998): Umrisse einer Grundlagentheorie des Organisationslernens. In: H. Geißler/A. Lehnhoff/J. Petersen (Hrsg.): Organisationslernen im interdisziplinären Dialog. Weinheim, S. 163-223

Geißler, H. (2000): Organisationspädagogik. Umrisse einer neuen Herausforderung. München

Hasanbegovic, J./Seufert, S. (2007): Benchmark Studie I. Zentrale Ergebnisse der Studie zu transferorientiertem Bildungsmanagement. Arbeitsbericht 13 des Swiss Centre for Innovations in Learning. St. Gallen

Hauser, B. (2006): Action Learning im Management Development. Mering

Hirning, A. (2008): Integration von formellem und informellem Lernen. In: K. Schwuchow/J. Guttmann (Hrsg.): Jahrbuch Personalentwicklung 2008. Köln, S. 165-171

Knowles, M.S. (1951): Informal Adult Education. A Guide for Administrators, Leaders and Teachers. New York

Marsick, V. J./Watkins, K. E. (2001). Informal and Incidental Learning. New Directions for Adult and Continuing Education, 89, S. 25-34

Overwien, B. (2001): Debatten, Begriffsbestimmungen und Forschungsansätze zum informellen Lernen und zum Erfahrungslernen. In: Senatsverwaltung für Arbeit, Soziales und Frauen: Tagungsband zum Kongress. Der flexible Mensch. Berlin, S. 359-376

Schwuchow, K. (2009): Paradigmenwechsel in der Personalarbeit. Personalwirtschaft, 7, 2009, S. 26-27

Seufert, S. (2007): Benchmark Studie II. Ergebnisse der Fallstudien zu transferorientiertem Bildungsmanagement. St. Gallen: Arbeitsbericht 14 des Swiss Centre for Innovations in Learning. St. Gallen

Seufert, S./Moisseeva, M./Steinbeck, R. (2001): Online Learning Communities: Managing the Paradox? In: Proceedings of the Syllabus Conference. Santa Clara

Watkins, K./Marsick, V. (1992): Informal and Incidental Learning. International Journal of Lifelong Education, 11(4), S. 287-300

Charlotte Heidsiek

Beratung und Organisationslernen

Zwischen Professionswissen und Anleitung zur Selbstreflexion

Die Frage nach dem Beitrag des organisationspädagogischen Diskurses zum Organisationslernen in Hinsicht auf die Untersuchung von Organisationsberatung steht im Zentrum der folgenden Betrachtungen. Bereits seit den 1960er Jahren wurde Beratung im deutschsprachigen Raum als „pädagogisches Phänomen" diskutiert (Göhlich/König/Schwarzer 2007, S. 7). Lange Zeit allerdings beschränkte sich die pädagogische Diskussion zur Beratung auf individuelle Lern- und Entwicklungsprozesse. Psychosoziale Einzelberatung, Familienberatung und Bildungs- und Berufsberatung prägen nach wie vor die pädagogische Beratungspraxis und -forschung (vgl. Arnold/Gieseke/Zeuner 2009). Zunehmend etabliert sich die Organisationsberatung als neues Handlungs- und Forschungsfeld – so betonen Göhlich/König/Schwarzer, Beratung werde in einer Gesellschaft, die sich selbst und ihre Mitglieder zunehmend lebenslangem Lernen verschreibt, zu einer Aufgabe, die sich auf Individuen jeden Alters, unterschiedliche Gruppen und auch auf Organisationen bezieht. Beratung in und von Organisationen definieren sie als „Unterstützung individueller, kollektiver und organisationaler Lernprozesse", womit deutlich der pädagogische Bezugspunkt zur Organisationsberatung herausgearbeitet wird (ebd. 2007, S. 7)[1]. Wird die Relevanz pädagogischen Wissens für die Organisationsberatung – zumindest aus organisationspädagogischer Perspektive – nicht mehr in Frage gestellt, bleibt dennoch offen, was konkret das pädagogische Wissen ausmacht und inwiefern Erkenntnisse organisationspädagogischer Forschung auf Organisationsberatung bezogen werden können – und im Sinne der Handlungsforschung, welche Rückschlüsse auf pädagogische Beratungsforschung gezogen werden können.

Um diesen Fragen nachzugehen wird im ersten Schritt auf die allgemeinen Entwicklungen der Organisationsberatung und deren Rezeption in der Organisationspädagogik eingegangen (1). Daran anschließend stellt sich die Frage nach dem aktuellen Professionalisierungsgrad von Organisationsberatung (2). Stellt sich als Kernelement professioneller Beratung (Selbst-)Reflexion heraus, wird

---

[1] Auch auf der Tagung der AG Organisationspädagogik „Organisation und Beratung" in Marburg im Jahr 2009 nahm Organisationsberatung eine zentrale Stellung ein (vgl. Göhlich/Seitter/Weber 2010).

im dritten Teil geklärt, welches Potenzial der organisationspädagogische Diskurs zum Organisationslernen zur Untersuchung von Prozessen der Selbstreflexion in der Organisationsberatung bereit hält (3). Hierbei zeigt sich die doppelte Funktion von Organisationslernen für die Beratung – nämlich zum einen als Professionswissen und zum anderen als Anleitung zur Selbstreflexion im Sinne einer Professionalisierungsstrategie.

1. Allgemeine Entwicklungen in und der aktuelle organisationspädagogische Diskurs zur Organisationsberatung

Der Pädagogik – insbesondere der Organisationspädagogik – eröffnet sich mit Organisationsberatung ein breites und bereits erkanntes Forschungsfeld (vgl. Geißler 2009; Göhlich/Schwarzer/König 2007; König/Volmer 1996; Schäffter 2009; Heidsiek 2009). Geißler, der die Erforschung der Interdependenzen von Organisationspädagogik und Organisationsberatung maßgeblich prägt, schätzt deren Bedeutung für die Organisationsforschung besonders hoch ein, „weil hier das Steuerungspotenzial der Organisationspädagogik am größten ist" (Geißler 2009, S. 245).

Abb. 1: Die vier Subsysteme der Organisationspädagogik (Geißler 2009, S. 245)

Er formuliert vier Subsysteme der Organisationspädagogik (vgl. Abb. 1):

- Subsystem 1: Die Interaktion der Organisation mit der Gesellschaft, d.h. mit ihren Kunden, Lieferanten und Stakeholdern, also mit allen, die von den Aktivitäten und Entscheidungen der Organisation direkt und indirekt betroffen sind.
- Subsystem 2: Die Interaktion der Organisationsmitglieder innerhalb und zwischen den Funktionsbereichen und Hierarchieebenen der Organisation.
- Subsystem 3: Die Interaktion organisationsexterner Berater mit Organisationsmitgliedern, -gruppen und -einheiten.
- Subsystem 4: Die Interaktion der Wissenschaft mit organisationsexternen Beratern.

Diese Grafik hebt die Bedeutung der Organisationsberaterinnen für die Entwicklung von Organisationen hervor. Berater stellen für Geißler die zentrale Schnittstelle zwischen wissenschaftlicher Erkenntnis und dem Lernen der Organisation dar und er formuliert den Auftrag, der sich daraus für die Organisationspädagogik ableiten lässt: Ziel ist es, in allen vier Subsystemen Bildung auf individueller, gruppendynamischer, organisationaler und auch auf gesellschaftlicher Ebene zu ermöglichen – und zwar mithilfe eines offenen und wertschätzenden Dialogs in Anlehnung an das Konzept der helfenden Beziehung nach Schein (2003) (vgl. Geißler 2009).

Organisationsberaterinnen sollten also Bildungsprozesse ermöglichen. Mit dieser Anforderung rücken Beraterinnen in das Zentrum organisationspädagogischer Forschung und es stellt sich zugleich die Frage, wie sie dieser verantwortungsvollen Aufgabe nachkommen können bzw. was eigentlich professionelle Beratung charakterisiert. Bevor der organisationspädagogische Diskurs zur Beantwortung dieser Frage bemüht werden soll, lohnt es sich, die allgemeinen Entwicklungen im Beratungsbereich und dessen Professionalisierungsprozess zu rekonstruieren.

International betrachtet hat die Organisationsberatung ihren Ursprung in den USA zu Beginn des 20. Jahrhunderts. Dort waren es zunächst die aufkommenden Taylor´schen Prinzipien der Arbeitsteilung, die zu einer Nachfrage nach unternehmensexterner Expertise führten – Beratung ist hier als Expertenberatung im Unterschied zur Prozessberatung zu verstehen (vgl. Schein 2003). Nach dem zweiten Weltkrieg nahm die Zahl der Beraterinnen aufgrund der wirtschaftlichen Dynamik zu und auch Beratungsthemen und -felder differenzierten sich aus. Betrachtet man die Entwicklungen in Deutschland ist auch hier ein rasanter Anstieg an Beratern zu vermerken. Waren es Ende der 1970er Jahre noch etwa 5.000 Berater in knapp 2.000 Beratungsunternehmen, stieg die Zahl bis 2008 deutlich auf über 80.000 Berater in 14.000 Unternehmen. Auch der Umsatz kann sich sehen lassen: Nach dem konjunkturbedingten Rückgang 2002 und 2003 wurde im Jahr 2008 ein Umsatz von 18,2 Milliarden Euro verzeichnet (vgl. Schnieder 2009, S. 1). Der Anteil der Organisationsberatung bzw. Prozessberatung am Umsatz 2008 lag bei 44,4%, so dass man ohne Weiteres von einem hohen Stellenwert dieses Beratungsfeldes – neben der Strategie-, IT-Beratung oder dem Coachingbereich – sprechen kann. Inwiefern sich die Einbrüche durch die Weltwirtschaftskrise auswirken, bleibt offen. Dennoch kann festgehalten werden, dass sich die Beraterbranche zu einer gereiften und etablierten Branche entwickelt hat – zumindest in quantitativer Hinsicht (vgl. ebd.). Kann man aber zusätzlich zu deren Etablierung davon sprechen, dass sich Organisationsberatung professionalisiert hat bzw. dass sich die Qualität von Beratung verbessert hat?

Grundsätzlich nehmen Organisationsberaterinnen für sich in Anspruch, eine höherwertige, anspruchsvolle Dienstleistung zu erbringen. Die in diesem Kontext erforderlichen Kompetenzen müssen sie jedoch qua Gesetz nicht nachweisen: Das Fehlen eines gesetzlichen Berufsrechts führt dazu, dass es keine formalen Zugangsbarrieren zur Beratungstätigkeit gibt. Beraterinnen bleibt offen, ob sie einem Berufsverband beitreten, um ihre Professionalität zu beweisen. Die Diversifizierung im Beratungsmarkt und die geringen Zugangshürden führen zu den viel zitierten „schwarzen Schafen", die ohne grundlegende Ausbildung oder Berufserfahrung Beratungsdienste anbieten und einen zweifelhaften Mehrwert versprechen. So ist es nicht verwunderlich aber begrüßenswert, dass zunehmend der Markt selbst die Qualität von Organisationsberatung einfordert. Beraterinnen sollen nicht mehr nur Vorschläge für Problemlösungen erarbeiten, sondern auch die Umsetzung in der Praxis begleiten – Mohe spricht von Klientenprofessionalisierung (vgl. Mohe 2003). König geht sogar davon aus, dass Beratung nur möglich sei, wenn Beraterinnen sowohl über Prozessmacht im Sinne der Steuerung des Prozesses als auch inhaltliche Macht verfügen, d.h. den Klienten zu bestimmten inhaltlichen Handlungen zu veranlassen (vgl. König 2007, S. 39ff.). Der Grad der Professionalisierung der Beraterinnen bleibt also eine Kernfrage, wenn man an einer Verbesserung der Qualität interessiert ist. Aber welche Kriterien muss eine professionelle Organisationsberatung erfüllen?

2. Professionelle Organisationsberatung – mit Blick auf die Professionsforschung

Stellt man die Frage nach dem Professionalisierungsgrad von Organisationsberatung, empfiehlt es sich für eine systematische Analyse, einen Blick auf den professionstheoretischen Diskurs zu werfen. Insbesondere in der Arbeits- und Berufssoziologie wurden konkrete Merkmale herausgearbeitet, an denen Professionalität gemessen werden soll (vgl. Hartmann u.a. 1982; Stichweh 1994). Auf allgemeiner Ebene versteht Werner Obrecht unter professioneller Handlung „eine besondere Form planvoller und damit selbstbewusster Handlungen im Hinblick auf eine explizites Ziel, das unter Anwendung professioneller Verfah-

ren der Problembearbeitung zu erreichen versucht" wird (Obrecht 2009, S. 60f.).
Professionalisierung meint hierbei den Prozess,

> „in dessen Verlauf es a) zur Entwicklung von professionellem, d.h. handlungswissen-
> schaftlichem Wissen kommt (disziplinärer Aspekt), auf dessen Grundlage b) Ausbil-
> dungsinstitutionen Studierende zu Professionellen ausbilden (personaler Aspekt), die c)
> in der Folge zu Mitgliedern einer Profession werden und solche d) im Rahmen für pro-
> fessionelle Arbeit ausgelegten Stellen von Organisationen in systematischer Weise (all-
> gemeine Handlungstheorie) praktische, d.h. physikalische, biologische, psychische oder
> soziale Probleme in einer professionellen Weise, d.h. unter Verwendung wissenschafts-
> basierter Verfahren bearbeiten. Ein Professionaliserungsprozess ist erfolgreich, wenn es
> einer Profession gelingt, ihre Zuständigkeitsansprüche innerhalb eines großen Teils der
> mit der Bearbeitung einschlägiger praktischer Probleme befassten Institutionen (Organi-
> sationen) durchzusetzen." (Obrecht 2009, S. 61)

Mit dem Hinweis Obrechts auf Ausbildungsinstitutionen, die professionelles
Wissen vermitteln, liegt er nahe bei den Vorstellungen Stichwehs (1994) zur
Professionalität. Demnach ist das Hauptkennzeichen von Professionalität eine
Spezialisierung und Akademisierung des Berufswissens, das zu spezifischen
Kompetenzen führt und den Status von Experten verleiht. Zudem ergänzt Pro-
fessionalität eine Praxis fundierende Theorie in Hinsicht auf Qualifizierung,
Rekrutierung, Selbstverständnis und Organisationen – d.h. es gibt festgelegte
Ausbildungs- und Fortbildungswege, der Zugang zu beruflicher Tätigkeit ist an
bestimmte Voraussetzungen geknüpft, die Entwicklung eines professionalisie-
rungstypischen Ethos, mit dem spezifische Einkommens- und Aufstiegschancen
einhergehen und Berufsverbände, die der Interessenvertretung und -durchset-
zung und der kollegialen Binnenkontrolle dienen. Wie sieht es im Hinblick auf
diese Kriterien von Professionalität mittlerweile bei der Organisationsberatung
aus?

Im Gegensatz zu Professionen oder Berufen im klassischen Sinn, gibt es in
der Aus- und Weiterbildung zur Organisationsberatung keine festgelegten Curricula oder festgeschriebene Qualifikationsinhalte. Die Inhalte erschließen sich
aus den Praxisanforderungen und werden vom jeweiligen Anbieter bestimmt:
Der Markt regelt die Nachfrage. Größere Beratungsunternehmen verfügen mittlerweile über eigene Corporate Universities, die den Aus- und Weiterbildungs-
bedarf ihrer Beraterinnen entsprechend den eigenen normativen Vorstellungen
decken (vgl. Niedereichholz 2008, S. 1). Für kleine und mittlere Beratungsorganisationen, Ein-Mann-Unternehmen und Mitarbeiterinnen von organisationsinternen Beratungseinheiten stellt der Weiterbildungsmarkt entsprechende Angebote bereit. Die Entwicklungen der Weiterbildungsangebote mit Titeln wie
„Systemische Beratung", „Organisationsentwicklung", „Coaching" oder „Prozessberatung", sind von einer großen Dynamik geprägt, deren Qualität stark
vom Engagement und der Anerkennung der Verantwortlichen und deren Netz-
werk abhängt – und von der didaktischen Kompetenz. Anders verhält es sich mit

den Mastern im Bereich der Organisationberatung, die an Universitäten und Hochschulen angeboten werden. Mittlerweile gibt es im Zuge der Bologna-Reform 22 akkredierte Masterstudiengänge im Bereich Beratung in Deutschland, die fakultätsübergreifend angeboten werden und die sich in unterschiedlicher Intensität mit Organisationsberatung befassen.[2] Die Master können in betriebswirtschaftlichen, (sozial-)pädagogischen und psychologischen Fakultäten und Fachbereichen an Hochschulen und Universitäten erworben werden und zeugen damit von der Spezialisierung und Akademisierung des Berufswissens in der Organisationsberatung. Inwiefern sich die Ausbildung der Beraterinnen als Qualitätsmerkmal bei den Klienten und auch bei Beraterinnen durchsetzt, ist noch zu prüfen.

Im Hinblick auf die Etablierung von Berufsverbänden ist der Berufsverband deutscher Unternehmensberatungen BDU e.V. zu erwähnen, der über Aufnahmekriterien verfügt[3], nach erfolgreicher Begutachtung den Titel „Certified Management Consultant" vergibt und Qualitätsstandards für Beratungsprozesse aufgestellt hat. Der BDU hat sich auf neun Grundsätze geeinigt, die das Verhalten der Mitglieder in den Beziehungen zu Klienten, Interessenten, Mitarbeitern, Bewerbern, Lieferanten, Verbänden und der Öffentlichkeit bestimmen sollen:

- Fachliche Kompetenz
- Seriosität und Effektivität
- Objektivität, Neutralität und Eigenverantwortlichkeit
- Unvereinbare Tätigkeiten
- Vertraulichkeit
- Unterlassung von Abwerbung
- Fairer Wettbewerb
- Angemessene Preisbildung
- Seriöse Werbung

An oberster Stelle steht die Fachkompetenz, wobei nicht konkretisiert wird, was genau darunter zu verstehen ist – der Aspekt der Beratungskompetenz wird bspw. nicht differenziert betrachtet[4]. Zumindest wird bei dem Punkt „Seriosität

---

[2] Zusätzlich werden an neun weiteren Universitäten und Hochschulen akkreditierte Studiengänge zum Thema „Organisationsentwicklung" angeboten.

[3] Die Aufnahmekriterien lauten: Nachweis der beruflichen Eignung (Vita), 5 Jahre Berufserfahrung als Unternehmensberater, 3 Jahre Selbstständigkeit oder Leitungsfunktion als Unternehmensberater, 3 exzellente Kundenreferenzen, 2 Fachinterviews mit BDU-Unternehmensberatern, Verpflichtung auf BDU-Berufsgrundsätze, Berufsaufsicht durch den 5-köpfigen BDU-Ehrenrat (vgl. Qualitätsstandards des BDU).

[4] Cuvry/Kossack/Zeuner bspw. konkretisieren professionelle Handlungskompetenz von Beraterinnen in den vier Bereichen Fach-/Methodenkompetenzen, soziale Kompetenzen und reflexive Kompetenzen (2008, S. 19ff.) – sie beziehen sich eher auf personenbezogene

und Effektivität" auf den Zusammenhang von „sachlicher Lösung" und
„menschlichen Beziehungen" hingewiesen; so heißt es dort: „Unternehmensberater sind sich bewusst, dass neben der sachlichen Lösung die menschlichen Beziehungen große Bedeutung besitzen. Sie bemühen sich deshalb um eine
harmonische Zusammenarbeit mit dem Auftraggeber und seinen Mitarbeitern"
(BDU Qualitätsstandards). Irritiert an dieser Stelle bereits – vielleicht ist es die
pädagogische Brille, mit der diese Standards gelesen wurden –, dass der Begriff
„Beratung" bei den Qualitätsstandards nicht weiter konkretisiert wird, dürfte zu
noch größerer Verwirrung die Erkenntnis führen, dass mit „Neutralität" nicht die
Neutralität gegenüber dem Klienten gemeint ist, sondern diejenige in Bezug auf
„Lieferanten von Geräten, Hilfsmitteln und Diensten, die zur Verwirklichung
ihrer Vorschläge erforderlich sind" (ebd.). Spätestens an dieser Stelle dürfte den
Beratungskundigen klar sein, dass Zielgruppe des BDU nicht Organisationsberater sind, wie sie bspw. bei Göhlich/König/Schwarzer (2007) angesprochen
wurde, nämlich diejenigen, die sich mit der Unterstützung individueller, kollektiver und organisationaler Lernprozesse befassen. Der BDU scheint sich im
Schwerpunkt auf die klassischen Expertenberater zu beziehen – und missachtet
dabei die Entwicklungen auf dem Beratermarkt, die für die Etablierung von Organisationsberatung im Sinne von Prozessberatung stehen.[5]
    Als Zwischenfazit lässt sich festhalten, dass sich Organisationsberatung aus-
gehend von den arbeits- und berufssoziologischen Kriterien von Professionalität
– ähnlich wie Faulstich/Zeuner (2009) es für die Erwachsenenbildung feststellen
– „auf dem Weg zu einer stärkeren Professionalisierung" befindet (S. 15), was
sich u.a. an der Formulierung ethischer Prinzipien, dem Berufsverband BDU
und der voranschreitenden Akademisierung des Berufswissens festmachen lässt.
Mit Bernd Dewe ist allerdings kritisch zu hinterfragen, ob diese Entwicklungen
tatsächlich zu einer Professionalisierung von Organisationsberatung führen.
Dewe fragt nach dem Professionswissen von Weiterbildnern und kommt zu dem
Schluss, dass „professionelle Wissensbasis *nicht von außen* und *vorab substantiell* bestimmbar oder vermittelbar ist, sondern stets nur am empirisch beobachtbaren Handeln ... *im Kontext der Wissensanwendung*, also *ex post*, rekonstruiert
werden kann" (Dewe 1999, S. 714). Überträgt man diese Erkenntnisse auf die
Professionalisierung von Organisationsberatung, kann festgehalten werden, dass
z.B. die Akademisierung einen wichtigen Meilenstein auf dem Weg zur Profes-

---

Beratung und es ist zu überprüfen, inwiefern diese vier Kompetenzbereiche auf
organisationsbezogene Beratung übertragen werden können.
[5] Neben dem Verband BDU gibt es noch den Berufsverband Training Organisationsberatung
Coaching e.V. (http://www.trainerverband.de/). Leider konnten weder auf der Homepage
noch auf mehrfache telefonische Nachfrage hin Informationen zu Qualitätsstandards oder zu
professioneller Beratung eingeholt werden.

sionalisierung darstellt, die entscheidende Komponente zu mehr Professionalität präsentiert sich allerdings in der (Selbst-)Reflexion (vgl. Heidsiek 2009)[6]:

> „Es kann nicht nur durch Beobachtung von außen, sondern ebenso durch Selbstreflexion zur Sprache gebracht werden, indem der professionell Handelnde (…) selbst sein ‚know how' in ein ‚knowing that' zu überführen sucht (…). Sofern Professionalität in der Relationierung zweier differenter Wissens- und Handlungssphären aufgeht, wozu wiederum Distanz vonnöten ist, bezeichnet (Selbst-)Reflexion im Sinne der Steigerung des ‚knowing that' zu jederzeit verfügbares Wissen darüber, was man tut, die entscheidende Komponente (…)." (Dewe 1999, S. 748f.)

Bei der Analyse des Spannungsverhältnisses zwischen ‚knowing how' und ‚knowing that' in der Organisationsberatung und der Bedeutung der Selbstreflexion kann die Rezeption des organisationspädagogischen Diskurses zum Organisationslernen von besonderer Bedeutung sein. Organisationslernen kann nämlich eine doppelte Funktion im Hinblick auf die Professionalisierung der Organisationsberatung einnehmen: zum einen im Sinne von Organisationslernen als Professionswissen und zum anderen von Organisationslernen als zentrale Orientierung auf dem Wege der Selbstreflexion.

3. Organisationslernen als doppelte Professionalisierung von Beratung: professionelles Wissen und Anleitung zur Selbstreflexion

Der organisationspädagogische Diskurs zum Organisationslernen kann auf zweifache Weise zur Untersuchung des Professionalisierungsprozesses von Organisationsberatung beitragen: Auf der Ebene des Professionswissens gilt es zu klären, „*was* sinnvoll gelernt werden sollte bzw. *warum* etwas gelernt und gelehrt werden sollte" (Geißler 2000, S. 9) und zwar in der Hinsicht, welches Wissen über Organisationslernen für Organisationsberaterinnen wichtig ist; auf der Ebene der Anleitung zur Selbstreflexion können die Erkenntnisse des Organisationslernens und der verschiedenen Stufen Impulse zur Reflexion auf Seiten der Berater selbst liefern. Im Folgenden sollen die beiden Ebenen mithilfe der organisationspädagogischen Erkenntnisse von Harald Geißler angedeutet werden.[7]

---

[6] Auch Obrecht (2009) geht von einem Professionsverständnis aus, das auf selbstbewussten Handlungen basiert, die wiederum nur mithilfe von Selbstreflexion ermöglicht werden können.

[7] Zu analysieren wäre an dieser Stelle, welches Potenzial auch die Arbeiten von Michael Göhlich oder Ortfried Schäffter für das Professionswissen von Beratern in sich bergen. Göhlich unterscheidet vier Lerndimensionen: Wissens-, Könnens-, Leben- und Lernenlernen (vgl. Göhlich 2007, S. 222). Schäffter (2000, S. 50ff.) stellt in den Mittelpunkt seiner Untersuchungen Organisationsberatung von Weiterbildungseinrichtungen und vertieft die Beratungsfähigkeit in der Organisation und Prozesse aktiver Selbststeuerung. Aufgrund des Umfangs kann dieser Vergleich an dieser Stelle nicht geleistet werden.

Kernstück der Theorie zum Organisationslernen nach Geißler ist die Unterscheidung der drei Lernstufen operatives Anpassungslernen, strategisches Erschließungslernen und normatives Identitätslernen als Erweiterung zum Ansatz von Argyris/Schön (1978). Im Hinblick auf die Leitkategorie Bildung ist normatives Identitätslernen von besonderer Bedeutung. Während die ersten beiden Lernstufen die zweckrationale Anpassung bzw. Erschließung alternativer Handlungsoptionen zum Ziel haben, werden mit normativem Identitätslernen Normen und Werte revidiert und modifiziert – diese Veränderung der Wertebasis kann als Bildungsprozess interpretiert werden (vgl. Geißler 2000, S. 51ff.).

Fasst man nun die Aufgabe von Organisationsberatung als die Unterstützung individuellen und organisationalen Lernens auf, gilt es mithilfe von Beraterinnen einen wertrationalen Diskurs im Sinne des normativen Identitätslernens in Organisationen zu ermöglichen, dessen Ziel es ist, Bildung zu ermöglichen. Mit dieser fast revolutionären Interpretation der Aufgabe von Organisationsberatung – nämlich Bildung zu ermöglichen – geht das Professionswissen um die Auswirkungen von Machtstrukturen, der Paradoxie von Bildung (Bildung ist dann funktional, wenn sie den bisherigen Rahmen von Funktionalität sprengt), der Konvergenz von Ökonomie und Bildung bzw. der Dominanz des ökonomischen Diskurses und den Konsequenzen für Bildungsprozesse und den Umgang mit Heterogenität (Konsens versus Diszenz) einher (vgl. Heidsiek 2009, S. 83ff.). An diese Vorstellungen von Organisationsberatung und ihre Möglichkeiten, Organisationslernen im organisationspädagogischen Sinne zu ermöglichen, knüpft die konkrete Erfordernis an, dass Beratungsorganisationen ihre eigenen organisationalen Lernprozess initiieren sollten.

Warum sollten Beratungsorganisationen ihre Werte in dieser Hinsicht reflektieren? Geißler unterscheidet zwischen explizitem und implizitem Organisationslernen. Unter implizitem Organisationslernen ist der evolutionäre, unreflektierte Entwicklungsprozess einer Organisation zu verstehen; explizites Organisationslernen ermöglicht die Reflexion der implizit gewachsenen Strukturen, d.h. Organisationen fragen sich, inwiefern die vorhandenen Werte und Normen – und die damit einhergehenden Ziele, Strategien und Prozesse – überhaupt zu den aktuellen gesellschaftlichen Rahmenbedingungen passen. Dass die dominierende Orientierung am ökonomischen Diskurs und das Festhalten an bestehenden hierarchischen Strukturen aus organisationspädagogischer Perspektive nicht mehr dazu passt, verdeutlicht die Defintion von Göhlich zu der Frage, was eine „gute Organisation" ausmacht:

> „,Gute' Organisationen und die zu solchen beitragende Beratung zeichnen sich durch eine Lernunterstützungspraxis aus, welche die eingesetzte sowie die generierte Macht an den Kriterien der Stärkung aller potentiell Lernenden und der Ermöglichung weiteren Lernens prüft und zu regulieren sucht." (Göhlich 2007, S. 18)

Erkennt eine Beratergesellschaft ihren „Bildungsauftrag" an bzw. orientiert sie in Beratungsprojekten an normativem Identitätslernen, sind die drei Lernebenen auch als Analysevorlage für die Reflexion von Beratungsprozessen zu nutzen, und sie dienen der Orientierung für explizites Organisationslernen. Initiieren Beratungsorganisationen oder auch einzelne Beraterinnen diese Form von Organisationslernen, reflektieren sie – wie von Göhlich gefordert – das „Verhältnis von Exzellenz und Ethik" und sie bewegen sich damit wieder ein Stück mehr in Richtung professionelle Beratung (Göhlich 2007, S. 36).

Diese Lernprozesse sind dann sowohl von praktischer Relevanz als auch – in dokumentierter Form – für den wissenschaftlichen Diskurs wichtig, wie die empirische Analyse eines Beratungsprozesses und die Rekonstruktion einer durchgeführten Supervision als Reflexionsform zeigt. In dieser Rekonstruktion eines Beratungsprojektes wird allerdings auch deutlich, welche Herausforderungen ein solcher Reflexionsprozess mit sich bringt – z.B. der Einfluss von Macht und Hierarchie auf die Intensität und Richtung der Reflexion – und welches Konfliktpotenzial Reflexion in sich birgt (vgl. Heidsiek 2009).

Abschließend lässt sich festhalten, dass die drei Bereiche Beratung, Organisationslernen und Professionalisierung sowohl einzeln für sich betrachtet als auch in der Zusammenschau und im Hinblick auf Synergieeffekte jeweils neue Herausforderungen für die (organisations-)pädagogische Forschung mit sich bringen. Allerdings – und das hoffen wir auch mit dieser Festschrift zu zeigen – halten die Organisationspädagogik und der Diskurs zum Organisationslernen einige wichtige Impulse für die Untersuchung und Weiterentwicklung der Organisationsberatung parat, bei denen sowohl die inner-disziplinäre als auch die disziplinübergreifende Diskussion wertvoll sein können.

Literatur

Arnold, R./Gieseke, W./Zeuner, C. (2009): Bildungsberatung im Dialog. Hohengehren

BDU: Qualitätsstandards des Berufsverbands Deutscher Unternehmensberatungen. [Internet-quelle http://www.bdu.de/qualitaetsstandard.html; Stand 24.11.2009]

Dewe, B. (1999): Das Professionswissen von Weiterbildern: Klientenbezug – Fachbezug. In: A. Combe/W. Helsper (Hrsg.): Pädagogische Professionalität. Untersuchungen zum Typus pädagogischen Handelns. Frankfurt a.M., S. 714-757

Cuvry, A.d./Kossack, P./Zeuner, Chr. (2008): Das Hamburger Strukturmodell zur Bildungs-beratung. In: Hessische Blätter für Volksbildung. Heft 4, S. 19-28

Geißler, H. (2009): Das Pädagogische der Organisationspädagogik. In: Göhlich, M./Weber, S. M./Wolff, S. (Hrsg.): Organisation und Erfahrung. Beiträge der AG Organisationspä-dagogik. Wiesbaden, S. 239-249

Göhlich, M. (2007): Organisationslernen. In: Ders./C. Wulf/J. Zirfas (Hrsg.): Pädagogische Theorien des Lernens. Weinheim/Basel, S. 222-232

Göhlich, M./Schwarzer, Chr./König, E. (2007): Beratung, Macht und organisationales Lernen. Wiesbaden

Göhlich, M. (2007): „Gute Organisationen"? Organisationsinterne Beratung zwischen Exzel-lenz und Ethik. In: Ders./Chr. Schwarzer/E. König (Hrsg.): Beratung, Macht und organi-sationales Lernen. Wiesbaden, S. 23-38

Göhlich, M./Seitter, W./Weber, S. (2010): Organisation und Beratung. Wiesbaden (im Druck)

Heidsiek, Ch. (2009): Reflexion und Organisationsberatung. Frankfurt a.M.

Faulstich, P./Zeuner, Chr. (2009): Erwachsenenbildung. Eine handlungsorientierte Einführung in Theorie, Didaktik und Adressaten. Weinheim/München

Hartmann, L. u.a. (1982): „Vom Elend der Experten: Zwischen Akademisierung und Depro-fessionalisierung". In: Kölner Zeitschrift für Soziologie und Sozialpsychologie, Heft 24, S. 193-223

König, E./Volmer, G. (1996): Beratung. In: H. Hierdeis/T. Hug (Hrsg.): Taschenbuch der Pä-dagogik. Bd. 1. Hohengehren, S. 121-130

König, E. (2007): Die Macht der Berater. Komplementarität im Rahmen von Organisationsbe-ratung. In: M. Göhlich/Chr. Schwarzer/E. König (2007): Beratung, Macht und organisati-onales Lernen. Wiesbaden, S. 39-48

Mohe, M. (2003): Klientenprofessionalisierung: Strategien und Perspektiven eines professio-nellen Umgangs mit Unternehmensberatung. Marburg

Niedereichholz, C. (2008): Aus- und Weiterbildung in der Unternehmensberatung – Wissen als Erfolgsfaktor im Consulting. In: Handbuch der Unternehmenberatung, S. 1-19

Schäffter, O. (2000): Organisationsberatung als Lernberatung von Organisationen. In: Litera-tur- und Forschungsreport: Beratung. Heft 46, S. 50-60

Schäffter, O. (2009): Eine Professionstheorie der Beratung als Horizont für neue Beratungs-felder. In: K. Obermeyer/M. Bauseler/H. Hallier/C. Lenz von Leutner (Hrsg.): Beratung im Wandel: Analysen, Praxis, Herausforderungen. Berlin, S. 59-89

Schein, E. (2003): Prozessberatung für die Organisation der Zukunft. Der Aufbau einer helfenden Beziehung. Köln

Schnieder, A. (2009): Entwicklung und Struktur der Beraterbranche. In: Handbuch der Unternehmensberatung. 10. Aufl., S. 1-12

Stichweh, R. (1994): Wissenschaft, Universität, Profession. Frankfurt a.M.

Obrecht, W. (2009): Die Struktur professionellen Wissens. Ein integrativer Beitrag zur Theorie der Professionalisierung. In: R. Becker-Lenz/S. Busse/G. Ehler/S. Müller (Hrsg.): Profession in der sozialen Arbeit: Standpunkte, Kontroversen, Perspektiven. Wiesbaden, S. 47-72

Internetquelle:

http://www.hochschulkompass.de/studium/studienmoeglichkeiten-weiterfuehrend/weiterfuehrendes-studienangebot-suchen.html [Stand: 12.11.2009; 11:28]

http://www.trainerverband.de/ [Stand: 07.12.2009; 8:54]

Maren Metz

Virtuelles Coaching – ein internetbasiertes selbstgesteuertes Reflexionsprogramm

Der Berufsalltag entwickelt sich zunehmend zur Lernwelt. Begriffe wie Lebenslanges Lernen und Organisationslernen verweisen auf die permanent nötige Anpassungs- und Entwicklungsbereitschaft von Individuum und Organisationen. Innerhalb dieser Veränderungsbereitschaft gewinnt das selbstgesteuerte Lernen an großer Bedeutung.

Dieses selbstinitiierte Lernen geschieht durch eine Informationsgewinnung, die Nutzung des vorhandenen Wissens, eine Analyse der Situation, die Veränderung innerhalb der systemischen Bedingungen und das Erkennen emotionaler Grundstrukturen (vgl. Jetter/Skrotzki 2005). Für diese Willensanstrengung Neues anzugehen, muss man sich Aufmerksamkeit schenken, sich selber zuhören, sich hinterfragen und Hintergründe und Motive ergründen (vgl. Große Boes/Kaseric 2006). Erst durch diese individuelle Reflexion wird selbstgesteuertes Lernen erfolgreich. Selbstreflexion muss aber auch unterstützt werden durch ein geeignetes Selbstlernarrangement und zwar weg von traditionellen Lernformen hin zu neuen Technologien und innovativen Qualifizierungskonzepten. Lernprozesse lösen sich nämlich „aus der Realität heraus und verlagern sich immer mehr in die Virtualität" (Benke 2008, S. 194). Eines dieser multimedialen, selbstgesteuerten Lernarrangements ist das *virtuelle Coaching.*

1. Entwicklungsgeschichte des virtuellen Coachings

Virtuelles Coaching ist ein standardisiertes, didaktisches Rahmenprogramm mit einer Bereitstellung von technischen Möglichkeiten, einer Anleitung der Programmnutzung und dem Angebot, zusätzlich personale Ressourcen, wie die eines Coaches, zu nutzen (vgl. Geißler 2008). Das Ziel ist es, die tagtäglichen ‚Ereignisströme', mit denen ein Mensch konfrontiert wird, in einen vorstrukturierten Rahmen zu bringen, um diese bewusst zu steuern, sowie eine Effizienzsteigerung in der persönlichen *Lern- und Reflexionsentwicklung* zu erreichen.

Inhaltlich ist das virtuelle Coaching eine Mischung aus Eigenreflexion und onlinebasiertem Lernen, das sich aus der Beratung entwickelt hat. Die erste internetbasierte Selbstlernplattform war die *Online-Beratung.* Diese hat sich seit den 80er Jahren zunächst in den USA entwickelt und dann in Deutschland hauptsächlich als Selbsthilfestruktur etabliert. Schwerpunktmäßig wurden Informationen, Selbsthilfetools und Fachberatung angeboten. Diese Lernplattform ist überwiegend eine Inhalts- und Lernverwaltung und somit eigenes Kommunikationsmanagement gesteuert durch den E-Mail-Kontakt (vgl. Knatz 2006). 1993 entstand daraus die psychologische Online-Beratung und drei Jahre später begann dann die verbreitete kommerzielle Nutzung von *Online-Therapie*. Ein erforschtes Beispiel eines Online-Therapiekonzeptes ist die Interapy (www. interapy.nl). Diese internetbasierte Psychotherapie wurde vor etwa 10 Jahren in den Niederlanden entwickelt und anhand des Krankheitsbildes der Postraumatischen Belastungsstörung (PTBS) evaluiert. Ziel der Online-Therapie ist es, die belastenden Symptome der PTBS lang anhaltend zu verbessern, was auch nachweislich gelang. Virtuelle Kommunikationsmedien wurden aber auch im Rahmen von neuen Lernplattformen in die Seminarkonzeptionen als *Online-Training* übertragen, wie bei der Bahn AG oder der Land Uptodate AG.

Aus diesen Online-Arrangements entwickelte sich dann das *E-Coaching*. Dieses virtuelle Angebot gilt als Sonderform von Coaching, erweitert durch digitale bzw. mediengestützte Methoden und Kommunikationskanäle. Es verbindet die Coachingvorstellungen mit E-Learning-Konzepten. Nach Kohn (2007) ist E-Coaching ein interaktiver Beratungs- und Betreuungsprozess mit mindestens einem Coach und einem Klienten.

Zu den Beratungskanälen des E-Coaching gehören das Intranet, das Internet, Netzwerke, das Telefon und Programme auf CD-Rom oder DVD. Die Interaktion im E-Coaching kann für Kohn (2007) durch eine direkte (z.B. Face-to-Face) oder indirekte Kommunikation mittels verschiedener Medien (z.B. Selbstcoachingbriefe, Web-based-Training, virtuelle Konferenzrunde) und virtueller Methoden, wie synchrone Kommunikationsmethoden (Online-Chat, virtuelle Konferenzen, Audio-Konferenzen etc.) und asynchrone Kommunikationsmethoden (Briefe, E-Mails, Foren, News-Groups, Pinnwände etc.) gestaltet werden. Das E-Coaching kann Handlungswissen übermitteln, Sach- und Faktenwissen weitergeben oder Verhaltens- und Beziehungsgestaltung unterstützen. Die Beziehungsgestaltung steht aber, wie im Face-To-Face Coaching, kontinuierlich im Fokus und grenzt sich damit von der Online-Beratung ab. Auch hinsichtlich der Zielgruppe, der Anlässe und des Settings bzw. des Gesamtkonzepts sind Differenzen zur Online-Beratung zu erkennen (vgl. Theis 2008).

2. Einsatzbereich des virtuellen Coachings

Im Bereich des E-Coachings unterscheidet Geißler (2008) im Detail das didaktisch offene E-Coaching und das virtuelle Coaching (didaktisch vorstrukturiertes E-Coaching). *Virtuelles Coaching* ist ein mediengestütztes Programm, das den Klienten bei der Bearbeitung seines Anliegens anleitet. Diese Anleitung orientiert sich an den mentalen Programmen professioneller Beratungsaktivitäten von Coaches. Das virtuelle Coaching ist für die Eigenanalyse derjenigen Themen

hilfreich, die der Person bekannt sind, die aber die Umwelt erst einmal nicht erfahren soll (siehe Abb. 1, Feld 3). Es kann aufgrund der Anonymität auch dann
eingesetzt werden, wenn die Thematisierung von Problemen generell schwer-
fällt. Eine intensive Beziehung zu einem Gegenüber muss im onlinebasierten
Coachingtool nicht zwangsläufig aufgebaut werden, so dass die ‚Geheimnisse'
einer Person nicht preisgegeben werden müssen. Der Nutzer braucht keine
Angst haben, dass er als Person verurteilt wird und kann seine Thematik erst
einmal für sich bearbeiten. Diese Selbstbearbeitung gelingt, weil dem virtuellen
Coachingkonzept Annahmen zugrunde liegen, wie: Der Klient kann seine
grundsätzlich aktuelle Problematik bzw. Herausforderung aus eigener Kraft bewältigen, wenn er eine Anleitung hat oder der Klient verfügt über alle Ressourcen, die für eine hinreichende Bewältigung seiner Problematik bzw. Herausforderung notwendig sind.

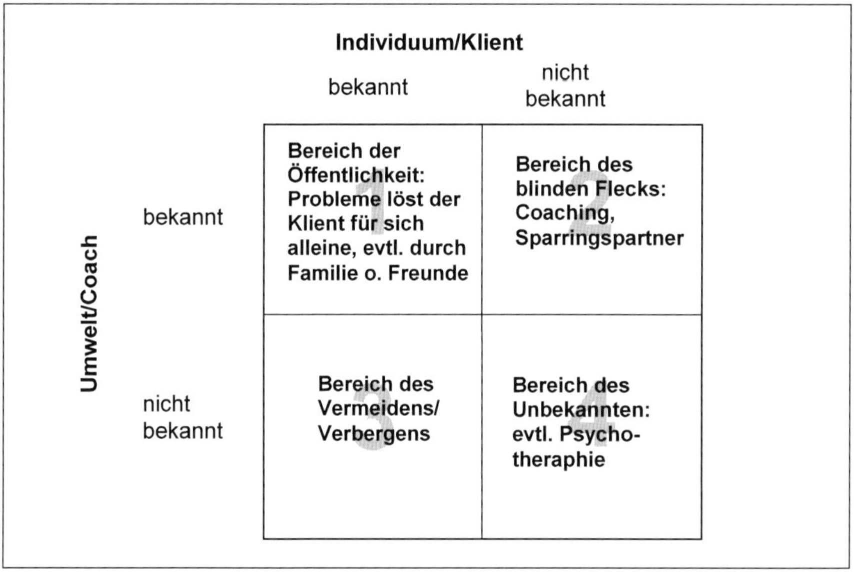

Abb. 1: Vier bearbeitbare Realitätsbereiche (nach Wissemann 2006)

Klassisches Face-to-Face-Coaching ist im Gegensatz dann hilfreich, wenn es um
die Aufdeckung des ‚Blinden Fleckes' (siehe Abb. 1, Feld 2) einer Person geht,
d.h. um Dinge, die für die Umwelt bekannt sind, aber welche die Person selber
nicht wahrnimmt. Bei einem guten Coaching würde auch der Bereich des Ver-
meidens (siehe Feld 3) zur Sprache kommen. In diesem Bereich ist eine intensive Beziehungsgestaltung nötig, damit erst einmal das Vertrauen vorhanden ist,
diese ‚Geheimnisse' auch vor sich selbst preiszugeben.

Der Bereich des Unbekannten (siehe Abb. 1, Feld 4) bedarf einer langen und intensiven Persönlichkeitsarbeit, die eher ins Setting einer Therapie gehört und somit auch für das virtuelle Coaching kein geeigneter Einsatzbereich ist. Psychotherapeutische Aspekte stehen bei diesem Tool im Hintergrund. Akute Krisen, Suizidalität und Gewalt sind in diesem Setting eher kontraindiziert (vgl. Förderation Schweizer Psychologen 2006). Virtuelles Coaching ist damit vielmehr ein ergänzendes Angebot zu den üblichen Personalentwicklungsmaßnahmen und insbesondere zum Face-To-Face-Coaching mit der Besonderheit, das selbstreflexive Betrachten zu schärfen.

3. Selbstexploratives Setting des virtuellen Tools

Virtuelles Coaching ist konzeptionell an die Vorstellungen von Blended Learning und E-Learning angelehnt (vgl. Kohn 2007). Grundlage sind *lösungsorientierte Fragen* aus den Konzepten des Coachings und der Beratung sowie aus unterschiedlichen Therapieformen. Die zu bearbeitende Fragestellung wird zunächst festgelegt und anhand der Fragearchitektur sukzessive beleuchtet, um eine Antwort zu bekommen oder sich weitere Handlungsmöglichkeiten zu erarbeiten.

Durch die schriftliche Beantwortung wird ein Reflexionsprozess angeregt. Die Antworten können überprüft und präzisiert werden. Ein erneutes Durchlesen der aufgeschriebenen Gedanken schafft eine weitere Vertiefung. Ein Coach kann in diesem Programm wahlweise und an unterschiedlichen Stellen im Prozess per Internetprogramm, E-Mail oder Telefon punktuell oder dauerhaft den Prozess, wie im E-Learning der Tutor, als lösungsorientierter Unterstützer begleiten oder die Ausarbeitung als Vertiefung für ein Face-to-Face Coaching nutzen. Durch die Verknüpfungen des individuellen Situationskontextes mit einer systemischen Betrachtungsweise können situative und multidimensionale Lösungen erarbeitet werden.

Ein virtuelles Setting setzt dabei generell eine unbefangene, selbstexplorative Haltung voraus (vgl. Schultze 2007). Daher ist virtuelles Coaching immer dann erfolgreich, wenn der Klient sich freiwillig und motiviert auf das Coaching einlässt. Für den Bearbeitungsprozess muss der Nutzer sich in sich und andere einfühlen können (Empathie); zwischen den eigenen Zeilen lesen und seine Bedürfnisse erkennen und verstehen; analytisch und strukturierend denken sowie gegensätzliche Argumente abwägen und seine Gedankengänge logisch darlegen können. Das Bewusstwerden bzw. die unbewusste Strategie im Bewussten erkennbar zu machen, setzt nach Watzlawick (1985) aber voraus, dass das Individuum an sich zweifelt und sich deshalb hinterfragt und ein Wille vorhanden ist, Veränderungen an das System anzuschließen (Annahme und Akzeptanz), d.h. kleinste Veränderungen zu nutzen, um das System zu bewegen, sich schlüssig mit dieser Änderung zu arrangieren, damit das System weiter funktioniert (Realitätscheck).

Damit sich ein System gestaltet, sich aufrecht erhält und sich im Sinne des Lernens entwickelt, bedarf es wiederum sozialer und selbstorganisierender Kompetenzen und Selbstmanagement. Selbstmanagement wird gebildet durch Prozesse der *Selbstregulation* (vgl. Kanfer/Reinecke/Schmelzer 2006). Selbstregulation ist die Anpassung des eigenen Verhaltens, gesteuert durch selbst gesteckte Ziele. Das Selbst ist dabei die Steuerungsinstanz dieses Selbstlernens und hat mit dem Grad der eigenen Selbstwahrnehmung zu tun. Menschen nehmen die Umwelt punktuell wahr und erzeugen so Bereiche, die im Verborgenen liegen, sogenannte blinde Flecken, oder übersehen Dinge, weil diese nicht in ihr Konstrukt der Wirklichkeit passen bzw. für sie nicht operationalisierbar sind. Der Betrachter konstruiert sich eigene Realitäten, die in Wechselwirkung zu anderen Systemen stehen (vgl. Schlipper/Schweitzer 2003). Das Subjekt steuert die Sinneswahrnehmungen, die Verbindung bzw. Kopplung des Aufgenommenen und die Selbstorganisation der Wahrnehmung (vgl. Watzlawick/Krieger 1991). Selbstregulierung findet im kontinuierlichen „Dialog mit sich selber und seinem Umfeld" statt (Hofmann/Linneweh/Streich 1997, S. 304). Das Handlungssystem, d.h. das Individuum verhält sich zielgerichtet und bildet eine Hierarchie der Präferenzen, die Entscheidungsregeln festlegen. Die umzusetzende Eigenregulation erfolgt durch eine ständige Verhaltensanpassung (Selbstkontrollverhalten). *Wirklichkeit* wird zum individuellen Produkt von Unterscheidungen und Abgrenzungen. Die „Wirklichkeit kann daher nie losgelöst gesehen werden von ihrem Betrachter" (Schlipper/Schweitzer 2003, S. 87). Der Betrachter ist damit auch alleine für seine Wahrheit verantwortlich. Die Komplexität der Wirklichkeit sollte daher auch nicht von außen beobachtet und auf Leitlinien reduziert werden, sondern aus der Sichtweise der Person konstruiert, erforscht und bewertet, d.h. reflektiert werden (vgl. Schlipper/ Schweitzer 2003). „Je mehr Erfahrungen dieses Selbst mit sich macht, desto effektiver sind die Lernprozesse" (Siebert 2006, S. 31).

4. Reflexive Innenschau zur Wirklichkeitskonstruktion

Um sich selber zu erkennen, muss die Person sich daher selber kennen oder kennenlernen; ein schlüssiges mentales Modell erzeugen, wissen, was und wohin sie will; einen realistischen, kleinschrittigen Umsetzungsplan erarbeiten, wie man zu den Zielen gelangt und schließlich hinter den Veränderungen stehen. Dies gelingt durch strukturierte Eigenreflexion.

Selbstreflexion ist ein innerer Dialog, der beeinflusst wird von unterschiedlichen Ebenen. Kritische Selbstreflexion heißt, sich und die Umwelt zu beobachten, zu analysieren, Gründe bzw. Überzeugungen zu finden, Entscheidungen zu treffen und zu urteilen. Selbstreflexion findet nach Arnold (2008) auf der Ebene des emotionalen Lernens statt. Emotionales Lernen ist das, was eine Person wirklich veranlasst, etwas zu tun. Man nimmt eine Beobachtungsposition ein und analysiert seinen eigenen inneren Weg, d.h. sein Denken, Fühlen und Handeln. Ziel ist es, ein optimiertes Verständnis von der eigenen *subjektiven Wirklichkeit* zu bekommen. Das Handeln, das durch vorherige Denkprozesse gesteuert wird, ist ein Dokument eines zugrunde liegenden unbewussten Musters. Oftmals liegt ein Teil des Denkens und Handelns im Bewussten und ist damit zugänglich und selbst leicht verstehbar. Der größere Teil unserer Handlungsstrategien, Normen, Werte und weitere Wahrnehmungsfilter, die unser Denken beeinflussen, liegt aber im Unbewussten.

Das Interpretieren z.B. einer Handlung nach seinem inneren Muster ist ein Reflexionsprozess, der die Strukturen und die dahinterliegenden Erfahrungen und Annahmen und Gefühle bewusst macht (vgl. Dörner 1989). Dies geschieht durch ein *Selbstbefragen* (siehe Tab. 1).

Reflexionsstufe	Beobachterposition	Ermöglichungs-faktoren (Vorkehrungen)	Entscheidungs-faktoren (Reflexionsfragen)
vorher	Planende Beobachtung (mentale und reale Vorbereitung)	Was sind die wichtigsten Eckdaten der Situation?	Was möchte ich aus der Reflexion mitnehmen?
	Was könnte passieren?	Was mache ich, wenn es zuviel wird?	Wo habe ich Informations- und Klärungsbedarf?
während	Teilnehmende Beobachtung (Aufmerksamkeitslenkung und achtsame Selbstreflexion)	Wie erleben andere diese Situation?	An welcher Stelle war ich kooperativ?
nachher	Supervision (Auswertung und Bewertung) Was ist genau passiert?	Was würden Ihre Kollegen dazu sagen?	Was war fördernd, was war störend?

Tab. 1: Fragen unterschiedlicher Selbstreflexionsebenen (angelehnt an Arnold 2008)

Der erste Schritt zur Reflexion ist das Bewusstwerden, worauf man seine eigene Wahrnehmung bzw. sein Denken fokussiert und welche Gefühle und Bewertungen damit verbunden sind. Der nächste Schritt ist, das Fokussierte systematisch zu analysieren und begründet zu bewerten. Die Beobachtungsperspektive im Reflexionsprozess kann entweder die Konstruktion als *Erfindung* der Wirklichkeit sein, sprich ein selbsterzeugendes System oder eine Rekonstruktion als *Entdeckung* der Wirklichkeit, d.h. ein Nachempfinden, ein Entdecken in ein vorhandenes Konstrukt eingebaut. Rekonstruktionen als Reflexion der Wirklichkeit können bedeuten, dass Kausalitäten und Konsequenzen durch die Einnahme unterschiedlicher Perspektiven durchdacht werden (vgl. Arnold/Gómez

Tutor 2007). Der dritte Schritt ist, sich die wesentlichen Punkte herauszusuchen, die verändert werden sollen, um dann den Bedeutungskontext durch z.B. Alternativen zu verändern. Diese neuen Erkenntnisse sollen zum Schluss kritisch hinterfragt und geprüft werden. Dabei geht es insbesondere um die Analyse der eigenen Persönlichkeit, ihrer Haltung und ihrer Werte, um die Reflexionsfähigkeit und eine unterstützende Fehlerkultur. Durch die Selbstreflexion werden Verhaltensweisen analysiert, darüber dann die Einstellungen und die dahinter liegenden Werte.

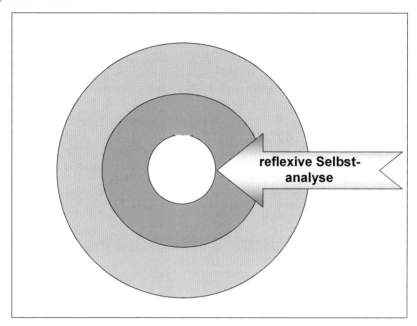

Abb. 2: Selbstregulierungsfelder eines Menschen (angelehnt an Hofmann/Linneweh/Streich 1997)

Die Reflexion der eigenen Handlung bewirkt eine positive oder negative *Selbstbewertung*, die durch die Reaktion des Umfeldes noch beeinflusst werden kann (vgl. Heckhausen 1989) und steuert die Motivation für zukünftige Reflexionsprozesse. Ziel ist es immer, ein optimiertes Verständnis von der eigenen subjektiven Wirklichkeit zu bekommen und diese bewusst zu gestalten. Denn im Bewussten findet man Sinn in dem eigenen Tun (vgl. Roth 2007). Die reflexive Innenschau stellt aber auch erhebliche Ansprüche an einen selbst.

5. Hindernisse kritischer Selbstbewertungen

„Ein Selbststudium stellt immer hohe Anforderungen an die Fähigkeiten des Lernenden zur Selbstorganisation, Selbstmotivation und Selbstdisziplin" (Romeis 2001, S. 91). Zusätzlich kann eine kritische Reflexionsfähigkeit seines eigenen Systems nicht vorausgesetzt werden, denn Routinen und Gewohnheiten ziehen Grenzen, außerdem wird *Symptomverhalten* (z.b. Gewohnheiten) gerne aufrecht erhalten, selbst wenn der ursprüngliche gute Zweck nicht mehr existiert. Der Beobachter tut sich schwer, sich selbst zu betrachten, denn das Individuum ist sich selbst ein blinder Fleck (vgl. Watzlawick/Krieger 1991). Höchstens eine partielle Betrachtung der eigenen inneren Struktur und der daran gebundenen Fähigkeiten der autonomen Selbstmodifikation sind möglich. Dadurch fällt es einem Menschen auch nicht leicht, sich eigene Interessen, Bedürfnisse oder strukturelle Widersprüche selber einzugestehen.

Die eigene kritische Bewertung wird durch Wertungen, Annahmen und Glaubenssätze verhindert (vgl. Große Boes/Kaseric 2006). Innere Gründe sind danach auch nicht direkt präsent, sondern können ebenfalls nur über die Reflexion des eigenen Handelns erschlossen werden. Arnold (2008) hält nur eine Selbstreflexion mit der Haltung eines Erkenntnisinteresses für geeignet, um sich individuelle Denk- und Bewertungsstrukturen bewusst zu machen und sich kritisch selbst zu betrachten. Die Analyse der eigenen Struktur erschließt sich einem nicht selbst, sondern muss systematisch und kontinuierlich betrachtet werden. Sie ist eine „harte und nüchterne Selbstprüfung" (Arnold 2008, S. 20), in der man seine *Hilflosigkeit* beiseite legen muss und zu sich selbst eine beobachtende Distanz aufbauen sollte, denn die „Selbstarchäologie ist voller unangenehmer Einsichten" (ebd., S. 21). Unterstützend wirkt daher eine Struktur, die Selbstreflexion anleitet – wie beim virtuellen Coaching.

6. Zusammenfassende Betrachtung des virtuellen Coachings

Selbstlernkompetenz für ein selbstgesteuertes Lernen ist die Fähigkeit, sich selber zu beobachten und sich zu evaluieren, d.h. stets seine Gedanken und Handlungen zu reflektieren und zu hinterfragen. „Man kann dies mit Hilfe konzentrierter und selbstkritischer Innenschau erreichen" (Comelli/Rosenstiel 2003, S. 49) Diese Innenschau wird durch virtuelle Coaching-Arrangements unterstützt und kann die Reflexionsfähigkeit durch kontinuierliches Anwenden verfeinern. Das virtuelle Coaching fördert damit insgesamt die Selbstmanagementfähigkeit, indem Zielbindung gestärkt, Zielkonflikte identifiziert und reguliert werden, die individuellen Bedürfnisse berücksichtigt, die Qualität des eigenen Denkens und damit die mentalen Prozesse überprüft bzw. optimiert werden sowie Handlungsalternativen und -barrieren erkannt werden können. Als individuelle Problemlösungsmethode leitet virtuelles Selbstcoaching deshalb eine Klärung, Vertiefung, Stabilisierung oder Optimierung an. Für den Austausch und die Reflexion nimmt allerdings nach wie vor ein außenstehender Begleiter als Tutor, Trainer, Berater oder Coach eine zentrale Rolle ein. So wird das virtuelle Coaching zu einer zukunftsweisenden Mischung etablierter Lern- und Veränderungsmöglichkeit, die eine entscheidende strategische Qualifikation in der Berufswelt sind.

Literatur

Arnold, P. (2008): Führen mit Gefühl. Eine Anleitung zum Selbstcoaching mit einem Methoden-ABS. Wiesbaden

Arnold, R./Gómez Tutor, C. (2007): Grundlinien einer Ermöglichungsdidaktik. Bildung ermöglichen – Vielfalt gestalten. Augsburg

Benke, K. (2008): Beratung im Cyberspace: Virtualität als Lebens(lern)raum. In: C. Schachtner (Hrsg.): Learning Communities: das Internet als neuer Lern- und Wissensraum. Frankfurt a.M., S. 191-201

Comelli, G./Rosenstiel, L.v. (2003): Führung durch Motivation. Mitarbeiter für Organisationsziele gewinnen. 3. erw. u. überarb. Aufl. München

Dörner, D. (1989): Die Logik des Misslingens. Strategisches Denken in komplexen Situationen. Reinbek bei Hamburg

Förderation Schweizer Psychologen (2006): Qualitätskriterien für psychologische Angebote im Internet. Bern

Geißler, H. (2008): E-Coaching – eine konzeptionelle Grundlage. In: Ders. (Hrsg.): E-Coaching. Hohengehren, S. 3-23

Große Boes, S./Kaseric, T. (2006): Trainer-Kit. Die wichtigsten Trainer-Theorien, ihre Anwendung im Seminar und Übungen für den Praxistransfer. Bonn

Heckhausen, H. (1989): Motivation und Handeln. 2. überarb., ergänzte Aufl. Berlin

Hofmann, L. M./Linneweh, K./Streich, R. (1997): Erfolgsfaktor Persönlichkeit. Managementerfolg durch Persönlichkeitsentwicklung. München

Jetter, F./Skrotzki, R. (2005): Soziale Kompetenz. Führungskräfte lernen emotionale Intelligenz, Motivation, Coaching. Regensburg

Kanfer, F.H./Reinecke, H./Schmelzer, D. (2006): Selbstmanagement-Therapie. Ein Lehrbuch für die klinische Praxis. Heidelberg

Knatz, B. (2006): Qualitätsstandards für die Online-Beratung. [online] Homepage: e-beratungsjournal.net. Jhg. 2, Heft 1. URL: http://www.e-beratungsjournal.net/arch [PDF-Datei] [Stand: 02.12.2009]

Kohn, W. (2007): Virtuelles Coachen am Beispiel des D. A. S.-Ausbildungskonzeptes „Lernen im Medienverbund". In: A. Hohenstein/ Wilbers (Hrsg.): Handbuch E-Learning. Expertenwissen aus Wissenschaft und Praxis. Köln, S. 1-20

Romeis, M. (2001): E-Learning ist anderes Lernen. In: U. Heuer/T. Botzat/K. Meisel (Hrsg.): Neue Lehr- und Lernkulturen in der Weiterbildung. Bielefeld, S. 89-100

Roth, G. (2007): Persönlichkeit, Entscheidung und Verhalten. Warum es so schwierig ist, sich und andere zu ändern. Stuttgart

Schlippe, A.v./Schweitzer, J. (2003): Lehrbuch der systemischen Therapie und Beratung. 9. Aufl., Göttingen

Schultze, N.G. (2007): Erfolgsfaktoren des virtuellen Settings in der psychologischen Internet-Beratung. [online] Homepage: e-beratungsjournal.net, Jhg. 2, Heft 1, URL: http://www.e-beratungsjournal.net/arch [PDF-Datei] [Stand: 02.12.2009]

Siebert, H. (2006): Selbstgesteuertes Lernen und Lernberatung. Konstruktivistische Perspektiven. 2. überarb. Aufl., Augsburg

Theis, F. (2008): E-Coaching – ein Marktüberblick. In: H. Geißler (Hrsg.): E-Coaching. Grundlagen der Berufs- und Erwachsenenbildung. Hohengehren, S. 172-177

Watzlawick, P./Krieg, P. (1991): Das Auge des Betrachters. Beiträge zum Konstruktivismus. München

Watzlawick, P. (1985): Die erfundene Wirklichkeit. Wie wissen wir, was wir zu wissen glauben? Beiträge zum Konstruktivismus. München

Wissemann, M. (2006): Wirksames Coaching. Eine Anleitung. Bern

Frank Strikker/Melanie B. Flore

Systematisierung von Coaching-Tools

Eine erste Annäherung

1. Die Diskussion um Tools im Coaching

Viele Veröffentlichungen in punkto Coaching befassen sich mit dem Methoden-einsatz. Diese Vielzahl von Ansätzen und Techniken lassen erkennen, dass Coaching von großem Interesse ist und interdisziplinäre Zugänge erlaubt. Die Ideen und Einflüssen sind sehr zu begrüßen, sie erweitern die Perspektiven und tragen zu kreativen neuen Interventionen bei.

Auf der anderen Seite entsteht der Eindruck, dass Coaching mit ein paar gut zusammengestellten Instrumenten wie ein „Rezept" eingesetzt werden könnte. Das unüberschaubare und ungeordnete Angebot von Tools erweist sich zudem für die Professionalisierung von Coaching als hinderlich. Es entsteht schnell der Eindruck, dass „Werkzeugkisten" (Orthey 2007, S. 73f.) ausreichen würden, um einen Eindruck von Professionalität zu vermitteln. Diese, oft eher kritisch ange-legten Äußerungen über Coaching und seine Praxis (vgl. Orthey 2007), verken-nen aber den Entwicklungsgang bei der Herausbildung einer Profession. Erst eine langjährige und erfolgreiche Praxis weckten das Bedürfnis nach einer Pro-fessionalisierung bei den Aktiven.

Der Stand der Coachingforschung ist allerdings noch nicht bei diesem Sta-dium. Dennoch sind in jüngster Zeit einige Untersuchungen und Veröffentli-chungen erschienen, die den Gang der wissenschaftlichen Diskussion erheblich forcieren werden (vgl. z.B. Birgmeier 2009, Kühl 2008, Strikker 2007). Wenn die Praxis bewusst reflektiert und empirisch genauer untersucht werden wird, werden sich erste Schritte zur Kategorisierung und Systematisierung der prakti-schen Erfahrungen ergeben. Hieraus entwickeln sich in einem induktiven Ver-fahren wissenschaftliche Erkenntnisse, die später theoretisch weiter ausgearbeitet werden können. Harald Geissler (2009) hat dieses Vorgehen in einer vorbildlichen Form umgesetzt. Er hat aus einer beobachtenden Rolle her-aus, mit der Hilfe von technischen und damit neutralen Medien, den Coachingprozess inhaltsanalytisch abgebildet. Sein Forschungsinteresse basiert auf der Überlegung, dass erst aus der Beobachtung und Analyse konkreter Coa-chingaktivitäten heraus, eine empirisch begründete Theoriebildung stattfinden kann. Dieser ‚evidence based' Ansatz befindet sich im Coaching noch in den Anfängen (vgl. Greif 2008).

Ein weiterer Schritt zur Professionalisierung kann darin bestehen, die gängige Praxis unter eher qualitativen Gesichtspunkten und unter Wirkungsaspekten zu analysieren. Mit diesem Beitrag soll ein Schritt in diese Richtung gegangen werden, um die Coachingpraxis systematisch zu betrachten. Der Ansatz, der hier gewählt wird, bedeutet, veröffentlichte und praktisch angewandte Tools anhand von Wirkfaktoren und methodischen Kriterien zu systematisieren. In der Fachliteratur sind bisher eher grobe Vorschläge zu finden. Vogelauer (2005) kategorisiert nach Coaching-Phasen, ebenso Rauen (2004, 2008). Glasl/Kalcher/Piber (2005) schlagen eine thematische Unterscheidung zur Instrumenteneinordnung bei Prozessberatung vor, Klein (2007) beschreibt Therapieansätze und die dazugehörigen Methoden.

2. Abgrenzung Intervention, Methode und Technik

In der Literatur über Coaching haben sich unterschiedliche Bezeichnungen für Coaching-Tools herausgebildet: Methoden, Handwerkszeug, Verfahren, Interventionen, Instrumente, Techniken und Werkzeuge. Um Trennschärfe in den Bezeichnung von bestimmten Anwendungsformen erreichen zu können, betrachten wir zunächst die Begriffe „Intervention", „Methode", „Tool" und „Technik". Eidenschink und Horn-Heine beziehen sich in ihrer Einleitung zum Band Coaching-Tools II auf die Bedeutung dieser Begriffe. Um einen Coachee beim Verändern zu begleiten, benutzen Eidenschink und Horn-Heine „Methode" als den Weg und „Technik als Art der Fortbewegung auf diesem Weg" (Eidenschink/Horn-Heine 2007, S. 12). Ein Tool ist aus ihrer Sicht ein definierter Fortbewegungsstil und eine Intervention ein einzelner Schritt. Diese Analogie soll hier aufgegriffen und weiter entwickelt werden. Damit ist ein Tool von der Meta-Ebene aus in folgende Elemente aufgeteilt: Intervention, Technik und Methode.

Die **Intervention** wird als kleinster Schritt in der Interaktion zwischen Coach und Coachee betrachtet. Das heißt, eine Intervention hat einen Anfang und ein Ende und kann als Handlung definiert werden: Es kann eine Frage, ein Satz, eine Mimik, eine Gestik, eine Körperhaltung, das Zeigen von Bildern, Filmen oder das Hören von Musik, Hörbeispielen etc. sein. Eine Intervention soll den Wendepunkt des Denkens aus der Routine auslösen. Dieser Moment kann vom Coach nicht vorausgesagt werden. Systemisch können Interventionen auch als das Öffnen oder Schließen von Systemen bezeichnet werden (vgl. Boos et al. 2005, S. 12). „Klick-Machen", „da ist der Groschen gefallen", „da sah ich den Wald wieder vor mir" – diese „Aha-Erlebnisse" weisen auf eine Eigenleistung des Coachees hin, als ob die Antwort zum anderen Denken schon im Coachee begründet war. Dies weist darauf hin, dass die Anregung zwar von außen induziert und provoziert werden kann, im Kern aber vom Coachee selbständig und mit voller Eigenleistung vollzogen wird. Der Begriff Intervention soll „Dazwischenkommen" (Backhausen/Thommen 2006, S. 110) bedeuten und beschreibt in einer Kommunikationssituation, dass der Coachee einen Unterschied oder eine Veränderung wahrnimmt, was durch die Aufmerksamkeitsleistung des Coachee selbst geschieht (vgl. dies. ebd.). Somit wird ein durch Kommunikation vom Coach gemachtes Angebot erst durch die Unterscheidungsleistung des Coachees zur Intervention.

Techniken sind mit einer Kombination aus konkreten Handlungen, also einzelnen Schritten (Interventionen) zu beschreiben. Das heißt, die nächste Ebene nach den Interventionen sind die Techniken. Betrachtet man die wissenschaftliche Wortbedeutung des Begriffs „Technik", so findet man folgendes: Technik beschreibt die „Methode des rationalen Vorgehens bei der Tätigkeit in einem beliebigen Bereich der menschlichen Praxis, des gesellschaftlichen Lebens: handwerkliche, künstlerische, literarische Techniken (Arbeitsmethoden)" (DWDSa 2003). Somit ist Technik eine Vorgehensweise, die sich an normativen Aspekten und einer planbaren Beschreibung orientiert, die zudem auf einen professionellen Arbeitskontext, wie bei einem Handwerk, hinweist. Für die Coaching-Situation fordert dieser Aspekt erstens die Planung eines Coaching-Tools. Zweitens sollen die Abläufe der Tools bzw. die einzelnen Techniken im Coaching sinnvoll und rational erklärbar sein sowie transparent, zielorientiert und kurzfristig angelegt sein.

Die Art der Verknüpfung der Techniken beschreibt die **Methode**. Denn sie stellt ein „System von Regeln, das dazu geeignet ist, planmäßig wissenschaftliche Erkenntnisse zu erlangen oder darzustellen oder die praktische Tätigkeit rationell zu organisieren, planmäßiges Verfahren: wissenschaftliche, physikalische, mathematische Methoden; die dialektische, historische, vergleichende M(ethode)" (DWDSb 2003). Da bisher noch keine Coaching-Methode entwickelt wurde, wird meist auf bestehende therapeutische Ansätze zurückgegriffen. Die Methoden sind von Coach zu Coach sehr unterschiedlich, denn er wählt sie in Abhängigkeit von Coaching-Thema, der Situation, der Befindlichkeit und den Fähigkeiten des Coachees und Coachs selbst. Auch das Anwenden von Techniken mit einzelnen Interventionen bleibt dem Coach selbst überlassen. Für unsere Untersuchung definieren wir folglich Technik als eine Kombination von Interventionen. Eine Kombination von Techniken ist eine Methode. Da die Kombination von Techniken und Interventionen individuell vom Coach, Coachee, Thema und Kontext abhängt, stellen sich Methoden als vielfältig dar – damit behält der Coach auf der Handlungsebene Autonomie.

3. Zur Systematisierung von Tools

Es werden nun weitere Varianten zur Kategorienbildung herangezogen. Die Idee, Merkmale zur Beschreibung von Tools zu verwenden, ist bisher nur selten genutzt worden (Vorarbeiten bei Stobbe 2007 und Flore 2008). Um eine übersichtliche Anordnung herzustellen, werden drei Dimensionen ausgewählt: Orientierung nach Lösungen oder Problemen, Orientierung an handlungsorientierten oder selbstreflexiven Tools sowie Orientierung nach emotionalen oder rationalen Themenbezügen. Die Merkmale beleuchten zum einen die Fähigkeiten des Coachs, zum anderen die Fähigkeiten des Coachees und zu guter letzt die Themengebiete im Coaching. In Anlehnung an die Wirkfaktoren-Forschung im Coaching nach Jansen, Mäthner und Bachmann wird diese Kombination zur Kategorisierung von Tools ausgewählt. Für sie stellen der Coach, der Coachee, die Beziehungsgestaltung und die Interventionen die Einflussfaktoren von Coaching dar (vgl. Jansen et al. 2004, S. 34ff.).

Geißler definiert Coaching-Ausprägungen, indem er Aktivitäten beim Coach und Coachee, die als Interventionen beschrieben werden können, hervorhebt. Diese Verhaltensmerkmale dienen zur Bestimmung von verschiedenen Coaching-Ausprägungen. Er wählt drei Dimensionen aus (vgl. Geißler 2009, S. 111ff.): 1. Nondirektivität/Prozessberatung versus Direktivität/Expertenberatung 2. Selbstthematisierung versus Kontextthematisierung, 3. Erkenntnisorientierung versus Handlungsorientierung.

Im Folgenden wird auf die drei Dimensionen eingegangen, die für die Beschreibung unserer Tools ausgewählt werden.

3.1 Lösungsorientiert vs. Problemorientiert

Die eingängigsten Dimensionen sind das grundsätzliche Anliegen des Coachees fürs Coaching: die operationale Problembewältigung oder die strategische Klärung von Verhalten. Oder anders ausgedrückt: Bringt der Coachee die Bereitschaft zum Lernen 3. Ordnung mit, oder ist er am Lernen 1. Ordnung interessiert? Die Unterscheidung liegt in dem Vergleich von einer Ist-Soll-Diskrepanz. Es gibt eine Differenz zwischen einer Beschreibung einer idealen Situation und einer Bewertung der momentanen Situation. Der Coachee möchte einen bestimmten Zustand erreichen, erhält allerdings den Status Quo aufrecht. D.h. ein System erhält aktiv die eigenen Rückkopplungsprozesse durch Operationen aufrecht, die gleichzeitig den problematischen Zustand aufrechterhalten. Darin liegt die Anforderung und die lösungsorientierte Vorgehensweise vom Coach: Diese aktive Aufrechterhaltung eines negativ erlebten Zustandes enthält einen verdeckten Gewinn (vgl. Backhausen/Thommen 2006, S. 148). Diese Diskrepanz gilt es zu klären. Geht es um die Behandlung von Verhalten und eine operative Änderung oder soll eine Problemklärung für die bestehenden Rückkopplungsprozesse erfolgen? Damit richten sich Tools der Lösungsorientierung an konkretes Herbeiführen von Lösungswegen, die einen Quick-Win erzielen können. Problemorientierte Tools können im Gegensatz dazu die derzeitigen Werte und Zielvorstellung betrachten und in Frage stellen. Dieses Merkmal bezieht sich auf den Coachee und den Coach: Das Anliegen des Coachees ist für diese Unterscheidung relevant. Der Coach muss über Fähigkeit zur Unterscheidung dieser Merkmale verfügen.

3.2 Selbstreflexionsorientiert vs. handlungsorientiert

Das Reflektieren von Verhalten und Gesagten ist eine zentrale Technik im Coaching und kann durch Handeln oder Denken angeregt werden. Ziel in beiden Fällen ist das Lernen 2. Ordnung, um eine langfristige und nachhaltig positive Veränderung herbei zu führen. Somit können Tools im Coaching verbal- oder handlungsorientiert sein. Das Aufdecken von Glaubenssätzen und ihre Veränderung stehen beim Coaching im Vordergrund. Das bedeutet, dass Denkprozesse mit Hilfe von kognitiver Bearbeitung modifiziert werden (vgl. Greif 2008, S. 47ff.). Selbstreflexion ist eine Voraussetzung und Technik im Coaching. Sie beinhaltet die Bereitwilligkeit zur Auseinandersetzung mit der eigenen Person und dem Kontext (vgl. Schreyögg 2003, S. 73ff.). Damit erklärt sich der Coachee bereit, sich gegebenenfalls als Verursacher des eigen benannten Problems anzuerkennen. Es handelt sich dabei um eine Fähigkeit und Bereitschaft beim Coachee, das eigene berufliche und soziale Selbstkonzept (oder eingängiger: „Selbstbild") zu beleuchten (vgl. Greif 2008, S. 21ff.). Dies geschieht bei systemischen Beratungsmethoden wie dem Coaching meist über verbalorientierte Methoden (vgl. von Ameln/Kramer 2007, S. 6).

Ist diese Bereitschaft oder Fähigkeit nicht vorhanden, so dienen die handlungsorientierten Tools dazu, um über körperlichen Einsatz die Selbstreflexion zu begünstigen. Handlungsorientierte Tools regen den Coachee durch körperliche Aktivität zur Denkarbeit an. Dabei wird die Wirklichkeit des Coachees so gut es geht nachempfunden, so dass alltägliche Situationen oder Handlungen darstellbar sind – dieser „Aktionsraum" wird bei von Ameln und Kramer als „Surplus Reality" (vgl. von Ameln/Kramer 2007, S. 7f.) bezeichnet. Folgende konstruktivistische Anregungen werden mit dieser Technik beachtet. Die Surplus Reality ist durch die Ähnlichkeit zur Wirklichkeit des Klienten anschlussfähig, und insofern bearbeitbar, dass die Beobachtungsperspektive gewechselt werden kann. „Die Surplus Reality stellt keinen Anspruch auf detailgetreue Abbildung, sie soll nur Komplexität einer Situation verringern und damit einen weniger widerstandbesetzten Raum bieten. Die Wirklichkeit im Spiel macht Unaussprechliches aussprechbar" (Flore 2008, S. 58).

Handlungsorientierte Methoden schließen eine anschließend verbalorientierte Aktion nicht aus, im Gegenteil, Reflexionsphasen sind Bestandteil davon. Denn die Arbeit mit Surplus Reality ist ein Zyklus von Projektion und Interpretation. Die nichtsprachlichen Aspekte und das körperliche Erleben dienen als Hilfsmittel zur tiefen und konstruktiven Auseinandersetzung mit dem Erlebten.

Zur Unterscheidung von Coaching-Tools werden diejenigen Tools als handlungsorientiert kategorisiert, die an sehr aktive Techniken anknüpfen. In der Einzelarbeit dienen besonders mediale oder figurenhafte Darstellungen, die komplexe Zusammenhänge sichtbar und bearbeitbar machen, als handlungsorientierte Methoden.

Selbstreflexion beleuchtet das Selbstbild des Coachee, daher sind Tools oft selbstreflexions-orientiert. Handlungsorientierte Tools lösen ein Körpergefühl aus, welches gedanklich verarbeitet wird.

3.3 Emotional-orientiert vs. rational-orientiert

Wie bereits erörtert, ist Coaching u. a. das Lernen von Beobachtungen 2. Ordnung. Informationen hinterlassen beim Lernen einen affektiven Stempel in Form eines emotionalen Eindrucks, d.h. Emotionen können für dieses Lernen als Katalysatoren benutzt werden. Informationen mit positiven Emotionen werden eher als förderlich wahrgenommen. Sie beeinflussen die Aufmerksamkeit, die Interpretation von Lebenssituationen, das Lernen und die Lösungsfindung. Emotionen im Coaching können die Qualität und Nachhaltigkeit von Wissenserwerb nachhaltig beeinflussen. Die emotionale Betroffenheit im Coaching-Prozess betonen auch Backhausen und Thommen: Sie erklären, dass das Erreichen der eigenen Perspektiven-Grenzen eine Unsicherheit beim Coachee auslösen kann. Besonders die Themen, die eng an die Identität geknüpft sind, bezeichnen die Autoren als emotionale Themen und weisen darauf hin, dass diese einen besonderen Umgang im Coaching erfordern. Einige Themen im Coaching sind auf diese Weise zu beleuchten und sprechen konkret die emotionalen Anliegen des Coachees an (vgl. Backhausen/Thommen 2006, S. 143). Dieses Vorgehen ist aus lernpsychologischer Sicht erstrebenswert, um die Nachhaltigkeit von Lerninhalten über den affektiven Stempel zu verankern.

Rational-orientierte Tools streben klare, sachliche Lösungen im Coaching an. Es zählen Zielgerichtetheit und methodisch-systematisches Vorgehen. Die Abhängigkeiten sind vorher festgelegt, z.B. nach monetären Erfolg, Prestige, hohe Hierarchiestufe etc. Sie sind konkret messbar und umfassen die Steuerbarkeit von Prozessen der Planung, Organisation, Koordination, Budgetierung, Evaluation und Controlling. Es handelt sich dabei um die sachorientierten Begriffe aus der Managementlehre (vgl. Flore 2008, S. 10). Rational-orientierte Themengebiete im Coaching beinhalten meist diese Aspekte der Managementlehre, z.B. wenn es um die Karriereplanung geht.

4. Entwicklung der Kategorien und ihre Beschreibung

Drei Dimensionen, die den Wirkfaktoren im Coaching entsprechen, sind nun festgelegt und beschrieben worden. In Anlehnung an Harald Geißler, der Coaching-Ausprägungen anhand von Verhaltensmerkmalen definiert hat, setzen wir die Orientierungen der Tools in einem Koordinatensystem in Bezug zueinander (vgl. Geißler 2009). Darin ergibt sich ein dreidimensionaler Raum, der in acht verschiedene Kategorien geteilt werden kann und zugleich die Kombinationen abbildet (vgl. Abb. 1).

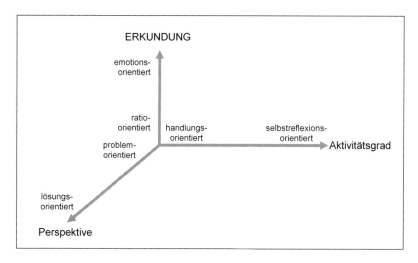

Abb. 1: Drei Dimensionen im Koordinatensystem (eigene Darstellung)

Diese genannte Differenzierung könnte auf den ersten Blick suggerieren, ein Tool konzentriere sich nur auf eine der dualen Dimensionen. Verschiedene Tools sind aber umfassend und können daher in verschiedenen Dimensionen eingeordnet werden. Für die hier angestrebte Systematisierung ist jedoch der jeweilige Schwerpunkt eines Tools entscheidungsrelevant. Es bedeutet, falls ein Tool beispielsweise die Arbeit an Problemen und Lösungen berücksichtigt, so wird der Schwerpunkt der beiden Pole identifiziert, um das Tool der einen oder anderen Dimension zuzuordnen.

Die Kombinationen können in einem dreidimensionalen Würfel (=Cube) dargestellt werden. Im Folgenden sind die Kategorien aufgelistet und ihre Besonderheiten werden beschrieben. Anhand von ausgewählten Beispielen aus der bekannten Fachliteratur werden beispielhaft einige Tools den Kategorien zugeordnet.

- Rational-orientierte/lösungsorientierte/Selbstreflexionsorientierte Tools

Ein Tool dieser Kategorie behandelt vorzugsweise sachliche Themen und bietet sehr strukturierte Techniken. Neutrale Variablen stehen zur Bewertung von planenden Handlungen des Coachees im Vordergrund. Das Klären von fachlichen Inhalten wie z.b. Führungsaufgaben kann als Einstieg dienen.

Die Komponente der Selbstreflexion sagt aus, dass es sich um verbalorientierte Tools handelt, die Gedankenprozesse voranbringen. Das heißt, bei Planungsaufgaben stehen gedankliche Prognosen und Interpretationen im Vordergrund. Die operative Behandlung von Themen ist hier ausschlaggebend.

In Anlehnung an Geißler beschreibt dieser Bereich die Coaching-Aktivität „Erkenntnisanleitend-kontextklärendes Coaching" (Geißler 2009, S. 116). Beispiele für derartige Tools sind: „Einfluss-Sphären der Veränderung" (Vogelauer 2005, S. 80) und „Lösungsorientierte Kurzzeitberatung" (Szabó 2004, S. 41).

- Rational-orientierte/problemorientierte/selbstreflexionsorientierte Tools

Diese Kategorie beinhaltet Tools, die vorzugsweise Themen behandelt, die vom Coachee messbar (also rational) beleuchtet werden können. Ziel dieser Tools ist vorrangig eine Klärung im Bereich von Problemen oder Ursachen. Das heißt, es werden Kausalitäten mithilfe von verbalorientierten Techniken aufgedeckt. Die kausalen Zusammenhänge stellt der Coachee gedanklich selbst her, d.h. das Erarbeiten von fertigen Lösungen steht im Gegensatz zur ersten Kategorie nicht im Vordergrund, sondern kann über die Phase des Transfers entwickelt werden.

Geißler erklärt die dazugehörige Aktivität vom Coach „Erkenntnisanregend-kontextklärendes Coaching" (Geißler 2009, S. 115). Beispiele für derartige Tools sind: „Vier Seiten einer Botschaft" (Vogelauer 2005, S. 229) und „T.O.W.S.-Modell zur Ermittlung von Stärken, Schwächen, Chancen und Gefahren in einer Situation" (Vogelauer 2005, S. 213).

- Rational-orientierte/lösungsorientierte/handlungsorientierte Tools

Diese Kategorie steht für aktives Einüben von Handlungen, die einen schnellen Erfolg erbringen. Das heißt, Prognosen und Informationen werden bei Tools dieser Kategorie zusammengetragen. Auch das Planen von real messbaren Zielen ist als Technik bei den Tools zu finden. Operative Behandlung von Themen ist hier ausschlaggebend.

Diese Aktivität im Coaching wird „Handlungsanleitend-kontextgestaltendes Coaching" (Geißler 2009, S. 117) benannt. Beispiele für derartige Tools sind: „Das M.N.N.H.-Tool" (Neumann 2007, S. 62) und „Entscheidungsmethodik – Entscheidungsmatrix" (Vogelauer 2005, S. 89).

- Rational-orientierte /problemorientierte/handlungsorientierte Tools

Bei äußerlichen Bedingungen, die der Coachee als negativ empfindet, ist ein Tool zu empfehlen, dass Problem- sowie Ursachenforschung betreibt. Gleichzeitig sind Tools dieser Kategorie als handlungsaktive Tools zu sehen, die eine Klärung begünstigen. Die sachliche Komponente kann in der Ursachenforschung begründet werden.

Bei Geißler ist das Coaching als „Handlungsanregend-kontextgestaltendes Coaching" (Geißler 2009, S. 117) beschrieben. Beispiel für derartige Tools sind: „Stakeholder-Diagramm" (Neuberger 2002, S. 696) und „Coaching-Landkarten" (Konas 2004, S. 149).

- Emotional-orientierte/lösungsorientierte/handlungsorientierte Tools

Tools, die emotionale Themen bearbeitbar machen, sind in dieser Kategorie aufzufinden. Ziel ist es, möglichst deutlich messbar eine Verbesserung der Befindlichkeit zu erzielen – die Klärung des Problems oder der Ursache steht nicht im Vordergrund. Die operative Behandlung von Themen ist hier ausschlaggebend. Tools dieser Kategorie sind geprägt von anleitenden Techniken und Handlungen, durch die der Coachee körperlich aktiv wird.

Gemäß unseres Vergleiches heißt diese Form des Coaching bei Geißler „Handlungsanleitendes Persönlichkeits-Coaching" (Geißler 2009, S. 115). Beispiel für derartige Tools sind: „Rollengespräche – zukunftsorientiert" (Vogelauer 2005, S. 183) und „Der Gast" (Sombetzki 2007, S. 110).

- Emotional-orientierte / Problemorientierte / Handlungsorientierte Tools

Diese Kategorie von Tools behandelt für den Coachee emotionale Themen, die die Klärung von Problemen in den Mittelpunkt rücken. Besonders soziale Themen sind bearbeitbar. Durch die Aktivität der Tools wird der Coachee angeregt Kausalitäten aufzudecken und in Frage zu stellen.

Geißler benennt seine Kategorie „Handlungsanregendes Persönlichkeits-Coaching" (Geißler 2009, S. 114). Beispiele für derartige Tools sind: „Psychodynamische Fallaufstellung" (West-Leuer 2007, S. 262) und „Biografische Lebenslinie" (Vogelauer 2005, S. 68).

- Emotional-orientierte / Lösungsorientierte / Selbstreflexions-orientierte Tools

Über kognitive Schlüsse und Erkenntnisse werden emotionale Themen bearbeitbar gemacht. Ziel dieser Tools ist die Entwicklung von Lösungen. Oft passiert es, dass bei emotionalen Themen jedoch Problemforschung in den Vordergrund rückt.

In Anlehnung an Geißler wird diese Coaching-Aktivität als „Erkenntnisanleitendes Selbstaufklärungs-Coaching" (Geißler 2009, S. 113) beschrieben. Beispiele für derartige Tools sind: „Emotionsarbeit" (Vogelauer 2005, S. 82) und „Stimmigkeits-Check" (Hübner 2004, S. 128).

• Emotional-orientierte/Problemorientierte/Selbstreflexions-orientierte Tools
Emotionalen Themen wird hier mittels kognitiver Arbeit auf den Grund gegangen. Emotionale Themen sind häufig anzutreffen, wenn es um Werte und Beziehungen geht. Ein Ziel dieser Tools ist das Aufdecken von Idealen und Werten. Diese Kategorie Tools passt zu Geißlers Coaching-Aktivität: „Erkenntnisanregendes Selbstaufklärungs-Coaching" (Geißler 2009, S. 17). Beispiele für derartige Tools sind: „Antreiberverhalten und seine konstruktiven Kerne" (Vogelauer 2005, S. 47) und „Symptom-Check" (Rauen 2004, S. 81).

Damit sind acht Kategorien beschrieben und einige Tools beispielhaft zitiert worden. Aufgrund des Platzmangels konnten leider nur wenige Tools knapp beschrieben werden. Zur besseren und eingängigeren Übersicht sind die einzelnen Kategorien in einem dreidimensionalen Würfel (Tool-Cube) abgebildet und zugeordnet worden (Abb. 2).

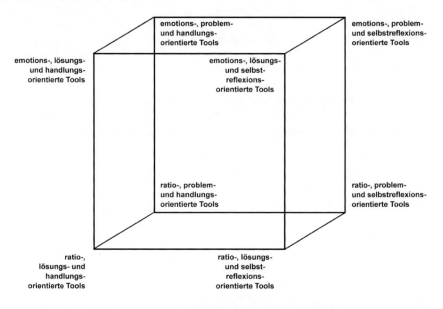

Abb. 2: Tool-Cube mit seinen verschiedenen Kategorien (eigene Darstellung)

Abschließend einige Hinweise zur möglichen Verwendung des Tool-Cube:
1. Zur Profession gehören ein Wissensbestand und eine festgelegte Anwendung durch Methoden, die dem Kunden bzw. Coachee gegenüber eine professionelle „Kompetenzvermutung" und einen qualitativ abgesicherten „Verhaltenskodex" signalisieren sollen (vgl. Kühl 2008, S. 142). Eine klare Struktur von Tools begünstigt normorientiertes Handeln, damit wird die Qualität in Ausbildung und in der Entwicklung ethischer Richtlinien vorangebracht. Dieser Prozessschritt zur

Professionalisierung fördert das Ansehen von Coachs auch in Anlehnung zu ähnlich gelagerten Dienstleistungen wie Therapie, Supervision und Fachberatung.

2. Der Tool-Cube kann als Gestaltungs- und Reflexionsmedium für ein Curriculum einer Coaching-Ausbildung dienen, indem die Beteiligten die bearbeiteten Tools in der Ausbildungsphase analysieren. Durch diese Untersuchung können sie fest stellen, ob in der Ausbildung bestimmte Würfelteile vermehrt und andere zu wenig beachtet werden.

3. Ein Coach kann bei der Planung und in der Reflexion seiner Coaching-Sitzungen eruieren, welche Schwerpunkte er bei der Auswahl und Anwendung der Tools setzt. Damit kann er ggf. erkennen, warum bestimmte Coachingaufträge erfolgreich und andere weniger erfolgreich verlaufen. In der Diagnosephase eines Coachings kann er bereits eine entsprechende Weichenstellung vornehmen. Falls die Zielsetzung des Coachees und die persönlichen Schwerpunkte des Coachs nicht kompatibel sind, kann ein Blick auf den Tool-Cube die Auswahl von anderen Tools mit entsprechenden Schwerpunkten erleichtern.

Literatur

Ameln, F.v./Kramer, J. (2007): Organisationen in Bewegung bringen. Heidelberg

Backhausen, W./Thommen, J.P. (2006): Coaching durch systemisches Denken zu innovativer Personalentwicklung. 3. akt. und erw. Aufl., Wiesbaden

Boos, F./Heitger, B./Hummer, C. (2005): Systemische Beratung im Vergleich, in: Organisationsentwicklung. Zeitschrift für Unternehmensentwicklung und Change Management. Nr. 1, S. 4-15

DWDS (2003a) Das digitale Wörterbuch der deutschen Sprache. Berlin-Brandenburgische Akademie der Wissenschaften; URL: http://www.dwds.de/?kompakt=1&sh=1&qu =technik

DWDS (2003b) Das digitale Wörterbuch der deutschen Sprache. Berlin-Brandenburgische Akademie der Wissenschaften; URL: http://www.dwds.de/?kompakt=1&sh=1&qu= methode

Eidenschink, K./Horn-Heine, K. (2007): Einleitung: Der professionelle Einsatz von Coaching-Tools. In: Chr. Rauen (Hrsg.): Coaching Tools II. Bonn, S. 11-22

Flore, M.B. (2008): Aktuelle Instrumente im Change Management. Ein Vorschlag zur Kategorisierung von Instrumenten in der Prozessberatung. Unveröffentlichte Diplomarbeit, Universität Bielefeld, Fakultät für Erziehungswissenschaft.

Geißler, H. (2009): Die inhaltsanalytische „Vermessung" von Coachingprozessen. In: B.R. Birgmeier (Hrsg): Coachingwissen, Wiesbaden, S. 93-125

Glasl, F./Kalcher, T./Piber, H. (2005): Professionelle Prozessberatung. Das Trigon-Modell der sieben OE. Basisprozesse, Stuttgart

Greif, S. (2008): Coaching und ergebnisorientierte Selbstreflexion. Göttingen

Hübner, B. (2004): Stimmigkeits-Check: In: Chr. Rauen (Hrsg.): Coaching-Tools. Bonn, S. 28-131

Jansen, A./Mäthner, E./Bachmann, Th. (2004): Erfolgreiches Coaching. Kröning

Klein, S. (2007): 50 Praxistools für Trainer, Berater, Coachs. Offenbach

Konas, E. (2004): Coaching-Landkarten. In: Chr. Rauen (Hrsg.): Coaching-Tools. Bonn, S. 49-152

Kühl, S. (2008): Coaching und Supervision. Zur personenorientierten Beratung in Organisationen, Wiesbaden

Neuberger, O. (2002): Führen und führen lassen, Stuttgart

Neumann, G. (2007): Das M.N.N.H.-Tool. In: Chr. Rauen (Hrsg.): Coaching Tools II. Bonn, S. 62-65

Orthey, F.M. (2007): „Tools, Tools, Tools… Zur „Vertoolisierung" der Trainings- und Beratungsarbeit. Oder: Gib' mir ein Werkzeug und ich reparier dir alles!" In: Organisationsentwicklung. Heft 4, S. 73-75

Rauen, Chr. (2004): Coaching-Tools, Bonn

Rauen, Chr. (2004): Symptom-Check. In: Ders. (Hrsg.): Coachings-Tools. Bonn, S. 81-85

Rauen, Chr. (2007): Coaching-Tools II. Bonn

Schreyögg, A. (2003): Coaching: Eine Einführung in Praxis und Ausbildung. Anleitung für den Coach. 6. Auflage, Frankfurt a.m.

Sombetzki, M. (2007): Der Gast. In: Chr. Rauen (Hrsg.): Coaching Tools II. Bonn, S. 110-112

Stobbe, I.M. (2007): Einsatz von Coaching-Tools – Eine theoretische Differenzierung von Instrumenten und Techniken und ihre Einsatzmöglichkeiten im Coaching. Unveröffentlichte Diplomarbeit, Universität Bielefeld, Fakultät für Pädagogik

Strikker, F. (2007): Coaching im 21. Jahrhundert. Kritische Bilanz und zukünftige Herausforderungen in Wissenschaft und Praxis. Augsburg

Szabo, P.(2004): Lösungsorientierte Kurzzeitberatung. In: Chr. Rauen (Hrsg.): Coaching-Tools. Bonn, S. 41-48

Vogelauer, W. (2005): Methoden-ABC im Coaching. Praktisches Handwerkzeug für den erfolgreichen Coach. 4. überarbeitete Aufl., München

West-Leuer, B. (2007): Psychodynamische Fallaufstellung. In: Chr. Rauen (Hrsg.): Coaching Tools II. Bonn, S. 262-267

Andre Lehnhoff/Wendy Kendall

Second Hand Gold

Creating World Class Learning Organisations with Strengths-based Mentoring

Second Hand Gold

Mentoring is employed by many companies as an effective means of educating their leaders and managers, going beyond training with its specific focus on competencies within a particular role, to broadening the implicit and explicit knowledge base of employees. Where the mentor comes from inside the same company or group of companies, the mentoring process can be an effective way of retaining and capitalising on corporate knowledge. As the saying goes, *"second hand gold is as good as new".*

Yet here lies one of the key challenges of mentoring: how can new value be mined from the 'vintage gold' that lies at the heart of mentors' experience? Two of the most frequently articulated concerns that we encounter in our mentoring development programmes is, from the Mentor "how do I translate my knowledge and experience into something useful for the mentee?" and, from the Mentee, "How can I best use my mentor's knowledge and experience?".

Another key challenge for mentoring programmes is then harnessing the process so that it becomes a transformational process for the organisation as well as the individuals involved. How can the power of mentoring sessions, with the knowledge that can be potentially leveraged and the relationships that are seeded, begin a generative learning process for the wider organisation?

Mentoring, at its very best, is not just about retracing successful leaders' steps, just as it is not about producing 'company clones' or prescribing routes to the top. At the heart of mentoring lies a learning process that is as much about growing the self-awareness and leadership qualities of the mentoring partners as it is about knowledge transfer.

The following figure (fig. 1) shows that there are two primary learning loops within the mentoring relationship. The first loop is concerned with sharing experiences and harnessing knowledge, the second focuses on seeking feedback and gaining insight. However, it is important to note that, whilst the mentee gains most of the direct benefit from the learning processes, the mentor also benefits and learns during an effective mentoring process. The mentoring relationship, as described above, is therefore dialogue-oriented in nature, which is conceptually linked to the idea of 'Managementbildung' as a way of enabling managers to reflect on themselves and their organisational context (Lehnhoff/Petersen 2001).

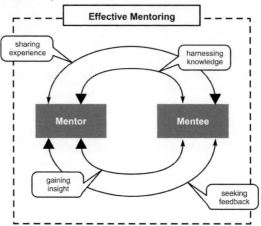

Fig. 1: Dialogue loops between mentor and mentee

Yet there are key questions posed by the challenge of using mentoring to transform and empower people and organisations. Overall, how can the mentoring process, with its potential for transforming knowledge, awareness, and the very nature of the organisational system be maximised so that people and organisations benefit?

The key to conjuring organisational excellence lies in partnering key company 'wizards' with talented apprentices and creating a new alchemy based on a combination of the unique talents and strengths of both partners and the 'vintage gold' of organisational knowledge. A strengths approach to mentoring provides a clear and concrete path to achieving this. However, for the wider organisation, such a mentoring process can act as a crucible where the theory of learning organisations comes alive and becomes real and tangible for the mentoring partners.

Strengths-based mentoring, with its inherent focus on empowerment, positive resources and inspiring visions, holds within its fabric the potential to enhance all five of the disciplines for innovating learning organisations as outlined by Peter Senge in his 1990 book *'The Fifth Discipline'*. These are: systems thinking, personal mastery, mental models, building shared vision and team learning. Senge describes learning organisations as:

'..[places] where people continually expand their capacity to create the results they truly desire, where new and expansive patterns of thinking are nurtured, where collective as-

piration is set free, and where people are continually learning to see the whole together.'
(Senge, 1990:3)

The strengths-based mentoring process involves transforming individuals' ideas, the nature of their conversations, the quality of energy and attention that they bring to their interactions with colleagues, the learning skills they apply in their day-to-day working lives, their vision for the future and their understanding of the past and present. This creates a positive upward spiral of adaptive and generative learning: people and organisations learn better things, and they also learn better, individually and collectively. So, where does strengths-based mentoring start and how can it be implemented practically?

The Sorcerer's (Talented) Apprentice

Companies have recognised the importance of developing the talents of their employees. Often, individuals are chosen to be part of a company 'talent pool' because of their exemplary performance in a particular role or position rather than on the basis of individualised or test-based talent or strengths assessment.

When people engage with their strengths more often, they report an upsurge in energy, motivation and authenticity and experience more periods of 'flow' where they are highly engrossed and engaged in tasks. These positive by-products have tremendous spin-off benefits for the mentoring partners and the wider organisation, as we will see later.

However, a key component of implementing an effective strengths-based mentoring programme that can help create a learning organisation is linking individual development to the strategic objectives of the company. Employees grow and learn, but in a way that enhances the company's ability to grow in the future also.

Strength vs. Talent: Are they different?

Possibly the most practical definitions of talents and strengths for the mentoring context can be found in work by the Gallup organisation. They make a useful distinction between talents and strengths that lends itself to the mentoring context. Gallup defines talent as 'naturally occurring patterns of thought, feeling and behaviour that can be productively applied' (Buckingham/Clifton 2004). They are, therefore, a source of *potential* within the individual, which may be more or less developed.

Strengths, on the other hand, are defined as 'consistent near perfect performance in an activity' (Buckingham/Clifton 2001). In other words, strengths are talents consistently made manifest in the pursuit of excellence. Strengths are developed by adding knowledge and experience to a base of talent. Here is where the application of mentoring becomes most obvious. By adding mentors' time-tested knowledge and experience to an energetic base of talents, a foundation for new strengths is created and organisational knowledge is re-vitalised.

Steps to World Class Performance

The relationship between talent, strengths and mentoring can be seen in the visualisation below:

Fig. 2: Steps to world class performance through mentoring

Very simply, the strategic development topics are the 'right things' on which to focus the content of mentoring conversations and the overall mentoring process such as 'how to manage diversity and complexity', 'how to lead transnational groups' etc. The second element of an effective strengths-based mentoring process focuses on the appropriate skills, the 'how to do it'. In turn, to empower the mentoring partners further, developmental tools, such as lists of structured questions are offered to provide a supporting framework.

Talents underpin potential, which is capacity waiting to be applied in the pursuit of high performance. Strengths-based mentoring sessions provide a crucible for extracting the 'second hand gold' from the mentor's knowledge and experience. These four aspects of talents, knowledge, experience and strengths together build a foundation for world-class performance.

What does a strengths-based mentoring session look like?

Mentees are tasked with the responsibility of preparing for their mentoring sessions by exploring their personal development needs, set within the context of their company's strategic objectives. They help their mentors to prepare for the mentoring session by forwarding to them a description of their needs, their aspirations and questions concerning mentor's own experiences in the area.

At the meeting, they discuss and reflect on each others' experiences and also pose reflective questions. The mentoring partners are then encouraged to take their discussion to 'the next level' and ask the question 'so what? What is the bigger picture?' Between them, the mentor and mentee then work on developing a meta-understanding of their experiences that helps them see what are the commonalities and where the distinctions, differences and limitations of their understanding lie.

This leads to the following question: 'what next?' The mentor and mentee brainstorm together potential new ways of behaving, thinking and understanding and the mentee then decides on development objectives he or she would like to work on before the next mentoring session, where he can feedback new experiences to the mentor.

But these are the bare bones of the strengths-based mentoring process, so what else is different? Strengths-based mentoring sessions are focused and targeted on building talents into strengths, meaning a significant part of the process is concerned with revealing those talents through questioning, listening and giving feedback. Mentoring partners have conversations about how they used their strengths and talents in the past, how they use these abilities now, and how they might use them in the future. Where mentoring partners share their experiences (and, in particular, experiences that are relevant to the strategic organisational context) the focus of their dialogue is on both the successes they experienced and, critically, their 'lessons learned' from past failures.

This last aspect is important for two reasons: Firstly, it is necessary to reflect on failures as well as successes in order to have a balanced and realistic picture of the environment in which the mentoring partners and the company operate. Secondly, a positive view of lessons learned helps to move the dialogue forward from commiserating about the problems faced by employees and companies to what can be learned better in future ('getting good experience through bad experience'). This process also helps people to challenge and adapt their limiting assumptions and mental models of the past towards the adoption of a more empowered view of the future. As a consequence, the nature of dialogue between people moves forward too.

Practical Magic: What are the concrete steps involved?

The concrete implementation of a strengths-based mentoring programme involves three critical elements, as shown in the figure below (fig. 3). In our own strengths-based mentoring processes for client organisations, we set these three components out in a mentoring guide that accompanies the process. The mentoring guide itself is structured around the experiential learning cycle (Kolb 1984): each strategic development topic and skill is introduced with a 'big picture' overview and is followed up with reflective questions, which combines with the sharing of experience and development of the 'bigger picture' ideas.

Strategic development topics

Companies decide on the mentor knowledge that they need to lever in order to deliver their organisational vision. These strategic development topics are detailed in the Mentoring Guide, which is given to the mentoring partners. The

Mentoring Guide includes 'thought piece' articles on these strategic development topics to facilitate a 'bigger picture understanding' for both partners.

Fig. 3: Key elements of effective mentoring

This 'bigger picture' is an important part of the development process as it creates a gap between current knowledge and the new understanding. It helps mentoring partners suddenly see new links and different or broader perspectives on their talents, knowledge and experience or at least to define where their own experiences and ideas are different from other models. The following table shows the clusters of development topics that companies tend to focus on for their mentoring programmes, including specific examples for each cluster:

Vision and Strategy • Approach to company strategy implementation • Approach to current company challenges • Implementation of company vision
Personal Challenges • Managing work-life balance • How to make a success of international mobility
People Development • Identifying and growing own talents • Personal change and development
Diversity and Intercultural Aspects • Managing diverse teams and customers • Dealing with intercultural environments • Managing diversity
Complexity • Leading complex programmes and projects • Management challenges • Transition and complexity
Transition and Change • Managing change processes • Leading change processes

To take an example, the topic of 'Leading change processes' might be chosen by a company as being strategically relevant. The mentee would chose this as a topic that was also relevant to his or her own development and together with the mentor would share own experiences of leading change processes. They would reflect on this during a mentoring session, guided by reflective questions from the mentoring guide, and then move forward to considering 'So what? What is the bigger picture on how to lead change processes?' To consider this more fully, they could use the model of successful change management outlined in the mentoring guide, to see where their own experiences concurred or even where they disagreed. They might even be stimulated to come up with a new model of their own. Even better!

Already the mentor and mentee are challenging what are the accepted assumptions and understanding they had of leading change processes and creating new knowledge and learning. They are taking all those ideas, forming new directions for their dialogue and making those implicit ideas explicit and in a form that can be shared with others. They are learning and creating new knowledge together.

However, the next steps are just as important for their own and for the organisation's learning. The mentor and mentee then consider the 'so what?' – in other words, what new ideas do they have for how to lead change processes more effectively in future. Here they can integrate their own strengths and preferences and come up with an action plan for new ways of acting in their workplace. The mentee (and sometimes also the mentor) try out their new ideas for leading change processes and then report back their progress and all its successes and failures, challenges and opportunities, during their next mentoring session. So the learning cycle continues.

The importance of this part of the strengths-based mentoring process cannot be over-stated as a key way to align the content of mentoring conversations with the company's strategic development objectives. Companies should facilitate the success of their strengths-based mentoring programmes by giving focused guidance on what corporate knowledge should be leveraged during mentoring sessions. The risk to companies of not implementing this extra step in their mentoring programmes is that mentoring conversations remain at the operational 'fire-fighting' level or at the strategic, longer-term level but focused on the somewhat narrower concerns of the mentor and mentee.

On the other hand, the very process of companies deciding on what are the strategically relevant development topics for their mentoring programmes is conducive to creating a learning organisation. Organisations have the opportunity at this point to consider the relevance and practical applicability of their strategic development topics to specific groups of individuals. This is an essential part of developing a common vision as inevitably the process leads to an amount of questioning and dialogue within the wider organisation.

Mentoring Skills

There are several practical skills that mentoring partners can learn in order to make strengths-based mentoring more effective, such as learning how to give and receive effective feedback and active listening. Skills are techniques and approaches that can be explicitly defined and learned by adapting behaviour. The following table shows the clusters of skills that companies tend to focus on for their mentoring programmes (including some specific examples):

Listening Skills
• Active listening
• Strengths spotting
Learning Skills
• Experiential learning
• Giving and receiving feedback
Development Skills
• Creating a personal vision
• Strengths conversing
• Supporting development in others
Skills for handling challenges
• Effective challenging
• Problem-analysis and problem-solving

Two skills, in particular, underpin effective strengths-based mentoring and have intimate links to the wider development of a learning organisation:

Strengths-spotting

Strengths spotting (Linley 2008) is not just about looking at the most recent performance appraisal of the mentee to see where their highest performance 'marks' lie. As we have seen earlier, people can be good at something without it necessarily being a strength, and they may have areas of as yet untapped talent on which to draw. The mentoring partners are taught how to spot the subtle, telltale signs of strengths and talents in themselves and others, going beyond just focusing on areas of current high performance that might show up in a company's performance evaluations.

Strengths conversing:

One of the key skills we find that mentors and mentees need to develop is the ability to talk fluently about strengths and talents. Efficient listening and feedback skills underpin the development of this skill but are not sufficient alone in ensuring that conversations are strengths-based. There are two main aspects to this skill – having the confidence to focus a conversation on strengths and developing an effective vocabulary that enables them to talk about the distinctive facets of someone's strengths in sufficient detail.

Mentoring partners can sometimes perceive a risk when focusing on what is strong, what works and what are their talents, however. Some people, either mentors or mentees, can feel a pressure within the mentoring sessions to 'market' themselves and show only the perceived, most acceptable or desired facets of their performance to the other. People can also perceive the risk of being seen as arrogant or complacent if they focus on their positive abilities more than on their weaknesses. These are mistakes in the context of individual and organisational learning, of course, as it reinforces old assumptions and stereotypes without reference to whether they are even valid now as well as whether they are valid for the future. It is important, therefore, for mentoring partners to work together to develop trust, search for signs of authentic talents and strengths together and to offer challenging and supporting feedback to the other person.

So, these mentoring skills, with their wider applicability to the workplace, can be developed and practised in mentoring sessions either directly, by using them in the mentoring sessions to leverage knowledge and insight about their experiences. Mentoring partners can also develop their skills at a meta-level by spending time reflecting on how they use these skills already and how they can use them more effectively in future. Working on mentoring skills as development topics in themselves has the advantage, from a learning organisation point of view, of creating a meta-learning process.

Development tools

Mentoring is supported by supplemental development tools such as strengths assessments and personal development plans. The development tools are written as frameworks that the mentee can review, suggest as a framework to the mentor. This means that as soon as the mentoring session begins, even if the mentoring partners habitually work in different parts of the world, they can at least start their dialogue from an initial common framework.

The following table shows the clusters of tools that companies tend to focus on for their mentoring programmes, including some specific examples for each cluster:

Learning Tools
•   Experiential learning tool
•   Structuring feedback
Listening Tools
•   Breaking through limiting assumptions tool
Development Skills
•   Developing the vision toolkit
•   Identifying and initiating development
Mentoring Session Tools
•   Preparing the first session
•   Preparing interim sessions
•   Preparing the final session

Our experience has shown that the experiential learning cycle fits into this strengths-based mentoring process beautifully and helps promote reflection, feedback, 'bigger picture thinking' and experimentation with new actions hence the whole Mentoring Guide and the development tools are structured around this cycle. There is, however, a tool focused on experiential learning also integrated into the Mentoring Guide toolkit. The mentoring learning cycle, adapted from Kolb's experiential learning cycle, is shown below:

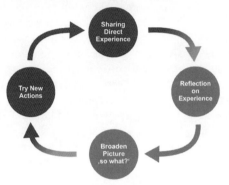

Fig. 4: Mentoring learning cycle (adapted from Kolb)

Experiential learning is created during strengths-based mentoring through this structure of discussing knowledge and experience ('what to talk about'), applying mentoring skills ('how to do the mentoring') and supporting processes with mentoring tools ('support the mentoring partners'). It is through this structure that the mentoring partners are able to first, share direct experiences, then through reflection on experience and by broadening their common picture share the development of better goals leading to new actions with which to experiment. Finally, because the structure is also set up to enable mentoring partners to reflect on their learning skills and processes, as well as on the learning itself, they are able to challenge their own learning assumptions and models as well.

These features map on to the learning organisation 'learning loops' as described initially by Argyris and Schön (1978) where they distinguished between single- and double-loop learning. Single-loop learning in a strengths-based mentoring programme takes place when mentees or mentors share their experiences, change their behaviour and then reflect on the results, and so on. Double-loop learning takes place in the mentoring process when the partners work together on understanding the 'bigger picture' and start to question their ideas and concept about how and why their environment functions as it does. In addition, another loop of learning is implemented when the mentoring partners discuss their methods and modes of learning: they learn about how they learn.

Strengths-based Mentoring and the Learning Organisation

It is our experience that strengths-based mentoring promotes an upwards learning spiral that draws in both people and organisations. Experiences of the mentoring partners are shared during mentoring sessions, their ideas change and as a consequence, the nature of their conversations and dialogue, inside and outside mentoring sessions, change. In this way, the system in which they operate learns as they take their new ideas and skills out into the workplace and the organisation changes as a result. This leads to ideas and conversations that are different, and so on.

As an organisational learning process, it maps on to the four stage spiral model of organisational learning described by Nonaka and Takeuchi (1995). Strengths-based mentoring takes the tacit knowledge of the mentor's and mentee's personal experiences and, through the experiential learning cycle; this knowledge is transformed into explicit knowledge that can then be communicated outside the mentoring context. This new knowledge is integrated into new working practices, re-creating a new form of tacit knowledge and so on.

So strengths-based mentoring is practically relevant to the creation of a Learning Organisation in the following ways:

- Strengths-based mentoring is about dialogue first and foremost but it is especially useful when it is used to bring together people from different parts of the system, increasing the learning opportunities. This 'cross-pollination' brings together diversity of ideas and experiences, which are then integrated into a new whole as mentoring partners ask 'so what? What is the bigger picture?'

- The focus on the strengths elicitation and development has important relevance as it brings people in touch with areas where they feel more authentic. In turn, this helps people be more in touch with their own personal aspirations and so develop and share genuine personal visions. Overall, a strengths focus within mentoring promotes individual excellence and intrinsic motivation.

- Strengths-based mentoring develops people's ideas and skills, but in ways that are applicable beyond the mentoring context. Strengths-spotting, strengths conversing, experiential learning, giving and receiving feedback, effective challenging, problem-solving, and so on, which can then be used directly outside of mentoring sessions.

- The implementation of a strengths-based mentoring programme gives employees the scope, permission and time to reflect on their experiences, challenge their own and their partner's assumptions and experiment with new ideas and actions in an iterative learning process.

- Through the interplay of these facets of mentoring, the nature and even structure of people and parts of the system (e.g. the structure of job roles or teams) are changed.

Send Sparks Flying – What really are the payoffs of strengths-based mentoring for a learning organisation?

As with other forms of chemistry, this mix of knowledge, talents and strengths application can create sparks that ignite other aspects of organisational excellence. However, the difference between this approach and other glittery packages is that this is backed up with empirical research:

Strengths use is intrinsically motivating, energising and highly efficient for the employee because it taps into an individual's unique, inherent capacities for high performance. People report feeling highly authentic when using their strengths, meaning they feel as though their strengths are a natural expression of who they are when they are at their best (Linley 2008; Govindji/Linley 2007).These aspects combine to provide a natural source of internal motivation that actively recharges people's subjective sense of energy.

Strengths use has been shown to create higher levels of engagement and meaning for employees (Harter/Schmidt/Keyes 2003), which has further downstream benefits in terms of improving resilience to stressful situations and increasing employee well-being (Sutcliffe/Vogus 2003). So employees that use their strengths often within their job do better within their jobs, feel more satisfied and are less likely to leave or suffer from stress.

Harnessing people's talents and strengths, and combining them with experience and knowledge, creates greater levels of productivity and innovation (Buckingham/Clifton 2004). The direct and indirect consequences of implementing strengths based development and a strong learning and knowledge exchange helps to promote cultures that support innovation (Gallup Management Journal 2006).

On the whole, empowering people with their own strengths in the workplace creates a positive upward spiral of productivity, energy, engagement, well-being and creativity for individuals. However, strengths-based mentoring creates a positive ripple effect within the organisation at large:

Positive emotions, generated when employees spend a greater amount of their working time utilising their strengths, enhance creativity, problem-solving and innovation (Frederickson/Branigan 2005). These positive emotions, in turn, are infectious and promote positive emotions in others, so the overall well-being of the organisation experiences an indirect uplifting effect. Positive emotions in the workplace also promote 'positive organisational citizenship' where employees are more likely to 'go the extra step' to help both one another and their customers. In turn, research by Gallup also found that customers were likely to engage more positively in return (Fleming/Asplund 2007).

Leaders that operate from their strengths, and who are skilled in Strengths Spotting and Strengths Conversing, also have an important role as positive 'climate engineers' within organisations. Research (Algoe/Haidt 2009; Goleman 2002) has shown that such leaders are able to create resonance with the people they are responsible for leading, inspiring trust and encouraging positive follow-ership. These leaders play a particularly important role in organisations facing challenging times or embarking on a period of change (Robison 2007).

Mentoring can also help create what Peter Senge referred to as 'shared leadership' as it is a process of empowering mentoring partners to expand their capabilities in understanding complexity, clarifying their own vision and working on improved shared mental models with their colleagues. These shared mental models and the positive change initiated by a strengths focus help to create a 'failure friendly' learning environment where 'failure' itself becomes a source of constructive feedback for the organisation about its internal or external environment. The learning culture of the organisation itself changes. In that context mentoring can help to create learning relationships that can be characterised as symmetrical, dialogue-oriented and holistic (Lehnhoff 1997).

But overall, strengths based mentoring directly increases to factors that have a demonstrable impact on the company's performance. In a study of 19,187 employees, drawn from 34 organisations across 7 industries and 29 countries, the Corporate Leadership Council (CLC) found that an emphasis on performance strengths was linked to a 36.4% improvement in performance, while an emphasis on personality strengths was linked to a 21.3% improvement in performance. In contrast, an emphasis on performance weaknesses was linked to a 26.8% decline in performance and an emphasis on personality weaknesses was linked to a 5.5% decline in performance (Corporate Leadership Council 2002).

Strengths performance has also shown to be linked to bottom line business performance. In a study of 198,514 employees across 7,939 business units within 36 companies, employees who said they were able to use their strengths at work every day were significantly more engaged and that engagement, in turn, was linked to higher levels of customer satisfaction, productivity and profitability (Harter/Schmidt/Hayes 2002).

What's the conclusion?

Strengths-based mentoring, with a focus on strategic development topics, supercharges mentoring and makes the mentoring process work even better for the participants and the organisation. It has focused, targeted pay offs for the development of the mentoring partners and range of positive effects for the rest of the organisation. These go far beyond knowledge management and also far beyond 'plain' mentoring because of the link with the internal energy, motivation, authenticity and engagement. People can 'express themselves anew' – almost paradoxically, by transforming the nature of ideas, climate and environment in this way, people are more empowered to express their authentic selves so the learning is 'real gold' not 'fool's gold'.

Of course, implementing a strengths-based mentoring programme is not a single panacea that will transform a company into a learning organisation alone.

However, at a time where resources are being squeezed, strengths-based mentoring provides an organisational and employee development opportunity with lots of advantages. Not least of these advantages is that it is a process of empowerment from within.

References

Agyris, C/Schön, D. (1978): Organizational Learning: A theory of action perspective. Reading

Algoe, S.B./Haidt, J. (2009): Witnessing excellence in action: the 'other praising' emotions of elevation, gratitude and admiration. Journal of Positive Psychology, 4(2), pp. 105-127

Buckingham, M./Clifton, D.O. (2001): Now, Discover Your Strengths. New York

Buckingham, M./Clifton, D.O. (2004): Now, Discover Your Strengths. New York

Corporate Leadership Council (2002): Performance management survey. Washington DC

Engaged Employees Inspire Innovation. Gallup Management Journal, October 2006. Document available at http://gmj.gallup.com/content/24880/gallup-study-engaged-employees-inspire-company.aspx

Fleming, J.H./Asplund, J. (2007): How Employee and Customer Engagement Interact. Gallup Management Journal. Document can be found here: http://gmj.gallup.com/content/103081/How-Employee-Customer-Engagement-Interact.aspx

Frederickson, B/Branigan, C. (2005): Positive emotions broaden the scope of attention and thought-action repertoires. Cognition and Emotion, 19, pp. 313-332

Goleman, D (2002). Working with Emotional Intelligence. New York

Govindji, R/Linley, P.A. (2007): "Strengths use, self concordance and well-being: Implications for strengths coaching and coaching psychologists". International Coaching Psychology Review, 2(2), pp. 143-153

Harter, J.K./Schmidt, F.L./Hayes, T.L. (2002): Business-unit-level relationship between employee satisfaction, employee engagement and business outcomes: A meta-analysis. Journal of Applied Psychology, 87, pp. 268-279

Harter, J.K./Schmidt, F.L./Keyes, C.L.M. (2003): "Well-being in the workplace and its relationship to business outcomes: A review of the Gallup studies". In: C.L.M. Keyes/J. Haidt (Eds): Flourishing: Positive Psychology and the Life Well-Lived. Washington, pp. 205-224

Kolb, D.A. (1984): Experiential learning: Experience as the source of learning and development. Englewood Cliffs

Lehnhoff, A./Petersen, J. (2001): 'Managementbildung'. In: R. Arnold/S. Nolda/E. Nuissl (Hrsg.): Wörterbuch Erwachsenenpädagogik. Bad Heilbrunn, S. 213-215

Lehnhoff, A. (1997): Vom Management Development zur Managementbildung. Frankfurt a.M.

Linley, P.A. (2008): Average to A+: Realising strengths in yourself and others. Coventry

Nonaka, I./Takeuchi, H. (1995): The Knowledge Creating Company. New York

Robison, J. (2007): The Business Benefits of Positive Leadership. Gallup Management Journal. Document can be found here http://gmj.gallup.com/content/27496/Business-Benefits-Positive-Leadership.aspx

Senge, P. (1990): The Fifth Discpline: the Art and Practice of the Learning Organization. New York

Sutcliffe, K.M./Vogus, J. (2003): "Organising for Resilience". In: K.S Cameron/J.E. Dutton/R.E. Quinn (Eds): Positive Organizational Scholarship. San Francisco, pp. 94-110

Elke Moning/Jendrik Petersen

Organisationslernen und Dialogische Führung als Gestaltungsfelder betriebspädagogischer Professionalität

Unternehmen als Organisationen, die sich ständig den Anforderungen des Marktes, dem Wettbewerb und ständigen Veränderungen ausgesetzt sehen, sind, um sich in ihrer Umwelt behaupten zu können, zweifelsohne auf ein hohes Maß an Flexibilität, Informationsaufnahme und -verarbeitung, Kommunikation und Lernbereitschaft bzw. Lernfähigkeit angewiesen (vgl. Geißler/vom Bruch/ Petersen 1994).

Derartig veränderte Rahmenbedingungen und Ansprüche bergen neben den allseits bekannten und oft diskutierten Risiken auch die *Chance* in sich, ehemals überwiegend bürokratisch-mechanisch organisierte Unternehmen mit ihrem an Rationalisierung orientierten Qualifikationsverständnis in *lernende Organisationen* umzuwandeln und damit bisherige *auf Linearität aufbauende Orientierungs- und Begründungsmuster* organisationalen Denkens und Handelns zunehmend in Frage zu stellen (vgl. Geißler 1994, Petersen 1997).

Davon ausgehend, dass sich die Betriebspädagogik als Wissenschaftsdisziplin in punkto Professionalität auf zukunftsweisende Lern-, Kommunikations- und Kooperationsprozesse in Unternehmen, Behörden und Non-Profit-Organisationen unter besonderer Berücksichtigung der Aspekte Personalführung und betriebliche Bildung zu konzentrieren hat und dementsprechend insbesondere

- die erfolgreiche Wahrnehmung zukünftiger Management- und Führungsaufgaben,
- die Professionalisierung einer zeitgemäßen betrieblichen Personal- und Bildungsarbeit sowie
- eine möglichst dialogisch orientierte Unternehmensgestaltung

mit Hilfe der Ermöglichung, Begleitung und Sicherstellung ständiger individueller und auch organisationaler Lernprozesse verfolgen sollte (s. u.a. Arnold 1990), gilt es in diesem Beitrag der Frage nachzugehen, *wie sich die Themenbereiche Organisationslernen und Dialogische Führung als Handlungsfelder betriebspädagogischer Professionalität identifizieren und gestalten lassen können.*

Neben dem traditionellen pädagogischen Aufgabenfeld der betrieblichen Aus- und Weiterbildung treten deshalb immer stärker auch Fragestellungen der Management Diagnostik, der Personal- bzw. Führungskräfte- und Organisationsentwicklung, des Coachings, aber auch des Umgangs mit Wissen (Wissensmanagement) sowie mit Veränderungen (Change Management) hinzu (s. Petersen/Lehnhoff 2008).

Diese Herausforderungen erfordern von Betriebspädagogen im Sinne der Sicherstellung betriebspädagogischer Professionalität nicht nur profunde Kenntnisse in pädagogisch-didaktischer Hinsicht, sondern auch die aktive Auseinandersetzung mit ökonomischen und technologischen Fragestellungen (s. u.a. Arnold 1991, Petersen 2003a).

Nicht zuletzt um den Arbeiten Harald Geißlers gerecht zu werden, bietet es sich an, den Anspruch an Betriebspädagogische Professionalität eng mit den Erwartungen an die lernende Organisation bzw. den (professionell zu gestaltenden und zu begleitenden) Prozess des Organisationslernens zu verbinden.

1. Erwartungen an die lernende Organisation bzw. den Prozess des Organisationslernens

Das Konzept der „lernenden Organisation" bzw. des „Organisationslernens" erlebte in den 1990er Jahren im deutschsprachigen Raum einen außerordentlichen Boom (vgl. u.a. Fatzer 1990, Geißler 1998). Dieser Boom begründete sich auf fundamentale Veränderungen des Praxisfeldes des Managements, das in den letzten Jahrzehnten zunehmend gezwungen war, sein traditionelles Paradigma sozialtechnologischen Kalkulierens und Beherrschens aufzugeben und sich statt dessen in einen „interdisziplinären Suchprozess" (Klimecki/Laßleben 1996) zu begeben.

Nicht zuletzt wurde diese Entwicklung mit dadurch ausgelöst, dass seit Ende der 1980er Jahre in vielen westlichen Unternehmungen nach ursprünglich japanischem Vorbild (vgl. Womack/ Jones/ Roos 1990) tiefgreifende Umstrukturierungsprozesse – zu charakterisieren durch den Wegfall mittlerer Hierarchieebenen sowie die Ausdünnung von wissensverarbeitenden und entscheidungsvorbereitenden Stabsstellen – stattgefunden haben. Damit verbunden kam der schnellen Verfügbarkeit von potentiell in den Organisationen vorhandenem Wissen (vgl. hierzu die Ansätze zum Wissensmanagement bei Pawlowsky 1994, 1995 sowie Probst/Raub/Romhardt 1997) der Charakter einer *strategischen, immateriellen Ressource der Zukunft* zu.

Angesichts dieses vielschichtigen Hintergrundes schien es immer notweniger zu werden, dass sich gesamte Organisationen *selbst* zum ständigen individuellen *und* kollektiven Lernen im Sinne einer „education permanente" (Petersen 1997a) befähigen und dementsprechende Lern- und Handlungsmodi ausgestalten. Organisationalen Lernprozessen lagen die Erwartungen zu Grunde,

• die dem kollektiven Denken und Handeln zugrunde liegende Orientierungsgrundlagen
• die organisationale Zielsetzung und Strategie

- die darauf basierende organisationale Aufbau- und Ablauforganisation
- organisationale Belohnungs- und Bestrafungsmodi und somit auch
- die gelebte Kultur des Unternehmens

professionell und innovativ zu hinterfragen und weiterzuentwickeln.
Die in den 1990er Jahren auch im deutschsprachigen Raum intensiv erfolgten Diskussionen über das Lernen von Organisationen sind auch aus heutiger Sicht – knapp 20 Jahre später – nicht etwa als Modeerscheinung zu betrachten, sondern als Resultat und gleichzeitiger Auslöser einer dynamischen und vielschichtigen Entwicklung in Wirtschaft und Gesellschaft, die auch am ‚Unternehmensportal' nicht haltmacht (s. Senge 2003).
Hieraus lassen sich insbesondere zwei zentrale Fragestellungen ableiten, die auch heute noch eine hohe Aktualität in sich bergen:

1. Wie kann es gelingen, dass ein Unternehmen seine bereits existierenden Gestaltungsinstrumente verbessert bzw. neue einführt und damit seine Organisationsstruktur im Hinblick auf Problemlösekompetenz nicht nur anpasst, sondern auch zukunftsorientiert verbessert?
2. Wie kann es gelingen, dass die entscheidende Komponente, nämlich die Mitglieder einer Organisation im Umgang mit diesen Instrumenten bzw. mit der Organisationsstruktur in die Lage versetzt werden, alle Möglichkeiten für eine Verbesserung des Steuerungspotentials der Unternehmung möglichst weitgehend auszuschöpfen (vgl. Petersen 2003a)?

Über kollektive Lernprozesse soll sich die Organisation selbst befähigen, ihre *kognitiven Strukturen* und *Verhaltens-/ Handlungsdispositionen* (bspw. in Form der *sie* konstituierenden sozialen Beziehungen, Regeln und Normen) *unter Berücksichtigung ihrer technischen und ökonomischen Parameter* ständig zu überprüfen und (weiter) zu entwickeln.
Angesichts dieser Fragestellungen sind organisationale Lernprozesse auch weiterhin mehr als nur kosmetische Veredelungs- bzw. „Peace-Making-Prozesse" an der Oberfläche der Organisation anzusehen.
Es geht nämlich „eine Ebene tiefer um Prozesse der Strukturgestaltung, der (Weiter-)Entwicklung von Markt-, Kunden- und Umweltbeziehungen sowie der Gestaltung von Anreizsystemen und noch grundsätzlicher um die generellen Regelungssysteme der Organisation bei Problemlösung und Entscheidung, um die ‚Weltbilder' bzw. ‚organizational maps', also um Unternehmenskultur, die implizit und meist unsichtbar Lernen und Handeln prägt, fördert bzw. blockiert (...). Eingebettet und verzahnt mit diesem organisatorischen Transformationsprozess ist der individuelle Lern- und Entwicklungsprozess der Organisationsmitglieder (Sattelberger 1989, S. 13f.).
Dementsprechend ist es immer weniger weiterführend, „sich vorrangig auf Ergebnisse und ihre Qualität zu konzentrieren, also auf die erstellten bzw. zu

erstellenden Produkte, auf die Maschinen, mit deren Hilfe produziert wird, auf die Organisationsstruktur, die der Arbeit einen Rahmen gibt, und auf die Organisationsstrategie, die einen bestimmten Weg in die Zukunft weist. Stattdessen ist auf die Prozesse und ihre Qualität zu blicken, d.h. auf die individuellen Arbeitsprozesse, auf deren wechselseitige Abstimmung durch Prozesse des Organisierens, auf den Prozess der Qualitätssicherung und -verbesserung des Arbeitens und Organisierens, – und zwar sowohl durch individuelles Lernen wie auch durch wechselseitig zwischen den einzelnen abgestimmtes kollektives Lernen, d.h. durch Organisationslernen" (Geißler 1995, S. 370).

Um eine Klärung darzulegen, wie denn überhaupt der „schillernde" Begriff bzw. Prozess des Organisationslernens konkretisiert und „mit Leben gefüllt" werden könnte, bietet sich ein Verweis auf die diesbezüglich grundlegenden Arbeiten der US-Amerikaner Chris Argyris und Donald Schön an, die zwischen drei qualitativ unterschiedlichen Organisationslernmodellen unterschieden haben, nämlich dem

- Single-loop-learning
- Double-loop-learning und
- Deutero learning

a) Dem single-loop-learning liegt die Aufgabenstellung zugrunde, dass Unternehmen dem Markt Produkte und/oder Dienstleistungen anzubieten haben und möglicherweise aufgrund innerbetrieblicher Probleme dazu nur noch eingeschränkt in der Lage sind. Derartige Missstände können sich folgendermaßen darstellen:

- Die Qualifikationen der Mitarbeiter (das handlungspraktische Wissen und Können) reichen nicht aus, um der zunehmenden Komplexität der Aufgabenstellung gerecht zu werden.
- Innerhalb der Organisation gibt es „Reibungsverluste" zwischen den einzelnen Ressorts (bspw. Produktion, Marketing und Vertrieb).
- Die Prognosen über die Nachfrage am Markt, die als Beurteilungsgrundlage für die verfolgten Strategien dienten, haben sich als unvollständig erwiesen.
- Die von der Organisation erstellten Produkte und Dienstleistungen entsprechen nicht (mehr) den Erwartungen der Kunden.

Zur Ausgestaltung von organisationalen single-loop-Lernprozessen gilt es nunmehr, die Kontextbedingungen (bspw. die Anforderungen des Marktes) zu überprüfen, um klare Aussagen treffen zu können, welche betriebsinternen Defizite für den/die festgestellten Mangel/Mängel verantwortlich sein können, *wobei die dem Handeln zugrunde liegenden Normen des Aktors oder der Handelnden, die*

möglicherweise eine Infragestellung des in der Organisation vertretenen Fort-
schrittsverständnisses beinhalten, dabei völlig unberücksichtigt bleiben.

„There is a single feed-back loop which connects outcomes of action to organizational strategies and assumptions which are modified so as to keep
organizational performance within a range set by organizational norms. The
norms themselves – for production quality, sales, or task performance – remain
unchanged" (Argyris/Schön 1978, S. 18f).

Single-loop-learning lässt sich mit anderen Worten als ein Bemühen um „Rationalität im operativen Umgang mit Mitteln und Instrumenten" (Geißler 1995,
S. 374) ansehen.

Single-loop-learning kann somit als Organisationslerntypus verstanden werden, welcher sich am gültigen Organisationsparadigma orientiert, den Willen
und darauf basierende Entscheidungen der Unternehmensführung demzufolge
nicht hinterfragt und die grundlegenden Normen überhaupt nicht zum Gegenstand hat, sondern vielmehr durch individuelles operatives Anpassungslernen zur
schnellen und effizienten Fehlerkorrektur i.S. von managementstrategischen und
taktischen Anpassungslernmodi einer Organisation führen soll (vgl. Petersen
1997).

b) Nach Argyris/Schön (1978) entsteht dann die Notwendigkeit von double-
loop-learning-Prozessen, wenn sich der die Organisation umgebende Kontext
(Umwelt) so tiefgreifend verändert, dass die kollektive Handlungsfähigkeit und
Existenz zur Disposition steht.

Um diesem Anspruch Rechnung zu tragen, sind nunmehr bestimmte Führungskräfte herausgefordert, *durch gemeinsames Lernen* Ansprüchen, die durch
die Gesellschaft und/oder den Markt an die Organisation herangetragen werden,
dahingehend zu begegnen, dass alle Aspekte des Problems unter verschiedenen
Gesichtspunkten umfassend erörtert werden, da einzelne Individuen, auch wenn
sie über Macht und/oder Fachkompetenz verfügen, allein dazu höchstwahr-
scheinlich außerstande sind.

Mit anderen Worten thematisieren double-loop-Lernprozesse, im Sinne der
Überlebensfähigkeit der Unternehmung, die gültigen Normen, die wiederum den
Deutungsmustern und Strategien Richtung zu verleihen haben.

Der Vorschlag, double-loop-Lernprozesse zu installieren, lässt sich durch die
Annahme beider Autoren begründen, dass hochkomplexe Probleme am Beispiel
externer Ansprüche und interner Fehlentwicklungen ein gemeinsames Wissens-
und Handlungsdefizit offenlegen.

Chris Argyris und Donald Schön verstehen im Modell des double-loop-learning die nunmehr gemeinsam lernenden Organisationsmitglieder als eine *Ex-
pertenrunde*, in der zunächst in der Auseinandersetzung mit dem organisatio-
nellen Kontext und damit verbundenen Problemen individuelle Erkenntnisse gewonnen werden, die dann einer kollektiven Überprüfung und Erörterung zu

unterziehen sind. Es geht beim double-loop-learning um „Rationalität bezüglich der strategischen Erschließung von Zukünftigem" (Geißler 1995, S. 370).

c) In ihren bisherigen Ausführungen deuten Chris Argyris und Donald Schön an, dass neben den eben kurz skizzierten single-loop-learning- und double-loop-learning-Modi *noch* ein Lernmodell ausgestaltet werden muss, welches überprüft und sicherstellt, dass *Lernen überhaupt gelernt* wird (vgl. Argyris/ Schön 1978, S. 24ff.) und um letztlich überprüfen zu können, *ob* und *inwieweit* single-loop- und double-loop-Lernprozesse in Bezug auf eine Steigerung der organisationalen Problemlösekompetenz erfolgreich gewesen sind. Dieses Organisationslernmodell wird von Argyris/Schön als *deutero-learning* bezeichnet:

„When an organization engages in deutero-learning, its members learn, too, about previous contexts for learning. They reflect on and inquire into previous contexts for learning. They reflect on and inquire into previous episodes of organizational learning, or failure to learn. They discover what they did that facilitated or inhibited learning, they invent new strategies for learning what they have produced. The results become encoded in individual images and maps and are reflected in organizational learning practice" (Argyris/Schön 1978, S. 27).

Deutero oder Loop-reflecting-learning (Petersen 1997) weist dementsprechend einen hochkomplexen Charakter, was bezüglich der immensen Komplexität des heutigen (Organisations-)Alltages, der es mit Hilfe von

- Ganzheitlichkeit,
- Offenheit,
- Humanität und
- Mut zum visionären Denken

zu begegnen gilt, auch nicht sonderlich überrascht.

Vor diesem Hintergrund setzt Harald Geißler (1995, S. 370) deutero bzw „loop-reflecting-learning" (Petersen 1997) mit Rationalität im Umgang mit normativen und werthaltigen Vorannahmen gleich.

Um dem Grundsatz zu entsprechen, dass Menschen *dann* als *handlungskompetent* angesehen werden können, *wenn* sie in konkreten Situationen die richtigen Dinge zu tun in der Lage sind (vgl. Moning 2009), lässt sich für die Führungskräfte einer Organisation eine Übertragung dieser drei Organisationslernmodi als Ausdruck dreier Grade der Rationalitätsentfaltung dahingehend anwenden, dass sie

- die von der Organisation vorgegebenen Arbeits- und Lernziele erreichen muss (Ebene des Wissens und Könnens),
- darüber hinaus sich selbst in die Lage versetzen soll, die richtigen Arbeits- und Lernziele zu setzen (Wissen, Können und Wollen) sowie

- das Wissen, Können und Wollen ausgestaltet, die seinem Denken und Handeln zugrundeliegenden Orientierungsmuster (Ebene des kritischen Überprüfens) für sich und *im Dialog* mit anderen kritisch zu reflektieren (vgl. Geißler 1998, Argyris/Schön 1978).

Vor diesem Hintergrund lässt sich die These vertreten, dass erst die Dialogfähigkeit von Führungskräften zu Lernprozessen derartiger Qualität führen kann.

2. Dialogfähigkeit als Voraussetzung organisationaler Lernprozesse

In hierarchisch-aufgebauten Organisationen wie beispielsweise erwerbswirtschaftlichen Unternehmen bedeutet die faire Auseinandersetzung mit den Betrachtungen des anderen für Führungskräfte und Entscheidungsträger die *konkrete Aufforderung*, das *Wagnis einzugehen*, zunächst einmal Dialoge als *animierender (Lern-)Partner* und *Katalysator* zuzulassen und zu führen. Dieser Prozess kann als „Dialogisches Management" bezeichnet werden (Petersen 2003). Mit Hilfe *dialogischen Managements* können beispielsweise auf Mitarbeiter- und Teamebene Selbstbewusstsein, Urteilsfähigkeit, Leistungs- und Innovationsbereitschaft sowie die Entfaltung schöpferischer Kräfte auf allen Ebenen ermöglicht und dementsprechend Raum dafür gegeben werden, sich im gesamten Kontext stärker Tugenden wie Kreativität, Querdenken, Spontaneität und Risikofreudigkeit zuzuwenden.

Dementsprechend besteht das *Aufgabenfeld dialogischen Managements* darin, die in einer Gruppe, Abteilung oder gesamten Organisation geltenden Prämissen, aber auch Barrieren und Trennungen *konstruktiv-kritisch zu hinterfragen* und auf diese Weise die u.U. (immer noch) sehr erfolgreichen bestehenden Denk- und Handlungsroutinen *zu durchbrechen* (vgl. dazu auch Argyris 1993). Dies sollte selbst (oder gerade) in dem Falle geschehen, dass *momentan* noch kein „Leidensdruck" besteht.

Dieser Anspruch lässt sich dahingehend konkretisieren, dass man sich den Kernfragen hinsichtlich des „Warum" Organisationen so organisiert und strukturiert, wie sie sind, zu stellen hat. Konkrete Fragestellungen bieten sich hierbei an:

- *Warum* existieren gerade die Unternehmenskultur und Spielregeln, die existieren,
- *Warum* werden gewisse Dinge so gemacht, wie sie ablaufen,
- *Warum* wird über Kunden, Lieferanten, Konkurrenten, Mitarbeiter und die eigene Organisation so gedacht, wie gedacht wird,

- *wie denkt man* und *wie entstehen* dabei gewisse Verhaltensweisen bzw. *wie werden* jene Entscheidungen getroffen, die bestimmte Ergebnisse hervorbringen.

Als Ziel des dialogischen Managements ist es daher anzusehen, der Organisation und ihrer Führung einen „Spiegel" vorzuhalten, und zwar zu zeigen, wo Änderungen notwendig werden und Entwicklungspotentiale aufgebaut und gefördert werden können und müssen. Es geht also um die hinter den Wertauffassungen, Sichtweisen, Selbstverständlichkeiten, Spielregeln, Mustern, Vorstellungen, Entscheidungen, Handlungen etc. liegenden Meta-Werte, Meta-Sichtweisen, Vorverständnisse, Denkbezugsrahmen, Theorien. Somit gilt es, die in der Organisation gültigen Grundhaltungen und Verhaltensmuster *selbst zur Disposition zu stellen* (vgl. Petersen/Lehnhoff 2008) und somit auch die Veränderung der Organisationsstrategie, -struktur, -kultur und der bisherigen Personalpolitik einleiten zu können.

Der Dialog setzt voraus, dass sich jeder Partner in Distanz zur rollenspezifischen Handlungspraxis setzt, wodurch der Charakter der Selbstverpflichtung deutlich wird.

Der Dialog findet in einem realen machtbesetzten Raum statt und hat Herrschaftsfreiheit als kontrafaktische Idee. Somit kann hier von einem bewussten Umgang mit Macht und Hierarchie i.S. eines normativen Anspruches gesprochen werden.

Hieraus ergibt sich, dass Führungskräfte und Mitarbeiter als (zumindest prinzipiell) *gleichberechtigte Wahrheits- und Problemlösungsquellen* anzusehen sind und hierzu den aktuellen Wissensstand *ständig hinterfragen* und *verändern* müssen. Als Voraussetzung hierfür lassen sich nennen:

1. Die (für die Problemlösung wichtigen) Mitarbeiter werden über das jeweilige Problem und diesbezügliche Lösungsalternativen aufgeklärt, um sich an der Lösungsfindung zu beteiligen.
2. Ein Austausch der beiderseitigen Perspektiven ist möglich und wird von allen Beteiligten als für die Problemlösung notwendig und weiterführend angesehen.

Hierbei gilt es zu bedenken, dass eine derartige Qualität des Dialoges *eben nicht* möglich wäre, wenn die Mitarbeiter aufgrund beibehaltener Sanktionspotenziale und Machtverhältnisse befürchten müssten, dass Einwände gegenüber den Vorstellungen der Führungskräfte mit Missbilligungen, Abmahnungen, Nichtbeförderungen oder gar Entlassungen sanktioniert werden, weil die Führungskräfte sich möglicherweise in ihrer Autorität und Kompetenz bedroht fühlen. Folglich darf sich dann auch nicht die Abhängigkeit der Mitarbeiter dermaßen darstellen, dass sie sich nicht mehr dazu in der Lage sehen, eigene Vorschläge zu entwickeln und zu vertreten, weil sie sich mehr oder weniger als „Sprachrohre" ihrer Führungskräfte verstehen und dementsprechend denken und handeln. *Jede Öffnung zu einem Dialog* ist nämlich zweifellos sowohl seitens der Führungskräfte als auch der Mitarbeiter immer mit einem *Risiko* verbunden, das Wagnis bezüglich der *Verlässlichkeit* des Partners eingehen zu müssen. Diese *Verlässlichkeit* lässt sich oftmals gar nicht anders als durch *Vertrauen* auf die *Ehrenhaftigkeit* und den *guten Willen* zur Sicherstellung des *gemeinsamen Wohles* absichern. Sonst wäre nämlich eine *weitere partnerschaftlich-dialogische Beziehung* nicht mehr möglich.

Dialog und dessen Voraussetzungen *Vertrauen* und *Verlässlichkeit* basieren auf einem *Konsens*, sprich: aus einer allgemeinen Überzeugung von der *gegenseitigen Abhängigkeit*, in der sich die Dialogpartner befinden. Hierbei wird sowohl auf der Seite der Mitarbeiter ein gewisses Maß an *Zivilcourage* als wichtige Eigenschaft, *reflexiv-eigenständig denken und handeln* zu können, verlangt, sowohl klar seine Ansichten zur Problemlösung zu äußern, als auch auf der Seite der Führungskräfte ebenfalls die reflexiv-eigenständige Kompetenz, mit Argumenten von unten *konstruktiv-kritisch* umzugehen. Genauso wie die Mitarbeiter mit der Zeit lernen müssen, dass sie ihre Verbesserungsvorschläge wagen können, obliegt es ihren Führungskräften, *selber akzeptieren zu lernen*, dass die Mitarbeiter als *Quelle guter Ideen* für eine *gemeinsame Weiterentwicklung* anzusehen sind und dass daraus nicht eine irgendwie geartete *Bedrohung* entsteht (vgl. dazu auch Dietz/Kracht 2007) obwohl trotz allem Optimismus auch Dietz/Kracht (2007, S. 76ff.) eingestehen, dass im Rahmen einer dialogischen Führung realistischerweise nicht gänzlich auf Anweisungen und Kontrollen verzichtet werden kann.

Vor diesem Hintergrund bietet es sich an, eine Brücke zur „betriebspädagogischen Professionalität" zu schlagen, um organisationale Lernprozesse und dialogische Führungsprozesse wirksam und nachhaltig initiieren und gestalten zu können.

3. Betriebspädagogische Professionalität bei der (Mit)-Gestaltung von Organisationslernen und Dialogischer Führung

In der Literatur gibt es zweifelsohne eine Vielzahl von Ansätzen, um generell Professionalität zu umschreiben. So wird unter anderem von Kompetenzen, Fähigkeiten, Ressourcen, Skills etc. gesprochen, die manchmal als Synonyme und manchmal in gegenseitiger Abgrenzung verwendet werden.

Das Führen von Menschen gestaltet sich in Zeiten zunehmender Komplexität und Unsicherheit im Vergleich zu früheren Jahrzehnten immer schwieriger.

Diese Aussage ist sicherlich per se nicht sonderlich originell, weist aber unter anderem darauf hin, dass es nach wie vor keine Ausbildungsverordnung bzw. Curricula gibt, nach denen Führungsprozesse gelernt werden können. Vielmehr sind es nach wie vor eher Zufall, (scheinbare) Begabung oder (primäre) Orientierung an Fachkompetenz, die zur Führung von Menschen zu berechtigen scheinen (vgl. u.a. Thom 2008). Konkret sind damit folgende Herausforderungen und Unsicherheiten verbunden:

1. Es ist nach wie vor unklar, welche Aufgaben die Führungskraft eigentlich hat. Geklärt werden muss dementsprechend, ob der „Führungsfokus" insgeheim nicht doch primär auf betriebswirtschaftliche oder technische Kompetenz gelegt wird, so dass hinsichtlich pädagogischer Kompetenz nur von einer „Semi-Professionalität" gesprochen werden kann. Weiterhin gilt es der Frage nachzuspüren, ob

2. organisatorisches Gestalten nicht nur als eine einmalige Maßnahme, sondern tatsächlich als ein fortlaufender Prozess verstanden wird, bei dem es gilt, die Stabilität, aber auch die Dynamik des sozialen Systems gleichermaßen zu erhalten.

Diese Faktoren motivieren die rational-ökonomisch denkende und handelnde bzw. entscheidende Führungskraft im wirtschaftlichen Kontext zunächst einmal wenig, von ihrer reinen Zahlen- und „Fachkompetenzorientierung" Abstand zu nehmen:

„Das Muster ‚fachliche Kompetenz' ist von naturwissenschaftlich-technischem Wissen abhängig bzw. dieser Art des Wissens immanent. Naturwissenschaftliches Wissen ist personenunabhängig (d.h. für jedermann gültig und von jedermann nachprüfbar) wird in widerspruchsfreien Theorien formuliert und kann systematisch-methodisch überprüft und angewendet werden. Die Arbeit mit naturwissenschaftlich-technischem Wissen verlangt eine emotional distanzierte Haltung. Diese und die dazu passenden Verhaltensmuster (analysieren, experimentieren, vergleichen, auswerten, etc.) haben Wissenschaftler und Techniker gelernt und verinnerlicht. Demzufolge nennen wir jemanden fachlich kompetent, wenn er/sie den Wissensstand eines Fachgebietes beherrscht und damit neue Problemstellungen bearbeiten und neu auftretende Fragen nach theoretischen und methodischen Kriterien entscheiden kann. Die Naturwissenschaften haben fachliche Entscheidungskriterien und eine wissenschaftliche Einstellung – mit emotionaler Distanz Probleme bearbeiten – entwickelt, aber kein eigene Forschungs- und Entwicklungsorganisation" (Schmidt 1993, S.97ff).

Unter Berücksichtigung dieser Vielfalt wäre wiederum zu klären, wie denn nun *betriebspädagogische Professionalität* im Einzelnen zu konkretisieren wäre und wie sie arbeitsteilig auf *betriebspädagogische Vollprofessionals* und Führungs- und ggf. auch Fachkräfte als *betriebspädagogische Semiprofessionals* auszulegen sein könnte.

So hat Harald Geißler darauf verwiesen, dass in einer lernenden Organisation alle Angehörigen und dabei insbesondere die Führungskräfte betriebspädagogische Funktionen wahrnehmen, indem sie Verantwortung für die Arbeit, die

Selbst- und Fremdqualifizierung sowie für die existentielle Selbstbesinnung der anderen übernehmen. Um diese schwierigen Aufgaben angemessen wahrnehmen zu können, müssen sie von den betriebspädagogischen Professionals qualifiziert und im Vollzug diese Tätigkeiten von ihnen betreut werden (s. u.a. Geißler 2000).

Betriebspädagogische Professionalität könnte sich vor diesem Anspruchshintergrund dadurch auszeichnen, den Menschen im Unternehmen unter der notwendigen Berücksichtigung von Unternehmensstrategie, -struktur und -kultur sowie technischer Herausforderungen einen „Spitzenplatz" einzuräumen und dabei besonders diejenigen mit Führungsverantwortung in den Blick zu nehmen: „Die Steuerung sozialer Prozesse setzt das Vorhandensein verschiedener sozialer Fähigkeiten voraus, so zum Beispiel die Kontaktfähigkeit. Die erfolgreiche Führungskraft muss auf ihre Mitarbeitenden zugehen können, ihnen Ziele und Formen des eigenen Verhaltens offenlegen oder ihnen beispielsweise Beratung anbieten. Ebenso muss sie kooperationsfähig sein und Meinungen respektive Ideen von andern aufgreifen und weiterführen können. Damit die Führungskraft frühzeitig Konflikte erkennen und lösen sowie unterschiedliche Interessen auf ein gemeinsames Ziel ausrichten kann, muss sie ein hohes Maß an Integrationsfähigkeit aufweisen. Als weitere Merkmale gehören die Team- und Kommunikationsfähigkeit oder das Einfühlungsvermögen zu dieser Kategorie, die als Befähigung zur Steuerung sozialer Prozesse zusammengefasst wird" (Thom 2008, S. 51).

Sich auf diese Argumentation einlassend, ginge es bei der Anregung zu „betriebspädagogischer Professionalität" folglich *eben nicht länger darum*, sich geradezu naiv-träumerisch-pädagogisch *ausschließlich* zum Anwalt des *betriebspädagogischen* Zöglings „Mitarbeiter auf niedrigeren Hierarchiestufen" zu erklären, sondern stattdessen den Blick dahingehend zu weiten, sich vor dem Hintergrund einer proaktiven Auseinandersetzung mit neuen Herausforderungen

- werteorientiert und verlässlich zu geben,
- für Veränderungen offen zu sein (aber nicht jede Mode mitzumachen) sowie
- an Bewährtes anzuschließen und dieses weiterzuentwickeln,

und dementsprechend auch besonders die (i.d.R. nicht betriebspädagogisch ausgebildeten) Führungskräfte in den unterschiedlichsten Organisationen anzusprechen, zu überzeugen und mittel- bis langfristig als Promotoren und Multiplikatoren für genau diese Vorgehensweise zu gewinnen, um fähig und bereit zu sein, den Kompetenzrahmen auszuschöpfen, Entscheidungen fristgerecht herbeizuführen und die Wirkungen der getroffenen Entscheidungen einschätzen zu können (vgl. Thom/Ritz 2008).

Um diese Ansprüche umzusetzen, bedarf es einer weitgehenden Vorbereitung und Begleitung der Führungs- und Führungsnachwuchskräfte. Dies korrespondiert mit den Forderungen von Unternehmen nach Mitarbeitern als Mitunternehmern, nach Selbstverantwortung und Selbstorganisation der Organisationsmitglieder sowie nach Eigenverantwortung und ethischem Handeln der Führungskräfte (s. Petersen/Lehnhoff 2008).

Ein erster Schritt in diese Richtung kann in der konsequenten Umsetzung der Aufforderung Martin Bubers (2002) im unternehmerischen Kontext gesehen werden, qua Dialog und ständigem Lernen über das „Du" zum „Ich" zu gelangen.

Diese Aufforderung – einhergehend mit Hoffnung und Optimismus – geht letztlich uns alle an.

Literatur

Arnold, R. (1990): Betriebspädagogik. Berlin

Arnold, R. (1991): Betriebliche Weiterbildung. Bad Heilbrunn

Argyris, C. (1993): Knowledge for Action. San Francisco

Argyris, C./Schön, D. (1978): Organizational Learning. Reading/Mass.

Buber, M. (2002): Das dialogische Prinzip. Gütersloh

Dietz, K.-M./Kracht, T. (2007): Dialogische Führung. Heidelberg

Fatzer, G. (1990): Die lernfähige Organisation. In: G. Fatzer (Hrsg.): Supervision und Beratung. Köln, S. 391-408

Geißler, H. (1994): Grundlagen des Organisationslernens. Weinheim

Geißer, H. (1995): Organisationslernen und Weiterbildung im Spannungsfeld zwischen den Paradigmen linearen Denkens, zirkulärer Kausalität und hermeneutischer Selbstreferentialität. In: H. Geißler (Hrsg.): Organisationslernen und Weiterbildung. Neuwied, S. 1-17

Geißler, H. (1998): Organisationslernen – Eine Theorie für die Praxis. In: Ders./D. Behrmann/B. Krahmann-Baumann (Hrsg.): Organisationslernen konkret. Frankfurt a.M., S. 35-86

Geißler, H. (2000): Organisationspädagogik. München

Geißler, H./Bruch, T. v./Petersen, J. (1994): Bildungsmanagement. Frankfurt a.M.

Klimecki, R. G./Laßleben, H. (1996): Organisationale Bildung oder: Das Lernen des Lernens In: D. Wagner/H. Nolte (Hrsg.): Managementbildung. München und Mering, S. 181-204

Moning, E. (2009): Anforderungsprofil zur Thematik rechte Gewalt und Konfliktmanagement – Lehrerinnen- und Lehrerausbildung im Kontext veränderter gesellschaftlicher Herausforderungen. In: E. Moning/J. Petersen/B. Rückwardt (Hrsg.): Multiplikatoren gegen Rechtsextremismus. Frankfurt a.M., S. 71-90

Pawlowsky, P. (1994): Wissensmanagement in der lernenden Organisation (unveröffentlichte Habilitationsschrift). Universität-Gesamthochschule Paderborn

Pawlowsky, P. (1995): Von betrieblicher Weiterbildung zum Wissensmanagement. In: H. Geißler (Hrsg.): Organisationslernen und Weiterbildung. Neuwied, S. 435-456

Petersen, J. (1997): Die gebildete Unternehmung. Frankfurt a.M.

Petersen, J. (1997a): Managementbildung – „Education permanente" zur Ermöglichung eines reflexiven Umganges mit neuen Herausforderungen oder Modeerscheinung. In: H. Geißler (Hrsg.): Unternehmensethik, Managementverantwortung und Weiterbildung. Neuwied, S. 328-350

Petersen, J. (2003): Dialogisches Management. Frankfurt a.M.

Petersen, J. (2003a): Weiterbildung im Zeichen neuer Informationstechnologien, Shareholder Value und Globalisierung. In: D. Behrmann/B. Schwarz (Hrsg.): Selbstgesteuertes lebenslanges Lernen. Bielefeld

Petersen, J. (2008): Kampf gegen Rechtsextremismus als notwendiges Aufgabenfeld betrieblicher Bildung. In: E. Moning/J. Petersen/B. Rückwardt (Hrsg.): Multiplikatoren gegen Rechtsextremismus. Frankfurt a.M., S. 35-51

Petersen, J./Lehnhoff, A. (2008): Managementbildung. In: E. Nuissl/R. Arnold/S. Apolda (Hrsg.): Handwörterbuch der Erwachsenenpädagogik. 2. Aufl., Opladen

Probst, G.J.B./Raub, S.P./Romhardt, K. (1997): Wissen managen: Wie Unternehmen ihrer wertvollste Ressource optimal nutzen. Wiesbaden

Sattelberger, T. (1989): Innovative Personalentwicklung. Grundlagen, Konzepte, Erfahrungen. Wiesbaden

Schmidt, J. (1993): Die sanfte Organisationsrevolution, Frankfurt a.M./New York

Senge, P. (2009): Die fünfte Disziplin – Kunst und Praxis der lernenden Organisation, 9. Aufl., Stuttgart

Thom, N. (2008): Führungskräfte anforderungsgerecht ausbilden. Generelle Erkenntnisse und Besonderheiten im öffentlichen Sektor. Thesenpapier, herausgegeben von der Schweizerischen Staatsschreiberkonferenz und der Staatskanzlei Kanton Aargau

Thom, N./Ritz, A. (2008): Public Management. Innovative Konzepte zur Führung im öffentlichen Sektor. 4. Aufl., Wiesbaden

Womack, J. P./Jones, D. T./Roos, D. (1992): Die zweite Revolution in der Autoindustrie (6. Aufl., Original: The Machine That Changed The World), Frankfurt a.M./New York

Volker Naumann

Zum Wandel von Führung im Kontext organisationalen Lernens

1. Einleitung

Das Thema Wandel von Führung wird schon seit geraumer Zeit in Praxis und Theorie diskutiert. Bereits 1987 kündigte der ehemalige CEO von General Electric einen Wandel von Führung an: „The world of the 1990s and beyond will not belong to ‚managers' or those who can make the numbers dance. The world will belong to passionate, driven leaders – people who not only have enormous amounts of energy but who can energize those whom they lead" (Jack Welch zitiert nach Lowe 1998, S. 71). Auch zu Beginn des 21. Jahrhunderts hat das Thema nichts an Aktualität eingebüßt. Angesichts der fundamentalen Veränderungen im Umfeld von Unternehmen ist der Bedarf nach wirksamen Führungskonzepten für den Praktiker tatsächlich dringender denn je.

Bei dem Unterfangen, eine angesichts der neuen Problemlagen und Herausforderungen leistungsfähige Führungskonzeption zu entwickeln, haben sich rein betriebswirtschaftliche und psychologische Perspektiven als unterkomplex erwiesen (vgl. Türk 1984, S. 63f.). Vor dem Hintergrund eines zunehmenden Veränderungsdrucks, unter den nahezu jedes Unternehmen geraten ist, gilt die Ausrichtung auf Lernfähigkeit und die Hinwendung zu einer kognitionswissenschaftlich begründeten Organisations- und Managementforschung mittlerweile als vielversprechender Weg (vgl. Baecker 1999, S. 126 ff.). Dabei zählt Harald Geißler (1998, S. 165) zu den herausragenden Autoren im deutschsprachigen Raum, dessen Verdienst es ist, die insbesondere durch March/Olsen (1976) und Argyris/Schön (1978) geprägten Überlegungen zum Organisationslernen bereits in den 1990er Jahren mit einer schlüssigen pädagogischen Perspektive zu verknüpfen. Das maßgeblich von Harald Geißler in den wissenschaftlichen Diskurs eingebrachte Paradigma des Organisationslernens sieht den Dreh- und Angelpunkt für organisationalen Wandel in den individuellen Lernprozessen der Menschen in der Organisation und im kollektiven Lernprozess der Organisation selbst.

Das Thema *Wandel von Führung im Kontext organisationalen Lernens* soll nachfolgend anhand von vier Kernfragen behandelt werden:
1. Welches sind die maßgeblichen Bilder über Menschen und Organisationen aus Sicht der Theorie des Organisationslernens?

2. Welche Funktion und Funktionsweise hat Führung in diesem Kontext?
3. Welche aktuellen Entwicklungen sind in der Führungspraxis zu verzeichnen? Welche Folgen ergeben sich daraus für Führung und Führungskräfte?
4. Welches (neue) Führungsverständnis erscheint geeignet, den aktuellen und zukünftigen Problemlagen erfolgreich zu begegnen?

2. Umrisse einer systematischen Theorie des Organisationslernens

Die Begründung einer systematischen *Theorie des Organisationslernens* entfaltet Geißler (1998, S. 164f.) entlang der Frage, wie Entwicklungs- bzw. Veränderungsprozesse von Organisationen als Lernprozesse gedeutet werden können. Ausgehend von der Erkenntnis, dass das Lernen der Organisation nicht allein auf das individuelle Lernen in der Organisation zurückgeführt werden kann, macht die Theorie des Organisationslernens auf einen neuen organisationalen Lerntypus aufmerksam, der nicht mehr mit Hilfe psychologischer Lerntheorien erklärt werden kann. Diese Lücke kann mit Hilfe der neueren Systemtheorie geschlossen werden, die zwischen psychischen und sozialen Systemen unterscheidet (vgl. Luhmann 1984). Während psychische Systeme durch die Operation des Denkens konstituiert werden, sind soziale Systeme durch Kommunikation als basale Operationsweise gekennzeichnet. Soziale Systeme entstehen in ihrer einfachsten Form dadurch, dass zwei miteinander interagierende psychische Systeme, Alter und Ego, wechselseitig das Problem der doppelten Kontingenz erfahren und sie aufgrund der damit verbundenen Unbestimmtheit gezwungen sind, jeder Aktivität, die dann stattfindet, strukturbildende Bedeutung geben zu müssen. In der Herausbildung gemeinsamer Erwartungen und Orientierungen, die sich als soziale Regeln manifestieren, drückt sich letztlich Gemeinschaftlichkeit aus (vgl. Geißler 1998, S. 197). Die Gesamtheit der sozialen Regeln – Luhmann (2000) spricht in Bezug auf Organisationen von Entscheidungsprämissen – bildet die organisationale Wissensbasis, die sich in vier Bereiche, nämlich Strategie, Kommunikationswege, Personal und Kultur unterteilen lässt (vgl. Naumann 2006). Diese *organisationale Wissensbasis* reduziert die Kontingenz der Handlungsalternativen und damit die Eigenkomplexität der Organisation. Sie ist ihrem Wesen nach enttäuschungs- bzw. änderungsresistent angelegt. Veränderungen der organisationalen Wissensbasis, die konzeptionell unter den Begriff des *organisationalen Lernens* gefasst werden können, sind zwar prinzipiell möglich und faktisch notwendig, aber unwahrscheinlich (vgl. ebd. 2006).

In diesem Zusammenhang kommt dem Autopoiesis-Konzept, das durch die Neurobiologen Maturana/Varela (1982) zunächst für biologische Systeme formuliert wurde, eine besondere Bedeutung zu. Demnach sind biologische Systeme immer auch kognitive Systeme, die durch eine selbstreferentielle, operativ-geschlossene Operationsweise bestimmt sind. Das *Konzept der Selbstreferenz* wurde schließlich von der neueren Systemtheorie auf soziale Systeme übertragen verbunden mit der Einsicht, dass auch soziale Systeme als kognitive Systeme zu interpretieren sind (vgl. Luhmann 1984, 2000; Baecker 1999). Eine allgemeine Theorie der Selbstreferenz lässt offen, wer – d.h. ob ein Einzelner oder ein soziales System – die Erkenntnisoperationen vollzieht und was Gegenstand dieser Erkenntnisoperationen ist. Sowohl psychische als auch soziale Systeme verfügen gleichermaßen über die Fähigkeit zur Selbstbeobachtung und damit zur Selbststeuerung. Die neue Erkenntnis der Theorie des Organisationslernens ist nun, dass neben dem Menschen auch die *Organisation als lernbedürftiges und lernfähiges Subjekt* zu interpretieren ist (vgl. Geißler 2000, S. 57). Beide sind aufgrund ihrer Imperfektheit darauf angewiesen, in einem fortlaufenden Lern- und Selbstbestimmungsprozess Antworten auf ihre selbst gestellten Fragen zu erhalten.

Von wesentlicher Bedeutung für das Verständnis von Organisationslernen ist weiterhin, dass psychische Systeme zur Umwelt sozialer Systeme gehören und umgekehrt. Daraus folgt erstens, dass die Mitarbeiter der Organisation über Handlungsspielräume verfügen und somit nicht durch die Organisation vollständig determiniert werden können. Damit zusammenhängend folgt zweitens, dass das Lernen eines einzelnen Organisationsmitglieds nicht zwangsläufig zu einem Lernen der Organisation führt. Die Gebrauchstheorien („theories in use") der Organisationsmitglieder werden nur dann zu den Gebrauchstheorien der Organisation (Argyris/Schön 1978), wenn mehrere Organisationsmitglieder ihre Deutungen, Vorstellungen und Erklärungsmuster in gemeinsamen Diskursen austauschen und schließlich eine gemeinsame Wissensbasis als Gesamtheit ihrer kollektiv geteilten Deutungen, Vorstellungen und Erklärungsmuster entwickeln. Damit ist eine Theorie des Organisationslernens zwingend kommunikationstheoretisch zu fundieren. Nur in dem an Prozessen der Entscheidungsfindung beteiligte Mitarbeiter bewusst oder unbewusst Widersprüche kommunizieren, die in der Organisation als Abweichungen von bisher bewährten Entscheidungsprämissen beobachtet werden können, entsteht überhaupt erst die Möglichkeit eines Lernens der Organisation.

3. Die Funktionsweise und Funktion von Führung

Führung wird von Wunderer (2007, S. 4) definiert als „zielorientierte, wechselseitige und soziale Beeinflussung zur Erfüllung gemeinsamer Aufgaben in und mit einer strukturierten Arbeitssituation". Von dieser *personenbezogenen Führung* – Türk (1984, S. 64) spricht diesbezüglich als „Verhaltenslenkung von ‚Angesicht zu Angesicht'" – ist die sachbezogene Führung zu unterscheiden, die auch als Management bezeichnet wird. Nach Neuberger (2002) steht „Führung (…) in der Regel für eine personale und interaktionale Akzentsetzung (‚Menschenführung'), während Management den strukturellen und institutionellen

Aspekt hervorhebt (‚Unternehmensführung'). Aus Sicht der Theorie des Organisationslernens handelt es sich bei Führung zunächst um ein *spezifisches Interaktions- und Beziehungsgeschehen* zwischen zwei Personen, nämlich Führungskraft und Mitarbeiter, im Kontext einer Organisation. In fortlaufenden Interaktionen gleichen beide Beteiligte wechselseitig ihre Erwartungen ab. Die Führungskraft entwickelt situations- und kontextabhängig ein Selbstverständnis für ihre Rolle als Vorgesetzte sowie ein Fremdverständnis für die Rolle des Mitarbeiters. Umgekehrt entwickelt der Mitarbeiter ein Selbstverständnis für seine Rolle in der Führungsbeziehung und ein Fremdverständnis für die Rolle des Vorgesetzten. Führung als primär interaktives Geschehen ist insofern zirkulär strukturiert, da Führungskraft und Mitarbeiter zugleich sowohl als Beeinflusser als auch als Beeinflusster agieren. Beide verfügen über mehr oder weniger ausgeprägte Handlungsspielräume, die sie zur gezielten Einflussnahme und/oder zur Abwehr von Einflussversuchen nutzen können. Aber nicht nur die Interaktionsbeteiligten operieren selbstreferenziell, auch die Führungsbeziehung selbst funktioniert selbstreferentiell und muss demzufolge als *soziales Subsystem* in der Organisation gedeutet werden. Da auch hier eine vollständige Bestimmung der Führungsbeziehung durch die Organisation konzeptionell ausgeschlossen ist, gewinnt Führung ein in Grenzen freies Eigenleben gegenüber dem sozialen Kontext der Organisation. Mit anderen Worten: Die jeweiligen Führungsaufgaben werden letztlich nicht durch die Organisation bestimmt – diese gibt lediglich einen Rahmen für Führung vor –, sondern werden erst in der Interaktion zwischen Führer und Geführtem ermittelt und verhandelt.

Führung als spezifisches Interaktions- und Beziehungsgeschehen ist dadurch gekennzeichnet, dass der Vorgesetzte die Verhaltensweisen des Mitarbeiters im Sinne der Ziele der Organisation zu beeinflussen sucht. Eine Einflussnahme ist allerdings nur dann möglich, wenn der Vorgesetzte über mehr Einflusspotenzial verfügt als der Mitarbeiter. Über den organisationalen Kontext, etwa über die Beschreibung der Vorgesetztenrolle, über die Festlegung von Über- und Unterordnungsbeziehungen sowie über die Ausgestaltung von Anreiz- und Sanktionssystemen, wird der Führungskraft formal ein Mehr an Macht zugeschrieben, so dass Führung per se eine *asymmetrische Einflussstruktur* zu Grunde liegt. Allerdings reicht der alleinige Rückgriff auf formale Machtgrundlagen im Führungsalltag regelmäßig nicht aus, da nicht jeder erfolglose Führungsversuch sanktioniert werden kann. Daher ist der Vorgesetzte darauf angewiesen, andersartige Einflusspotenziale zu entfalten. Diese sind dann eher auf persönliche und fachliche Eigenschaften der Führungskraft zurückzuführen. Allerdings verfügt auch der Mitarbeiter über Machtpotenziale, um unerwünschte Einflussnahmen des Vorgesetzten abzuwehren und/oder sogar seinerseits Einfluss auf den Vorgesetzten auszuüben. Führung ist somit zusammenfassend eine *Interaktionsform mit beiderseitigen Machtmöglichkeiten*.

Diese Einsicht überwindet die Engführungen der klassischen Managementlehre, die – geleitet vom hierarchisch geprägten Maschinenmodell der Organisation – der Managementfunktion Planung die Steuerungshoheit zuschreibt, während Führung in diesem Denken nur als Mittel zur effizienten Planrealisierung
verstanden wird. Demgegenüber weist die Theorie des Organisationslernens der
Führung eine *eigenständige Steuerungsfunktion* zu, die nicht vollständig durch
andere Managementfunktionen ersetzt werden kann. Durch die auf Dauer einge-
richteten Entscheidungsprämissen der Organisation wird zwar ein großer Teil
der betrieblichen Abläufe vorstrukturiert, jedoch ist eine Ergänzung durch
„nicht-organisierte Steuerungshandlungen" notwendig (Türk 1984, S. 67). Führung übernimmt diesbezüglich eine „Lückenschließerfunktion" (ebd.), indem sie
im Einzelfall eine Feinabstimmung zwischen individuellem Handeln und Zielen
der Organisation herbeiführt – und zwar bei wechselndem Personal und wechselnden Situationen. Sie ermöglicht insofern eine *Systemfeinsteuerung* zur
schnellen und flexiblen Bewältigung von Ungewissheiten, Überraschungen und
Widersprüchen, ohne dass dafür jedes Mal die organisationale Wissensbasis ge-
ändert werden müsste (*Koordinations- und Stabilisierungsfunktion*). Allerdings
ist die Leistungsfähigkeit von Führung beschränkt, „(…) nicht nur, dass man zur
gleichen Zeit nur mit sehr wenigen Personen interagieren kann, handelt es sich
überdies um recht instabile Gebilde, weil man sich immer neu zu verständigen
und abzustimmen hat" (Türk 1984, S. 66).

Führung erweist sich auch als entscheidender Impulsgeber für ein Lernen in
und ein Lernen der Organisation *(Innovations- und Widerspruchsfunktion von
Führung)*. Die Führungskraft ist qua ihrer Rolle in der Lage, neue und abwei-
chende Sichtweisen vorzutragen und insofern den organisationalen Diskurs in
eine bestimmte Richtung zu lenken. Dabei ist mitunter ein gewisses Maß an
Widerstand gegen die bisherigen Strukturen angebracht, um notwendigen Wandel zu begünstigen. Die Führungsbeziehung ist zudem der wesentliche
Ausgangspunkt, um individuelle Lernprozesse der Mitarbeiter zu initiieren und
zu begleiten.

Beide Funktionen der Führung, die im Spannungsfeld von Lernen/Nicht-Ler-
nen angesiedelt sind, werden durch die *Motivationsfunktion von Führung* unterstützt. Die Organisation steuert die Handlungen ihrer Mitglieder auf sehr
indirekte und versachlichte Weise, ohne dass dabei genügend Raum für Emotionen und Affekte verbleibt. Dieser anonymen, destabilisierenden Systemlogik
begegnet Führung durch emotionale Stabilisierung der Sozialbeziehungen in der
Organisation. Aber auch hier zeigt sich die Ambivalenz von Führung, denn der
Aufbau emotionaler Beziehungen dient nicht nur der Stabilisierung der sozialen
Prozesse, sondern ist entscheidende Voraussetzung, um die notwendige Veränderungsbereitschaft der Mitarbeiter zu gewinnen.

4. Aktuelle Entwicklungen in der Führungspraxis und ihre Folgen

Globalisierung und technologischer Fortschritt beschreiben die wesentlichen Herausforderungen für Unternehmen heute. Verkürzte Innovationszyklen und anhaltender Rationalisierungsbedarf bei gleichzeitiger Internationalisierung des Geschäfts sind für ein Unternehmen nur zu bewältigen, wenn es seine Lernfähigkeit und -bereitschaft drastisch erhöht. Dieser Anspruch kann nicht mehr durch Rückgriff auf die hierarchische Organisationsform erfüllt werden, sondern erfordert eher schwach formalisierte Organisationsformen, wie etwa die Projekt- und Netzwerkorganisation. In der Projektorganisation etwa werden spezialisierte Mitarbeiter aus verschiedenen Bereichen zusammengezogen, um komplexe Aufgaben zu lösen. Oftmals ist die Projektleitung nur noch fachlich, nicht aber disziplinarisch für die Mitarbeiter verantwortlich – letzteres obliegt dem Linienmanager. Entsprechend sind beide Führungskräfte gefordert, sich fortlaufend neu abzustimmen und organisatorische Entscheidungen ad hoc auszuhandeln (vgl. Schreyögg 2008). Erschwerend ist weiterhin die verstärkte Einbindung von nur temporär beschäftigten, externen Mitarbeitern. Traditionelle Arbeitnehmertugenden wie Loyalität, Treue und Unterstützung der betrieblichen Ziele bei gleichzeitiger Preisgabe eigener Ziele können schon bei den Mitarbeitern des Unternehmens immer weniger vorausgesetzt werden und erst recht nicht bei Externen. Zudem führt das Expertenwissen von Mitarbeitern verstärkt zu Situationen, in der die Führungskraft Entscheidungen treffen muss, ohne dass sie über die erforderlichen fachlichen Kompetenzen verfügt. Ihre Durchsetzungsstärke kann die Führungskraft immer weniger auf das eigene fachliche Wissen stützen wie es früher der Fall war.

Eine weitere Herausforderung für Führung ist der zu beobachtende *Wertewandel*. Nach Drumm (2001, S. 65) werden Werte wie Pflichtgefühl, Ein- und Unterordnung, Hierarchieakzeptanz u.a. zunehmend abgelöst durch Individualität, Egoismus, Opportunismus und Hedonismus. Mitarbeiter erweisen sich weniger untertänig-konform wie in früheren Zeiten und agieren zunehmend kritisch-hinterfragend mit dem Wunsch nach einer sinnerfüllten Tätigkeit. Zudem nehmen die traditionellen Bindungen gegenüber dem Arbeitgeber deutlich ab, da auch umgekehrt der Arbeitgeber keine langfristige Beschäftigung garantieren kann. Gerade für die von Unternehmen besonders gefragten qualifizierten Arbeitskräfte werden Selbsterfüllung und Selbstentfaltung am Arbeitsplatz sowie die Möglichkeit der Partizipation an der Gestaltung der gemeinsamen Unternehmenszukunft zu entscheidenden Auswahlkriterien.

Schließlich erweist sich auch der produktive Umgang mit einer *Pluralisierung von Werten und Überzeugungen* als Erfolgsmaßstab für Führung. Die strategische Relevanz des Marktmodells der Organisation hat zur Folge, dass die kollektive Handlungsfähigkeit der Gesamtorganisation in dezentrale Subeinheiten mit verschiedensten Präferenzen, Wertvorstellungen und Wahrheiten fragmentiert wird, die zudem eigene Interessen verfolgen (vgl. Naumann 2006, S. 2f.). Verstärkt wird die Pluralisierung noch durch die fortschreitende Internationalisierung der betrieblichen Leistungserstellung sowie die demographisch bedingte Heterogenisierung der Belegschaften. Für Führung erwächst daraus die Herausforderung „(…) ein Polymorphismus von ‚Rationalitäten' zu akzeptieren" (vgl. ebd.). Die Zunahme an Mitarbeitern mit unterschiedlichen kulturellen Hintergründen steigert die Wahrscheinlichkeit von Widersprüchen und Missverständnissen, denn das gleiche Verhalten und Handeln kann im Lichte anderer kultureller Kontexte völlig unterschiedlich bewertet werden. Die Führungskraft ist gefordert, erstens ihre eigenen Vorstellungen immer wieder aus einer anderen Perspektive zu betrachten, um sodann zweitens zwischen den unterschiedlichen Parteien zielorientiert zu vermitteln.

5. Grundzüge eines neuen Führungsverständnisses

Es stellt sich nun die Frage, welches (neue) Sinnmodell der Führung grundsätzlich geeignet erscheint, mit den neuen Herausforderungen adäquat umzugehen. Petersen (2003, S. 154) versteht unter *Sinnmodellen* der Führung „(…) qualitativ unterschiedliche *Denkmöglichkeiten* …, wie sich Menschen im Allgemeinen und mit Führungsaufgaben betraute im Besonderen die Beziehung zu sich und ihrem organisatorischen Umfeld vorstellen können".

Das *Sinnmodell der klassischen Managementlehre* geht vom Paradigma der linearen Kausalität aus. Demnach ist die ideale Führungskraft eine Person, die „(…) allwissend alle hochkomplexen Ursache-Wirkungsbeziehungen der Organisation genau kennt und über ausreichende Machtmittel verfügt, dieses Wissen auch für die Erreichung der von ihm verfolgten Ziele zu nutzen" (Petersen 2003, S. 154). Der Geführte verwaist in diesem erfolgsorientierten Denken zu einem bloßen Objekt von Führungshandlungen, das über keine reflexiv eigenständige Persönlichkeit verfügt. Geißler (2000, S. 186ff.) spricht daher auch vom „Handwerker-Modell" der Führung, das eine dialogische und verständigungsorientierte Einbindung der Geführten per se nicht vorsieht. Diese Perspektive der klassischen Managementlehre ist aber von vornherein zum Scheitern verurteilt: Zum einen ist ein linearer Ansatz angesichts zirkulärer Wirkungszusammenhänge eindeutig unterkomplex. Zum anderen führt die Subjekt-Objekt-Trennung systematisch zu einer Überschätzung der Bedeutung der Führungskraft bei gleichzeitiger Vernachlässigung der Fähigkeiten und Bedürfnisse der Mitarbeiter. Auf deren kreative Potenziale kann aber ein Unternehmen heute nicht mehr verzichten.

Innerhalb der dargestellten Theorie des Organisationslernens ist – wie zuvor erläutert – Führung als Interaktionsbeziehung zwischen zwei Subjekten, nämlich Führungskraft und Mitarbeiter, zu interpretieren, die sich als jeweils reflexiv eigenständige Persönlichkeiten in das Interaktionsgeschehen einbringen. Dieser

Grundgedanke wird von Harald Geißler aufgegriffen und mit Bezug auf die Transzendalpragmatik von K.-O. Apel (1988) und des Intersubjektivitätsdiskurses um Martin Buber (1984) systematisch weiterentwickelt. Gemeinsam ist diesen Ansätzen, dass das Selbstbewusstsein des Ich nicht ohne ein anderes Selbstbewusstsein – das Du – zu denken ist (und umgekehrt). Am Zustandekommen der Subjektivität sind sowohl Ich wie auch Du beteiligt. Beide konstituieren sich als Selbst erst im Zuge einer wechselseitigen und gegenläufigen Relationierung, die zwingend auf Sprache bzw. Dialog angewiesen ist. Mit dieser Einsicht distanziert sich Harald Geißler deutlich von der neueren Systemtheorie, welche konzeptionell die Aktivität der Grenzziehung zwischen dem Selbst und dem Anderen, mithin die Unterscheidung von Selbst- und Fremdreferenz, in den Mittelpunkt ihrer Überlegungen stellt und nach wie vor den Anderen jenseits der Grenze in seiner Objekthaftigkeit belässt. Dabei vernachlässigt sie aber, dass die Grenze als „Zwischen" nicht nur trennt, sondern auch im Sinne eines Miteinanders zwischen zwei Subjekten vermittelt. Diese Engführung des Autopoiesis-Konzeptes überwindet Harald Geißler mit dem *Sinnmodell der Mitverantwortung*, das auf dem Dialog zwischen den Mitgliedern der Organisation, d.h. also insbesondere auf dem Dialog zwischen Führungskraft und Geführtem, aufbaut (Geißler 2000, S. 261f.). Aufgrund der Erkenntnis, dass sowohl Mensch als auch Organisation ihrem Wesen nach als Lernwesen zu begreifen sind, bedeutet Mitverantwortung, dass jedes Organisationsmitglied für sich und seine Lernaktivitäten ebenso wie für den anderen und dessen Lernaktivitäten sowie für die Organisation und deren organisationale Lernaktivitäten Verantwortung übernehmen muss. Diese Mitverantwortung wird auf ein dreifaches Lernen bezogen, nämlich das operative Anpassungslernen, das strategische Erschließungslernen sowie das normative Identitätslernen. Mit dem normativen Identitätslernen wird der Aspekt der Zweckrationalität, das heißt die Frage nach den anzustrebenden Zielen und den dafür erforderlichen Mitteln, in Richtung der Wertrationalität, das heißt der Frage nach dem Werte- und Sinnhorizont des individuellen und kollektiven Handels, auf welche Ziele und Mittel bezogen werden, überschritten.

Im Mitverantwortungsmodell übernimmt die Führungskraft die Rolle eines *Mitgestalters und Moderators* von lernfördernden Dialogen. Grundprinzip einer solchen ermöglichungsdidaktischen Führungskonzeption ist also der weitestgehende Verzicht auf direkte Interventionen durch die Führungskraft und die Förderung einer umfassenden Selbstorganisation und Selbststeuerung der Mitarbeiter (vgl. Arnold 1996). Ein konkreter Führungsbedarf entsteht schließlich nur dann, wenn die Person nicht von selbst die an sie gestellten Anforderungen erfüllt. Diese Sichtweise ist kompatibel mit dem Prinzip der Subsidiarität, denn die Rücknahme des Führungsanspruchs ist erforderlich, um Steuerung überhaupt zu ermöglichen. Damit korrespondiert das Führungsverständnis des Mitverantwortungsmodells zu den heutigen Arbeitsbedingungen: Je komplexer die Anforderungen werden, desto mehr kommt es auf Selbststeuerung und Selbstständigkeit an, desto mehr sind Eigenmotivation und Loyalität gefordert.

Die Umsetzung eines dialogischen Führungsansatzes setzt bei den Beteiligten, insbesondere bei den Führungskräften, bestimmte Fähigkeiten voraus. Dazu zählt zunächst die Fähigkeit, sich reflexiv mit sich und der eigenen Führungspraxis kritisch auseinanderzusetzen. Diese *Fähigkeit zur kritischen Selbstreflexion* ist zwingend auf den diskursiven Austausch mit andersartigen Denk- und Handlungsweisen innerhalb und außerhalb des organisationalen Umfeldes angewiesen. Entsprechend erhalten auch *Empathie* und *Offenheit*, also das Vermögen und der Wille, sich in die Perspektive anderer Subjekte hineinzudenken und diese zu verstehen, den Charakter einer Meta-Schlüsselqualifikation.

Zwar wird im Mitverantwortungsmodell der weitgehende Verzicht auf Macht im Sinne der Diskursethik nahegelegt, doch angesichts der faktischen Bedingungen erscheint ein gänzlicher Verzicht unmöglich. So gibt es immer wieder krisenhafte Situationen, in denen die erforderlichen Lernschritte nur mit Hilfe traditioneller, direkter Interventionsverfahren gestaltet werden können. Aber auch im Führungsalltag ist die Führungskraft weiterhin auf Einflusspotenziale angewiesen, will sie nicht auf die Möglichkeit verzichten, die im Dialog mit dem Anderen zu Tage tretenden Widersprüche und Konflikte im Einzelfall in die eine oder andere Richtung aufzulösen. Angesichts einer abnehmenden Reichweite sozialer Regeln und angesichts einer gleichzeitig abnehmenden Reichweite formaler Machtquellen ist die Führungskraft gezwungen, auf andere Machtressourcen auszuweichen und dabei tendenziell ein *kollegiales und kooperatives Verhältnis* zu ihren Mitarbeitern abzurufen. Entsprechend muss die Führungskommunikation „(...) zunehmend Subtilität, Mehrdimensionalität und ein tendenziell egalitär ausgerichtetes Selbstbild signalisieren" (Schreyögg/Lührmann 2006, S. 13). Durch Einbringen ihrer Persönlichkeit kann sich die Führungskraft unter Umständen den notwendigen Handlungsspielraum erarbeiten, um Lernprozesse auf individueller und/oder organisationaler Ebene zielorientiert zu beeinflussen. Für den Erfolg von Führung erweisen sich die *persönlichen Führungseigenschaften* – die „*leadership-skills*" – wie Charisma, Visions- und Überzeugungskraft, Glaubwürdigkeit, Authentizität, Verantwortungsbewusstsein und Empathie von überragender und zunehmender Bedeutung.

6. Fazit und Schlussfolgerungen

Die neuen, nicht-hierarchischen und schwach formalisierten Organisationsformen geben Führungskräften und Mitarbeitern eindeutig mehr Gestaltungsraum, aber nur wenig Ordnung und Stabilität. Trotz der vermeintlichen Errungenschaften im Bereich der indirekten Steuerungsmechanismen und einer damit einhergehenden Versachlichung der Führungsaufgaben wird die Führungskraft keineswegs entlastet. Vielmehr verlagert sich der Schwerpunkt von Führung und zwar von fachlichen hin zu emotionalen und motivationalen Führungsaufgaben, womit der Bezug zum Eingangszitat hergestellt ist. Daraus folgt die alte und zugleich neue Erkenntnis: Es kommt entscheidend auf die Führungspersönlichkeit bzw., um das Selbstverständnis der Führungskraft zu betonen, es kommt entscheidend auf die Identität der Führungskraft an. Die Entwicklung der Führungsidentität erfolgt allerdings nicht isoliert, sondern ist untrennbar und wechselwirkend mit der Dynamik der Führungsbeziehung und der Organisation verwoben. Mit dieser Verflüssigung des Identitätsgedankens ist der Vorstellung einer idealen Führungskraft mit definierten Eigenschaften eine klare Absage zu erteilen. Stattdessen rückt der Zusammenhang von Führungsidentität, Führungsinteraktion und Identitätslernen unter Berücksichtigung der Bedeutung von Emotionen in den Vordergrund und eröffnet neue Perspektiven und Handlungsfelder für Forschung und Praxis gleichermaßen.

Literatur

Argyris, Chr./Schön, D. A. (1978): Organizational learning: a theory of action perspective. Reading/Mass.

Apel, K.-O. (1988): Transformation der Philosophie. Bd. 2: Das Apriori der Kommunikationsgemeinschaft. 4. Aufl., Frankfurt a.m.

Arnold, R. (1996): Weiterbildung. Ermöglichungsdidaktische Grundlagen. München

Baecker, D. (1999): Die doppelte Schließung der Organisation. In: Ders. (Hrsg.): Organisation als System. Frankfurt a.M., S. 126-287

Buber, M.(1984): Ich und Du. In: Das Dialogische Prinzip. Heidelberg, 5. Aufl.

Drumm, H. (2001): Szenarioprognosen für ein künftiges HR-Management. In: Personalführung. Heft 5, S. 64-71

Geißler, H. (2000): Organisationspädagogik. München

Geißler, H. (1998): Umrisse einer systematischen Theorie des Organisationslernens. In: Geißler et. al. (Hrsg.): Organisationslernen im interdisziplinären Dialog. Weinheim, S. 163-224

Lowe, Janet (1998): Jack Welch Speaks: Wisdom from the world's greatest business leader. New York

Luhmann, N. (2000): Organisation und Entscheidung. Opladen/Wiesbaden

Luhmann, N. (1984): Soziale Systeme. Grundriss einer allgemeinen Theorie. Frankfurt a.M.

March, J.G./Olsen, J.P. (1976): Ambiguity and choice in organizations. 2. Aufl., Bergen

Maturana, H.R. (1982): Erkennen. Die Organisation und Verkörperung von Wirklichkeit. Braunschweig/Wiesbaden, S. 170-235

Naumann, V. (2006): Management polyzentrischer Organisationen. Perspektiven neuerer evolutions- und komplexitätstheoretischer Ansätze. Frankfurt a.M.

Neuberger, O. (2002), Führen und Führen lassen. 6. Aufl., Stuttgart

Petersen, J. (2003): Dialogisches Management. Frankfurt a.M.

Petersen, J. (1998): Organisationslernen und Förderalismus. In: H. Geißler et. al. (Hrsg.): Organisationslernen im interdisziplinären Dialog. Weinheim, S. 225-252

Schreyögg, A. (2008): Die Lage der Führungskräfte heute. In: F. Beuer./C. Schmidt-Lellek (Hrsg.): Life-Coaching. Göttingen

Schreyögg, G./Lührmann, Th. (2006): Führungsidentität: Zu neueren Entwicklungen in Führungskonstellationen und der Identitätsforschung. In: Zeitschrift Führung und Organisation, 75/1, S. 11-16

Türk, K. (1984): Personalführung – soziologisch betrachtet. In: Harvard Manager. Heft 3, S. 63-71

Wunderer, R. (2007): Führung und Zusammenarbeit. 7. Aufl., Köln

Thomas vom Bruch

Schlaglichter der aktuellen bildungspolitischen Diskussion

1. Die Ausgangssituation

Bildung ist heute in aller Munde. Keine politische Rede, die ernst- und wahrgenommen werden will, kommt gegenwärtig ohne Einlassungen zu diesem Begriff aus. Pädagogik und Bildungsforschung haben eine öffentliche Bedeutung und Beachtung wie seit den 60er und 70er Jahren nicht mehr. So ist auch von einer „neuen Chance für die Bildung" die Rede: Es wäre, kursorisch betrachtet, die Dritte, nach einer durch demokratische Umgestaltungen geprägten und von den Alliierten initiierten ersten Phase der „reeducation-Politik" nach dem II. Weltkrieg, die in der Umsetzung zu einer weitgehenden Reproduktion der Vorkriegspädagogik im Bildungs- und Wissenschaftssystem führte, sowie einer pädagogisch-fachlich motivierten und inspirierten zweiten Phase in den 70er Jahren, die schließlich im Parteienstreit und zusätzlicher Bürokratie stecken blieb (vgl. Lenzen 2009, S. 6ff.). Unentdeckt bleiben konnte dieser Stillstand in der bildungspolitischen Entwicklung nur in einem Deutschland, das, zumindest in den „alten Bundesländern", scheinbar wie von selbst und konkurrenzlos wirtschaftlich prosperierte und sich bis tief in die 80er Jahre, in Ost und West in je eigener Art und Weise, selbst genug war. Erst die wirtschaftspolitischen und konjunkturellen „Dellen" der Folgezeit, die Überwindung der deutschen Teilung, die Europäisierung, die Globalisierung, der demografische Wandel und die zunehmende Migration nach Deutschland öffneten den Blick für Realitäten und Entwicklungen im internationalen Maßstab. In vielen Feldern, so auch in dem der Bildung, fanden zunehmend internationale Vergleiche und „Benchmarks" statt, die vielfach ernüchternde und unerwartete Ergebnisse hatten. In Deutschland war und ist sicher vieles nicht schlecht, sehr spät aber wurde offensichtlich, dass die ausländische „Konkurrenz" in der Zwischenzeit zumindest zum Teil schneller, qualitativ besser und innovationsfreudiger geworden war, sodass sich Deutschland z.B. bei PISA und TIMSS nur im OECD-Mittelmaß wieder fand (vgl. z.B. Allmendinger 2009, S. 4; s. auch Wößmann 2003, S. 34).

Die Ergebnisse der Studien waren eindeutig und veränderten zunächst die Welt der Bildungsforschung, dann die der Bildungspolitik und haben schließlich die allgemeine Politik und breite Öffentlichkeit erreicht. Und dieses hatte seine Ursachen: Im Jahr 2006 haben, gemessen am Anteil privater und öffentlicher Ausgaben für Bildungseinrichtungen aller Bildungsbereiche am Bruttoinlandsprodukt, nur vier OECD-Staaten weniger, aber 23 mehr für Bildung als

Deutschland ausgegeben (vgl. OECD-Studie 2009). Bei der Messung der Kompetenzwerte 15-jähriger Schüler in den Feldern Lesen, Mathematik und Naturwissenschaften (PISA 2003) erzielte Deutschland im internationalen Vergleich nur Platz 14. Bemerkenswert war insbesondere auch die breite Streuung der Ergebnisse zwischen den Bundesländern innerhalb Deutschlands: Während vier Bundesländer (Bayern, Sachsen, Baden-Württemberg und Thüringen) im internationalen Rahmen noch überdurchschnittliche Ergebnisse erzielten, blieben 12 Bundesländer zum Teil deutlich unter dem Mittel. Bayern lag hinter Finnland auf Platz zwei des Ranking, während Bremen nur knapp vor Griechenland den vorletzten Platz belegte (vgl. UNICEF-Deutschland 2007, S. 6)[1]. Problematisch waren (und sind) auch die sozialen Effekte deutscher Bildungswirklichkeit: So verlassen in Deutschland 9% der Jugendlichen ohne Abschluss die Schule und gar 20% der Jugendlichen ohne deutsche Staatsangehörigkeit bleiben ohne Hauptschulabschluss (vgl. Solga 2003, S. 19f.). Darüber hinaus gelten zwischen 14,1% (Bayern) und 29,7% (Bremen) der 15-Jährigen als „Risikoschüler", die im PISA-Lesetest ein nur rudimentäres Textverständnis nachweisen konnten (vgl. Institut der deutschen Wirtschaft Köln 2006, S. 4).

Auch in anderen Bereichen des Bildungssystems zeigten sich Probleme. So stieg zwar in der jüngeren Vergangenheit die Zahl der Studienanfänger kontinuierlich an, bleibt aber mit 43% immer noch deutlich unter der durchschnittlichen OECD-Quote von 56% (vgl. Bildungsstatistik 2009). Neben Fortschritten gibt es Schwächen, Stagnationen und Rückschritte insbesondere in den Förder- und Betreuungsstrukturen des deutschen Bildungswesens, in der Integration und in den für die wirtschaftlich-technologische Entwicklung besonders wichtigen Studiengängen Mathematik, Informatik, Naturwissenschaften und Technik (MINT-Bereich) (vgl. Institut der deutschen Wirtschaft Köln 2008, S. 3/13; s. auch Deutsches Institut für Wirtschaftsforschung e.V. 2009, S. 52). So hat die Wissenschaft an deutschen Hochschulen in einer globalisierten und weitgehend transparenten Welt in ihrem Ringen um „Excellenz" ihre eigenen Sorgen: „Deutsche Hochschulen sucht man in der Spitzengruppe (...) vergeblich. Im Shanghai-Ranking 2008 schaffen es sechs deutsche Universitäten in die Top-100. Die beste von ihnen, die Ludwig-Maximilians-Universität München liegt auf Rang 55. Im (Higher Education Ranking der britischen Tageszeitung „The Times", d. Verf.) stehen sogar nur vier deutsche Akademikerschmieden unter den 100 besten" (Deutsches Institut für Wirtschaftsforschung e.V. 2009, S. 49). Deutliche Kritik der OECD bezieht sich auch auf den Weiterbildungssektor: Hohen Teilnahmequoten von Arbeitnehmern an Fort- und Weiterbildungsmaß-

---

[1] Auf die Problematik der Vergleichbarkeit, insbesondere zwischen Flächenländern und Stadtstaaten, sei hingewiesen. Auf eine ausführliche Diskussion wird hier verzichtet, weil die besondere Situation von Stadtstaaten Teil der gesellschaftlichen und bildungspolitischen Realität ist und auf die zum Teil besonderen Probleme urbaner Gemeinwesen im Bildungswesen verweist.

nahmen in den skandinavischen Ländern steht ein Mittelfeld aus Deutschland, den USA und Großbritannien gegenüber. So bilden sich z.b. in Dänemark 40% der Arbeitnehmer weiter, während die Quote in Deutschland nur 12% beträgt. Im internationalen Vergleich der Zeit, die Arbeitnehmer für Weiterbildung aufwenden, liegt Deutschland auf Platz 13 von 17 betrachteten Nationen. Damit wurde von den auf Platz eins eingeordneten Dänen doppelt soviel Zeit investiert wie von deutschen Arbeitnehmern (vgl. ebd., S. 56). Gerade aber unter den Bedingungen des demografischen Wandels kommt diesem Bereich zur Sicherung von Investitionen in Bildung eine zunehmende Bedeutung zu.

Die Intensität der Diskussion um bildungspolitische Themen in unserem Lande ist nur vergleichbar mit der um die „Bildungskatastrophe" der 1960er Jahre. Heute hat sie jedoch ihre Entsprechung in einer Debatte über eine Vielzahl politischer, gesellschaftlicher und sozialer Systeme. Vielfach scheint die Diskussion um diese Systeme aber nur die „Oberfläche" der Kontroversen zu sein: Die politische Realität ist hintergründig geprägt von der Krise einer ganzen Reihe gesellschaftlicher Grundannahmen. Eine ständige Abnahme der Wahlbeteiligung droht das Prinzip der parlamentarisch-repräsentativen Demokratie auszuhöhlen. Ein fortschreitender Wertewandel verändert unser Verständnis vom sozialen Zusammenleben in Familie, Staat und Gesellschaft. Demografische Veränderungen stellen das klassische Denken in Rollen und Lebensphasen in Frage. Die jüngste Krise am Finanzmarkt ist weit mehr als eine systemimmanente wirtschaftlich-konjunkturelle Schwäche. Sie lässt Zweifel an den fundamentalen Mechanismen des freien Marktes und der Gerechtigkeit sozialer Verteilungssysteme aufkommen. Die soziale Kohäsion in der Gesellschaft, so der gemeinsame Effekt aller genannten Phänomene, wird geschwächt und könnte schließlich gefährdet werden.

Die Krise des allgemeinen Bildungssystems ist ein Teil dieser Entwicklung. Der „Output" genügt aus wirtschaftlicher Sicht häufig nicht mehr den Anforderungen für eine effektive Nutzung oder Weiterentwicklung im Rahmen der dualen Ausbildung (vgl. Deutsches Institut für Wirtschaftsforschung e.V. 2009, S. 49). Haupt- und Realschulabschlüsse qualifizieren kaum noch ausreichend und unmittelbar für die berufliche Ausbildung, sondern müssen vielfach bereits mit berufsvorbereitenden „Maßnahmen" unterstützt werden. Auch deshalb wird die Wirtschaft zum Konkurrenten der Hochschulen um die Abiturienten mit den Effekten, dass einerseits zu wenig akademisch gebildete Absolventen zur Verfügung stehen und andererseits Abgänger ohne oder mit nur „geringerem" Abschluss aus bisher hier typischen Berufsbildern „verdrängt" werden und in der wirtschaftlichen Perspektivlosigkeit enden. Bildung wird auf der kollektiven Ebene zur „knappen Ressource" für die Wirtschaft und Gesellschaft, zum Kriterium für wirtschaftlichen Erfolg und zum Faktor für die Attraktivität eines Standortes aus wirtschaftlicher Sicht (vgl. Hamburgisches WeltWirtschaftsInstitut 2007, S. 3). Bildung, so die Schlussfolgerung, macht aktuell den Unterschied.

Mit den strukturellen und paradigmatischen Problemen des wirtschaftlichen Systems droht Bildung hintergründig aber gleichzeitig auf einer anderen gesellschaftlichen Ebene einen Teil ihrer bisherigen Legitimation und Funktion zu verlieren: Ein gesellschaftlicher Leitgedanke des Nachkriegs-Deutschlands war immer die Verbindung der Begriffe „Bildung" und „Aufstieg". Bildungschancen wurden fast durchgehend gleichgesetzt mit Lebenschancen, also mit der Möglichkeit, selbst durch Talent, Leistungsbereitschaft und Fleiß den eigenen Lebensweg und gesellschaftlichen Status maßgeblich beeinflussen zu können. Teil eines aufgeklärten Gerechtigkeitsgedankens ist und war es, dass eben nicht Glück oder Herkunft gesellschaftliche und wirtschaftliche Teilhabe determinieren, sondern individuelle Fähigkeiten, Motivationen und Leistungen. Das derzeitige Bildungssystem scheint allerdings auch auf dieser Ebene den Ansprüchen immer weniger zu genügen: Bildungschancen und die Aussicht auf Erfolg durch einen Abschluss im Bildungssystem sind immer stärker von der Herkunft abhängig (vgl. Holz 2003, S. 3). „Bildungsarmut und der fehlende Zugang zu Wissen sind die zentralen sozialen Risiken in einer wissensbasierten Wirtschaftsgesellschaft" (Allmendinger 2009, S. 4). Gesellschaftliche Mobilität und die Gerechtigkeit der Chancen durch Bildung sind eher Ziele für die Zukunft als gegenwärtige Realität. Soziale Durchlässigkeit als Grundvoraussetzung einer als gerecht empfundenen Gesellschaft und eines breiten sozialen Konsenses ist so in Frage gestellt. Bildung wird eher zur sozial selektierenden- als zur fördernden Größe (vgl. Lenzen 2009, S. 7). Als gesellschaftliche Folge droht die Ablösung der „Aufsteigergesellschaft" mit einer „meritokratischen" und allgemein akzeptierten Struktur, durch eine neue Form der „Standesgesellschaft", deren differenzierendes Moment maßgeblich unterschiedliche Zugänge und Chancen im Bereich der Bildung sind (vgl. Kloepfer 2009, S. 1ff.). Entscheidungen z.B. zur Erhebung von Studiengebühren unterstützen diese Effekte und finden, wie die auch diesen Bereich der Wissenschaftspolitik betreffenden Studentenproteste zeigen, keine Akzeptanz. Anzumerken ist darüber hinaus, dass Bildung in einem offensichtlichen Zusammenhang zur Lebensqualität steht: „Besser gebildete Menschen leben länger als weniger gebildete und zeigen eine höhere politische wie soziale Teilnahme; auch werden sie schneller und dauerhafter in den Arbeitsmarkt integriert, mit individuell höheren Wahlmöglichkeiten in der Berufs- und Erwerbskarriere sowie mit höheren Entfaltungs- und Entwicklungschancen am Arbeitsplatz; entsprechend hoch ist die Erwerbsbeteiligung gut Gebildeter, entsprechend niedrig das Risiko der Arbeitslosigkeit" (Allmendinger 2009, S. 4).

Die Realität sieht im Vergleich zum Gewünschten und gelegentlich Propagierten zum Abschluss des Jahres 2009 noch völlig anders aus. Dieses zeigt sich hintergründig beispielhaft auch in einem sehr widersprüchlichen Gebrauch des

Begriffes „Investition", den Fachwelt (und Politik) im Zusammenhang mit Bildung ganz selbstverständlich gebrauchen. Tatsächlich sind Ausgaben für Bildung aus der Sicht öffentlicher Haushälter bis heute weitgehend keine „Investitionen", es sei denn, die Ausgaben erfolgen unmittelbar z.b. für den Schulbau (vgl. Die Senatorin für Finanzen 2007, S. 19). Eher das Gegenteil ist der Fall: Die meisten Ausgaben für Bildung sind konsumtive Kosten, die bislang insbesondere dem Spar- und Kürzungsdruck in den knappen öffentlichen Haushalten unterlagen. Auch für den politisch-programmatischen Begriff der „Bildungsrepublik", der, zunächst in anerkennenswerter Weise, kraftvoll bildungspolitische Aktivität unterstreichen soll, findet sich keine formale Quelle, etwa im Grundgesetz: Artikel 20 GG kennt zwar den Auftrag zum sozialstaatlichen Handeln, von Bildung ist dagegen nicht die Rede. Und das hat sehr praktische Auswirkungen. Die Ausgaben für Soziales sind in unserem Lande mit ca. 27% des Bruttoinlandsproduktes fast sechsmal höher als die Ausgaben für Bildung (vgl. Schmidt 2003, S. 11). Ein Zustand der im internationalen Vergleich durchaus nicht allgemeiner Standard ist. Sehr vereinfachend kann von einer Dreiteilung im Staatengefüge ausgegangen werden: Im angloamerikanischen Raum wird ein Schwerpunkt im Bereich Bildung und Wissenschaft gesetzt, die unmittelbar unterstützende soziale Hilfe ist dagegen eher unterdurchschnittlich ausgestattet. Das gegenteilige Verhältnis der beiden Politikfelder zueinander findet man beispielsweise in Deutschland, während in den skandinavischen Ländern ein ausgewogenes Modell die Balance zwischen den Ausgaben für Soziales und Bildung bestimmt. Die bei uns vorherrschende Praxis der überwiegend alimentierenden sozialen Hilfe in ihren unterschiedlichen Ausprägungen, wird dem öffentlich propagierten Anspruch einer in Wirklichkeit notwendigen aktivierenden Unterstützung nur unzureichend gerecht (vgl. Allmendinger 2009, S. 4f.). Die vielfach geforderte „Umsteuerung" ist aus ganz praktischen politischen Gründen schwierig, obwohl Bundesbürger mit „Investitionen" in Bildung höhere Renditen erzielen können als mit Kapitalanlagen (vgl. Deutsches Institut für Wirtschaftsforschung e.V. 2009, S. 48/50): Eine in der gegenwärtigen Situation der öffentlichen Finanzen wahrscheinlich unvermeidbare Rückführung der unmittelbaren Unterstützung greift in Besitzstände zumeist wahlberechtigter Bürger ein, während die Nutznießer eines gestärkten Bildungssystems ihre Stimme vielfach erst in der Zukunft abgeben können (vgl. Lenzen 2009, S. 9). Nicht unberücksichtigt bleiben darf, dass ein zumindest hinreichender wirtschaftlicher Hintergrund ein maßgeblicher Erfolgsfaktor für gelingende Bildungsanstrengungen ist (vgl. Allmendinger 2009, S. 5). Motivation für Bildung entsteht auch durch attraktive Verwertungsmöglichkeiten in wirtschaftlichen Kontexten. Insofern wird Bildung immer sowohl wirtschaftlich-finanziell als auch politisch-sozial ein „Scheck auf die Zukunft" sein, der aber zwingend Handeln und Aufbruch in der Gegenwart erfordert. Auch diese „Investition" birgt Risiken und bedarf ggf. des Mutes, Unpopuläres zu entscheiden und durchzusetzen. Zu einer

Politik des „Dritten Weges" (vgl. ebd., S. 4f.), der „Fördern" und „Fordern" bereichs- und generationenübergreifend zum Leitmotiv der politischen Praxis macht, gibt es trotz aller erwartbaren Probleme vermutlich keine Alternative.

2. Tendenzen und Hintergründe aktueller bildungspolitischer Diskussionen und Entwicklungen

Nach einer kurzen Phase der Irritation und des Verdrängens hat die bildungspolitische Diskussion die Realität der Öffentlichkeit erreicht. Der Widerstand der Lehrergewerkschaften und der Bildungsbürokratie gegen (internationale) Vergleiche scheint sich genauso zu relativieren wie der der pädagogischen Fachwelt gegen bildungspolitische Standards, Zielvorgaben und Anreizsysteme (vgl. Allmendinger/Leibfried 2003, S. 17f.). Auch bildungstheoretische Auseinandersetzungen um den Bildungsbegriff in der Kontinuität der deutschen und europäischen Pädagogik haben ihren fundamentalistischen Charakter weitgehend verloren. Nur wenige werden heute noch bestreiten, dass Bildung eine sowohl das Individuum entwickelnde- als auch eine gesellschaftlich-instrumentelle Funktion hat und individuelle (Persönlichkeits-)Bildung und (Berufs-)Ausbildung zwei Seiten einer Medaille sind (vgl. Lenzen 2009, S. 8).

Tatsächlich ist nicht zu bestreiten, dass sich inzwischen vieles in der bildungspolitischen Landschaft verändert hat. Deutschland hat sich vom Jahr 2000 an international betrachtet im PISA-Ranking (trotz aller Schwierigkeiten der Vergleichbarkeit) tendenziell verbessert (vgl. Schneider 2007). Am eindrucksvollsten wird das in einem Vergleich der Bundesländer im Jahr 2008 dadurch dokumentiert, „dass NRW auf Platz 15 mittlerweile fast die Punktzahl erreicht, die Bayern im Bildungsmonitor 2004 auf den damaligen Spitzenplatz gehoben hatte" (Institut der deutschen Wirtschaft Köln 2008, S. 3/12). Und die Anstrengungen lohnen sich: So gelingt es z.B. Bremen, nicht zuletzt durch Investitionen in einen Schwerpunktbereich „Forschung und Entwicklung", hinter Baden-Württemberg einen beachtlichen zweiten Platz in der Bewertung der Innovationsfähigkeit zu erzielen (vgl. Hamburgisches WeltWirtschaftsInstitut 2007, S. 14/23). Auch in den Bereichen der Internationalität des Wissenschaftssystems, seiner Effektivität als Ideengeber für die Wirtschaft und in der Entwicklung der Zahl von Abiturienten, die ein Studium beginnen, gibt es positive Tendenzen. Doch scheinbar kann die bildungspolitische Wirklichkeit insgesamt nach wie vor nicht wirklich überzeugen. Sie entspricht noch immer nicht den Anforderungen, die für die Gegenwart, insbesondere aber für die Zukunft, bestehen.

Auffällig ist, dass es zu sehr ähnlichen Rankings im Bundesländervergleich führt, wenn man z.B. die wirtschaftliche Dynamik oder die Situation der öffentlichen Haushalte in Beziehung setzt zum „Erfolg" im Bereich Bildung: Es besteht zwischen der wirtschaftlichen und öffentlichen Prosperität einerseits und dem Feld der Bildung andererseits mutmaßlich ein doppelter Zusammenhang. Gesunde öffentliche Haushalte und wirtschaftlich dynamische Strukturen ermöglichen in offensichtlich zweifacher Hinsicht effektive Bildungssysteme, indem einerseits ausreichende Mittel für die Finanzierung von Bildungsaufgaben zur Verfügung stehen und andererseits wirtschaftliche Anreize, insbesondere Chancen auf dem Arbeitsmarkt, für den Erwerb von Bildungsabschlüssen vorhanden sind. Im Gegenzug wird ein gut ausgestattetes und international konkurrenzfähiges Bildungssystem auch den notwendigen und gut vorbereiteten Nachwuchs für die Wirtschaft zur Verfügung stellen und so einen wichtigen Beitrag zur wirtschaftlichen Prosperität leisten, die ihrerseits wiederum eine wesentliche Voraussetzung für das zur Bildungsfinanzierung notwendige Steueraufkommen ist. Die Leistungsfähigkeit des regionalen Bildungssystems bestimmt die Konkurrenzfähigkeit, Attraktivität und Anziehungskraft eines (Wirtschafts-)Standortes mit. Ein Effekt, der im „Ringen um die besten Köpfe" in der Zukunft noch erheblich an Bedeutung gewinnen wird.

Bildung scheint in dieser Situation das System zu sein, auf dem in besonderer Weise die Hoffnungen zur gesellschaftlich-wirtschaftlichen Gesundung und Entwicklung ruhen. An anspruchsvollen Zielen und tatsächlichen Anstrengungen in vielfältiger Hinsicht herrscht deshalb auch kein Mangel. So soll im Rahmen des „Bologna-Prozesses" das wissenschaftliche Ausbildungssystem der europäischen Staaten weitgehend kompatibel, z.B. durch gleichartige Abschlüsse, gestaltet werden. In Deutschland ist politisch beabsichtigt, die „Investitionen" in den Bereich Bildung auf zehn Prozent des Bruttoinlandsproduktes zu steigern und so einen Schritt hin zur „Bildungsrepublik Deutschland" zu tun. Bildungspolitische Bemühungen und Veränderungen zur Förderung der Qualität im Bildungssystem zeigen zwar erste Erfolge, wie die Ergebnisse von PISA-2006 andeuten, offenbar bestehen zwischen Anspruch und Wirklichkeit aber immer wieder große Unterschiede und die Entwicklungen (und ihre Bewertungen) sind stark widersprüchlich, gegenläufig oder auch gelegentlich interessengeleitet ausgelegt. Beispielsweise resümiert eine jüngst veröffentlichte Studie unter der Überschrift „Bildungsausgaben: An der Zukunft gespart": „Deutschland spart seit langem an seinem wichtigsten Rohstoff: Im Jahr 2002 summierten sich die privaten und öffentlichen Bildungsausgaben auf 5,3 Prozent der Wirtschaftsleistung. Schon damals war das im internationalen Vergleich wenig. In den darauf folgenden Jahren sank die Quote immer weiter. So investierte Deutschland 2005 gerade einmal 5,1 Prozent des Bruttoinlandsproduktes in die Ausbildung des Nachwuchses. Unter den 17 analysierten Industriestaaten steht die Bundesrepublik damit bei den Gesamtausgaben für Bildung nur auf Platz 12. Vor einigen Wochen meldete die OECD, dass die Bildungsbudgets im Jahr 2006 sogar weiter auf 4,8 Prozent gefallen sind. Der OECD-Durchschnitt liegt dagegen bei 5,5 Prozent. Für ein Land, dessen Wohlstand wesentlich auf dem Wissen und den Kompetenzen seiner Bürger basiert, ist ein solcher Rückstand mehr als

bedenklich" (Deutsches Institut für Wirtschaftsforschung e.V. 2009, S. 48)[2].
Trotz aller Schwächen, die dem Vergleich von Relativwerten zueigen sind,
sagen sie doch nichts über die absolute Höhe der für Bildung verausgabten Mittel aus, scheint in einer solchen Sichtweise doch insgesamt eine gewisse „mainstream" der skeptischen und kritischen Bewertungen zu liegen.

Inzwischen hat die bildungspolitische Diskussion tatsächlich an Rationalität,
Transparenz und Differenziertheit gewonnen. Hierzu mögen die international
einheitlich und kontinuierlich erhobenen und allgemein verfügbaren Daten und
Vergleiche beigetragen haben. In der innenpolitischen Diskussion ist eine tendenzielle Annäherung der Standpunkte im politischen Spektrum eingetreten.
Dieses zeigt sich nicht nur darin, dass inzwischen parteiübergreifend Bildung als
zentrales Thema gilt. Auch inhaltlich gibt es, bei aller Unterschiedlichkeit in
einzelnen Feldern, eine versachlichende Annäherung: So wird heute z.B. kaum
noch bestritten, dass es eine Notwendigkeit gibt, schulische Ganztagsangebote
zu etablieren, bzw. auszuweiten. Hieraus lässt sich die Hoffnung ableiten, dass
schulstrukturelle Debatten zukünftig weniger ideologiebelastet als in der Vergangenheit ablaufen werden. Denn die wissenschaftlich erhobenen nationalen
und internationalen Vergleiche zeigen, dass auch klassisch gegliederte Schul-
systeme, wie sie beispielsweise in Bayern Praxis sind, sowohl in leistungsbezo-
gener- als auch in sozialer Hinsicht zu sehr positiv bewerteten Ergebnissen führen können und nicht schon deshalb überkommen sind, weil sie eher einer
traditionellen pädagogischen Sichtweise folgen. Umgekehrt zeigt sich am Beispiel Finnland, dass mit einem ganz anderen Konzept, das eher integrative Ansätze verwirklicht, ebenfalls gute und wettbewerbsfähige Erfolge zu erzielen
sind. Hierin wird offensichtlich, dass eine erfahrungswissenschaftliche Anrei-
cherung der Debatte, insbesondere der über Schulstrukturen, der beste Weg ist,
um Vorurteilen, ideologisch motivierten Standpunkten und ausgetrampelten
Pfaden den Boden zu entziehen. Es zeigt sich, dass die „Wahrheit" oft in der
Mitte-, häufig eher im „Sowohl-als-auch" und eben nicht im „Entweder-oder",
liegt. Es zeigt sich aber auch, dass die pädagogische Forschung noch nicht am
Ende ist: Will sie in der Bildungspolitik stärker wahrgenommen werden, braucht
sie noch trennschärfere Ergebnisse in der Frage, welche Faktoren wirklich eine
„gute Schule" beeinflussen. Politik wird umgekehrt bereit sein müssen, auch um
den Preis der Verkomplizierung der Debatte, ihre Diskussionen mehrdimensio-
naler als in der Vergangenheit anzulegen und anzuerkennen, dass es nicht nur
einen Weg gibt hin zu bildungspolitischem Erfolg. Eine sachdienliche Debatte
zur Bildungspolitik wird nur Impulse geben und Fortschritte induzieren können,

---

[2] Anzumerken ist, dass es in Deutschland überdurchschnittlich hohe private Investitionen in
Bildung gibt. Sie betrugen 1999 1,2% des BIP und bedeuten Rangplatz 5 unter den
Industriestaaten. Dazu zählen auch die Kosten des dualen Ausbildungssystems. Dadurch
relativiert sich die „Malaise" der öffentlichen Bildungsfinanzierung unseres Landes
tendenziell und erscheint „in etwas milderem Lichte" (vgl. hierzu: Schmidt 2003, Seite 7f.).

wenn sie ebenso angelegt wird, wie sich die gesellschaftlich-wirtschaftliche Realität entwickelt. Insofern müssen die Veränderungen des Bildungssystems als ein Teil gesellschaftlich-wirtschaftlicher und internationaler Dynamik gesehen werden. Hiermit ist nicht Schnelllebigkeit oder Oberflächlichkeit-, sondern Zukunftsbezogenheit und Nachhaltigkeit gemeint. Wird dieses nicht erreicht, kann Bildung als System und Medium zur gesellschaftlichen Intervention und öffentlich-wirtschaftlichen Daseinsvorsorge nicht befriedigend entwickelt werden. Gleichzeitig würde es auf der individuellen Ebene als ein Mittel für Erfolg, Teilhabe, Entwicklung und Aufstieg seine Wirksamkeit langfristig weitgehend einbüßen.

Die bildungspolitische Diskussion der Zukunft in unserem Land muss insofern nicht nur in fachlicher Hinsicht von möglichst großer Wahrhaftigkeit geprägt sein, sondern sie muss so ideologiefern und so pragmatisch wie möglich angelegt werden. Dazu gehört nicht nur ein noch stärkerer Rückgriff und Bezug auf wissenschaftliche Erkenntnisse, sondern auch, dass man sich nüchterner und vorbehaltloser als in der Vergangenheit auch mit unbequemen, und, zumindest scheinbar, „belasteten" Themen wie der Integration von Migranten in das Bildungssystem, befasst. Ein Problemkreis, der nicht nur eine Herausforderung für den Bildungsbereich darstellt, sondern der zu den Kernfragen der Gesellschaft gehört und in Deutschland im OECD-Vergleich eine besondere Ausprägung hat (vgl. Kristen 2003, S. 30). Es nicht zu übersehen, dass die Unterschiedlichkeit der schulischen Leistungen zwischen in Deutschland Einheimischen und Migranten zu groß ist, um von einer zufälligen Variabilität ausgehen zu können: „So verlassen (immer noch) 20 Prozent der Jugendlichen ohne deutsche Staatsangehörigkeit die Schule ohne einen Hauptschulabschluss. Zudem befinden sich unter den jungen Erwachsenen ohne anerkannten Ausbildungsabschluss 50 Prozent nichtdeutscher Herkunft" (Solga 2003, S. 20). Die statistischen Abweichungen sind auch zwischen den unterschiedlichen Herkunftsgruppen so deutlich verschieden (vgl. Kristen 2003, S. 26ff.), dass die derzeitige bildungspolitische Realität in diesem Aspekt eher ein Spiegelbild der Probleme der gesamten Gesellschaft ist, als ein effektives System zur Bewältigung der allgemeinen Integrationsdefizite. Effektive Fortschritte wird es nur geben, wenn eine vorbehaltlose und realistische Analyse den ergriffenen Maßnahmen vorausgegangen ist, und nicht Verdrängung oder Aktionismus Ratgeber waren. So wird man Zuwanderung auch mit Hilfe des Bildungssystems nachhaltig zu dem entwickeln können, was sie eigentlich ist: Ein wichtiger Teil unserer Zukunft und eine Chance für unsere Gesellschaft.

Bildungspolitische Veränderungen sind in Deutschland nicht zentralistisch zu verordnen. Bildung ist in unserem Rechtsgefüge Angelegenheit der Länder, deren Zuständigkeit für diesen Bereich im Rahmen der Föderalismus-Reform von 2006 sogar noch einmal gestärkt wurde, obwohl längst Zweifel angemeldet werden können, dass sie zur angemessenen und nachhaltigen Finanzierung von Bil-

dungssystemen in der Lage sind oder dieses mit ausreichender Gewissheit
bleiben (vgl. Hamburgisches WeltWirtschaftsInstitut 2007, S. 27f.; s. auch All-
mendinger/Leibfried 2003, S. 17). Durch die neue Rechtslage ist der Bund an
einer (direkten) Beteiligung an der Finanzierung des allgemeinen Bildungswesens weitgehend gehindert, und dieses selbst dann, wenn er die Bereitschaft
dazu hätte. Länder und Kommunen tragen mit 73%, bzw. 16%, den Löwenanteil
an den Kosten für Bildung, während auf den Bund nur 11% entfallen (vgl.
Schmidt 2003, S. 10). Gerade unter den gegenwärtigen Schwierigkeiten insbesondere der Länder- und Kommunalhaushalte, die chronisch unterfinanziert-
und z.b. durch ständig steigende Sozialausgaben belastet sind, gerät der Bildungsbereich in Konkurrenz zu anderen primären Aufgaben dieser Ebenen des
Gemeinwesens, die ebenfalls Lebensqualität und Entwicklungsfähigkeit maßgeblich beeinflussen (vgl. ebd., S. 10f.). Durch die unterschiedliche Wirtschafts-
kraft der Bundesländer und die schon jetzt unterschiedlichen Möglichkeiten, den
Bildungsbereich finanziell auszustatten, besteht zudem die Gefahr, dass finanz-
schwächere Länder weiter an Innovationskraft und wirtschaftlicher Prosperi-
tät/Anziehungskraft verlieren und schließlich das Verfassungsgebot gleich-
wertiger Lebensbedingungen im Bundesgebiet gefährdet wird (vgl. zu den
Einzelheiten und Auswirkungen z.B. Hamburgisches WeltWirtschaftsInstitut
2007, S. 17ff.). Auf diese Weise könnten sich, ähnlich wie auf der individuellen
Ebene, durch unterschiedliche Bildungschancen (vgl. Lenzen 2009, S. 6f.) auch
auf der kollektiven Ebene Zonen verschiedener Lebensqualitäten bilden und reproduzieren. Schon jetzt wird in bildungspolitischer Hinsicht von einer „stabilen
Dreiteilung der Bundesländer" gesprochen: Ein Spitzenquartett besteht aus den
Ländern Sachsen, Baden-Württemberg, Thüringen und Bayern. An diese
Gruppe schließt sich ein breit gefächertes Mittelfeld aus elf Ländern an, dem
dann nur noch das Schlusslicht Mecklenburg-Vorpommern folgt (vgl. Institut
der deutschen Wirtschaft Köln 2008, S. 3). Ein Bildungsranking, das mutmaßlich schon jetzt eng mit anderen wirtschaftlichen, finanzpolitischen und sozialen
Parametern korrelieren dürfte, und das in die Zukunft fortgeschrieben, die gesellschaftliche Kohäsion in Deutschland zusätzlich beeinträchtigen könnte.

Aber auch andere Faktoren sprechen gegen einen „ungehemmten" Bildungsföderalismus, der offensichtlich eher verhindert, dass Bund und Länder in aus-
reichendem Maße „an einem Strang" ziehen (vgl. Deutsches Institut für Wirtschaftsforschung e.V. 2009, S. 50). Die Bildungssysteme haben sich nicht nur
innerhalb der Länder immer wieder verändert und weiter ausdifferenziert, sondern sind auch zwischen den Ländern tendenziell immer unterschiedlicher geworden. Neben den Aspekt der Unterschiedlichkeit zwischen den Bundesländern tritt der der Internationalisierung, die immer mehr Menschen als einen
selbstverständlichen Teil ihrer Lebenswelt auch im Feld der Bildung empfinden
und in der sie Orientierung suchen. Aus dem berechtigten Anspruch der Vielfalt
von Angeboten im Bildungsbereich, die Wettbewerb und Entwicklung beför-

dern, ist Unübersichtlichkeit geworden. Durch unterschiedliche bildungspolitische Vorstellungen, z.b. zwischen gegliederten und integrierten Systemen, zwischen differenzierenden und gemeinsamen Unterrichtsformen, zwischen öffentlichen und privaten Bildungsangeboten sowie zwischen allgemein bildenden und berufsqualifizierenden Schulen und deren Kombination, ist in Deutschland ein bildungspolitischer Flickenteppich entstanden, in dem die Kompatibilität, die Gleichartigkeit und die Gleichwertigkeit der Abschlüsse nur mit Mühe aufrechterhalten werden können. Bildung soll Mobilität ermöglichen und nicht behindern, sodass eine effektivere und durchgreifendere Steuerung allgemeiner bildungsstruktureller Vorgaben geboten scheint, auch wenn das in den bestehenden Bildungsföderalismus eingreift und zu einer Verschiebung der Rollen zwischen Bund, Ländern und Gemeinden führen würde. Steuerung im Bildungsbereich muss zukünftig durch die Implementierung und Überprüfung gemeinsamer Ziele, Standards und Rahmenvorgaben stattfinden und so einen Mittelweg beschreiten zwischen Uniformität und Beliebigkeit. Dieses sollte auch in den Feldern der Allgemein- und Berufsbildung, wie in der Wissenschaft zumindest in Ansätzen schon üblich, schrittweise auf eine internationale Ebene gehoben werden. Dabei muss das Prinzip der Subsidiarität zum Leitbild bildungspolitischer Organisation und Steuerung werden und den Pfad weisen zwischen Zentralismus und bildungspolitischer Kleinstaaterei: Hierarchie, Strukturen, Standards und Rahmenvorgaben wo nötig, Handlungsautonomie und Selbstbestimmung, auch im Bildungswesen, wo immer möglich.

Ein weiterer Grundfehler der derzeitigen bildungspolitischen Debatte liegt darin, dass sie viel zu sehr ein Derivat der allgemeinen finanzpolitischen Diskussion geworden ist. Das Primat der Ideologen droht abgelöst zu werden vom Primat der Haushälter. Während es durch die Ergebnisse der vergleichenden Bildungsforschung inzwischen eine unmittelbar plausible Feststellung ist, dass zu geringe Bildungsausgaben aus angesprochenen Gründen in vielfältiger Hinsicht die Zukunfts- und Konkurrenzfähigkeit des Bildungssystems in Frage stellen, kann durch gegenwärtige Ankündigungen zur finanziellen Stärkung von Bildung ein Missverständnis mit gegenteiligem Effekt herbeigeführt werden: Sicherlich werden Investitionen in das Bildungswesen zu auch substantiellen Verbesserungen führen können. Dabei darf aber nicht von einem linearen Zusammenhang von Qualität und eingesetzten Mitteln, frei nach dem Motto: „Viel hilft Viel", ausgegangen werden. Insofern besteht die Gefahr, dass mit der Bereitstellung von zusätzlichen Ressourcen falsche und unrealistische Erwartungen verbunden und geweckt werden. Dieses verstellt gelegentlich auch den Blick für die eigentlich entscheidende Frage, wo die Bestimmungsgrößen einer „guten Schule" wirklich liegen. So wird z.B. die Bedeutung der Höhe der Bildungsausgaben tendenziell ebenso überschätzt (vgl. Hamburgisches WeltWirtschaftsInstitut 2007, S. 9; s. auch Wößmann 2003, S. 35/38) wie die Größe der Lerngruppe (vgl. Wößmann 2003, S. 37). Entscheidend dagegen ist es, wofür das vorhandene Geld ausgegeben wird und hier brauchen wir Veränderungen in doppelter Hinsicht: Derzeit besteht eine Schwerpunktsetzung eher in der ressourcenbezogenen Gewährleistung der abschlussorientierten und berufsvorbereitenden Sekundarstufe (II) sowie des tertiären Bildungssektors. Eine notwendige finanzielle Stärkung der Primarstufe (einschließlich des Kindergartens/der Vorschule) und des quartären Bildungssektors (Fort- und Weiterbildung) muss konzeptionell hin zu einem systematischen und integrierten Lehr-/Lernverständnis über die gesamte Lebensspanne weiterentwickelt – und so der Begriff des „lebenslangen Lernens" mit Substanz und Leben erfüllt werden. Gleichzeitig erscheint es zum Zweiten wichtig, bewusster als bisher, das gesamte Spektrum der Begabungen einer finanziell gestärkten und institutionalisierten Förderung zuzuführen, und, neben den „Normalbegabten", aus unterschiedlich denkbaren Gründen besonders Förderungsbedürftigen auf der einen- und Hochbegabten auf der anderen Seite, eine ihren Ansprüchen und spezifischen Fähigkeiten entsprechende Bildung zukommen zu lassen (vgl. Schmidt 2003, S. 8). Hierdurch können nicht nur individuelle und gesellschaftliche Ziele durch „Fordern und Fördern" nach Teilhabe und Chancengerechtigkeit erfüllt-, sondern im wirtschaftlichen Sinne auch Leistungsreserven für die Zukunft aktiviert werden. Bildungspolitisches Engagement ist insofern gleichermaßen ein individueller Anspruch und ein Gebot der gesellschaftlichen und wirtschaftlichen Vernunft.

Die Durchsetzung einer solchen Politik erfordert aber noch eine Konsequenz, die in einem Prinzip ganzheitlicher Politik zwar bereits angelegt ist, die aber durchaus nicht Praxis in der politischen Realität unseres Landes ist. Insbesondere die Bereiche „Soziales" und „Bildung" müssen konzeptionell zusammengedacht und organisatorisch verzahnt werden. In der Verwaltungspraxis des Bundes und der Länder existieren für beide Felder aber häufig unterschiedliche Ressortzuständigkeiten. So ist z.B. im Lande Bremen der Bereich der Kindergärten eine Zuständigkeit des Sozialressorts und eben nicht eine der Bildungsbehörde, was die effektive Einbeziehung und Entwicklung des „ersten Lernfensters" erschwert (vgl. Schneider 2009, S. 32 ff.; s. auch Golz 2009, S. 2). Dieses behindert nicht nur eine konzeptionell-integrative Anlage dieses Politikfeldes, sondern führt im Gegenteil in der Praxis zu unvermeidbaren Ressortegoismen und Konkurrenzsituationen. Dass das nicht selbstverständlich so sein muss, zeigt die europäische Ebene: Im Rahmen der europäischen Integration werden Bildung und soziale Sicherung unter dem Dachbegriff der „Sozialpolitik" zusammengeführt und -gedacht (vgl. Allmendinger/Leibfried 2003, S. 12f.). Ein ganzheitlicher Politikansatz wird jedoch hier nicht stehen bleiben können. Nicht nur die aktuelle Diskussion, z.B. um das „Betreuungsgeld", unterstreicht die Verwobenheit der Bildungspolitik mit anderen Politikfeldern, in diesem Falle mit dem der Familienpolitik. So zeigt UNICEF-Deutschland in einem internationalen Vergleich von 21 Industrienationen auf, dass die Lage von Kindern in Deutschland insgesamt nur mittlere Rangplätze erreicht. Sechs verglichene Dimensionen (u.a. „materielle Situation" und „Gesundheit"), in einer Variabilität zwischen Rangplatz neun und 13, verdichten sich zwischen den Niederlanden (Rangplatz eins) und Großbritannien (Rangplatz 21) zu einem unbefriedigenden durchschnittlichen Rangplatz 11. Dieses Gesamtergebnis ist dem Einzelergebnis Deutschlands in der „Dimension Bildung" (hier Rangplatz 10) auffällig ähnlich und legt den Schluss nahe, dass unser Land insgesamt in seiner politisch-gesellschaftlichen Prioritätensetzung zugunsten von Kindern (und „Nachwuchs") deutlichen Nachholbedarf hat, der nicht allein und isoliert auf „Bildung" verengt werden darf (vgl. UNICEF-Deutschland 2007, S. 3). Es zeigt auch, dass die Diskussion um Bildung eine beklemmende Nähe zur Debatte um Armutstendenzen (insbesondere bei Kindern) hat. Dieses dokumentiert und unterstreicht offensichtlich auch die jüngst vorgelegte Fortschreibung der Studie. Hier wird Deutschland zwar eine tendenzielle Verbesserung auf den Rangplatz acht attestiert, hinzukommen aber neue Probleme wie ausgeprägter Zukunftspessimismus und zunehmender Leistungsdruck bei Kindern und Jugendlichen (vgl. Bürger 2010, S. 4).

3. Fazit und Ausblick

Bildung wird in vielfältigen gesellschaftlichen Diskussionsfeldern sowohl als Teil des Problems als auch als Teil der Lösung diskutiert. Dabei wird kein Superlativ ausgelassen: Vom „Megathema" ist auf „Bildungsgipfeln" ebenso die Rede wie vom wichtigsten „Rohstoff" für die wirtschaftliche Zukunft unseres Landes. Endlich, möchte man meinen, hat Bildung den gesellschaftlichen Stellenwert, den sie braucht und verdient. Hintergründig könnte diese rhetorische Überhitzung aber eher zum Problem werden. Mit einer derartig überfrachteten Erwartung scheint die Enttäuschung vorprogrammiert, denn Bildung und ihre Systeme bedürfen der Evolution, nicht der Revolution. Bildung braucht, ohne statisch angelegt werden zu dürfen, eine hinlängliche Berechenbarkeit in ihren Strukturen und Rahmenbedingungen, auch unter dem Aspekt der Unsicherheiten und Veränderungen in Gegenwart und Zukunft. Inhaltliche und didaktische Dynamik entsteht nicht durch Vorgaben, sondern durch Handlungsautonomie und gleichzeitige Orientierung an Zielen, Standards und Rahmenbedingungen der Region in ihrer nationalen und internationalen Eingebundenheit. Beachtenswert scheint in diesem Zusammenhang darüber hinaus der Hinweis, dass „Gegenstand" und „Medium" aller bildungspolitischen Entscheidungen die Menschen mit ihren individuellen Ansprüchen, Fähigkeiten und Motivationen sind. Trotz aller Veränderungen in der bildungstheoretischen Diskussion muss es pädagogischer Konsens bleiben, dass die Interessen des Individuums im Mittelpunkt stehen, und dass seine Verfügbarkeit und Eingebundenheit von seinem freien Willen abhängig sind. Keine Veränderung funktioniert auf Knopfdruck, sondern nur dann, wenn alle Beteiligten und Betroffenen eingebunden werden. Ein pädago-

gischer Zugang zum Thema impliziert darüber hinaus, die Begriffe „Bildung"
und „Erziehung" untrennbar zusammenzudenken. Dennoch ist auch hier zu beachten, dass Entwicklungen nicht unabhängig sind vom gesellschaftlich-wirtschaftlichen Kontext, dessen Veränderungsgeschwindigkeit stetig zugenommen
hat. Die Begrenztheit individueller Verfügbarkeit begrenzt auch die Verfügbarkeit von Bildung und definiert und begründet das Bildungssystem gleichzeitig
als eigenständiges wie kontextabhängiges Politikfeld. Hier scheint ein Teil des
Konfliktpotentials zwischen verschiedenen „Interessen" an Bildung verborgen
zu sein.

Kompetenzvermittlung und Erziehung zu werteorientiertem Denken und
Handeln müssen wieder als gemeinsame Ziele pädagogischen Wirkens in den
Bildungseinrichtungen und in den Familien gelten und aufeinander bezogen
sein. Eine Gleichwertigkeit des Erziehungsaspektes zu fordern, lässt sich übrigens aus unterschiedlicher Sicht gut begründen. Sozialadäquates (und diszipli-
niertes) Verhalten wird die Lernintensität und (Zeit-)Effektivität von Unterricht
steigern. Zum Zweiten wird damit aber auch in den Fokus der Diskussion gerückt, dass es in der bildungspolitischen Diskussion nicht nur um Kompetenzen
und Qualifikationen gehen kann, sondern dass für die Zukunftsfähigkeit unseres
gesellschaftlichen und wirtschaftlichen Systems auch die Veränderung und
Weiterentwicklung von Einstellungsmustern elementar sind: So gibt es zwar
inzwischen weniger Vorbehalte gegen berufstätige Frauen, aber von Gleichheit
in allen Bereichen und vollständiger Kompatibilität von Familien- und Berufs-
rolle kann kaum die Rede sein. Mehr Europäisierung und Internationalität auch
im Bildungssystem haben insgesamt zu mehr Offenheit und Toleranz geführt,
was das Phänomen der Ausländerfeindlichkeit dennoch nicht vollständig hat
beseitigen können. Und schließlich nutzt fachliche Qualifikation allein wenig,
wenn, wie in Deutschland der Fall, Mut zum unternehmerischen Risiko nur
rudimentär ausgeprägt ist: Im internationalen Vergleich von 17 Industriestaaten
schreckt die Möglichkeit des Scheiterns die Deutschen vor Unternehmensgrün-
dungen am stärksten ab (vgl. Deutsches Institut für Wirtschaftsforschung e.V.
2009, S. 37f.). Auf diese Weise haben auch Einstellungs- und Verhaltensmuster
eine wirtschaftlich relevante Seite und sind durchaus nicht ausschließlich Themen für pädagogisch ambitionierte Spezialisten.

Diese pädagogischen Feststellungen sind mehr als nur Theorie und müssen
Anspruch einer humanistischen Sichtweise bildungspolitischer Systeme und
Ziele für die Zukunft bleiben. Sie mögen z.B. auch eine Relativierung des
„Marktparadigmas" bedeuten, dessen Prinzipien und Steuerungsmechanismen
unter dem Begriff des „New Public Management" (vgl. Allmendinger 2009,
S. 3; s. auch Münch 2009, S. 11) zu Organisationsmerkmalen zahlreicher gesell-
schaftlicher Systeme geworden sind und die auch in der bildungspolitischen
Diskussion eine zunehmende Rolle spielen. Natürlich können Begriffe wie
„Wettbewerb", „Konkurrenz" und „Anreiz" auch die Leistungsfähigkeit von

Bildungseinrichtungen beflügeln und Innovationskräfte freisetzen. Insofern können auch Bildungseinrichtungen von Elementen des „New Public Management" profitieren. Im Wissenschaftsbereich ist dieses längst tägliche Praxis und unter der Prämisse von Excellenz und Begabtenförderung und -ausbildung auch zu rechtfertigen (vgl. Münch 2009, S. 10ff.). Ein Alleinstellungsmerkmal für allgemeine Bildungseinrichtungen darf das Marktparadigma aber schon deshalb nicht erhalten, weil die pädagogische und soziale Funktion des Bildungswesens sich auf das gesamte Spektrum gesellschaftlicher und individueller Zwecke, Leistungsfähigkeiten und Motivationen bezieht und deshalb im Kern Bestandteil öffentlicher Daseinsvorsorge und Verantwortung bleiben muss. Hierdurch wird nicht die Notwendigkeit bestritten, Bildungseinrichtungen mit mehr Autonomie auszustatten, ihnen selbstständige Verfügungsmöglichkeiten über Ressourcen einzuräumen und sie verstärkt über vereinbarte Ziele zu steuern (vgl. Lenzen 2009, S. 9). Die Bedeutung privater Bildungsträger, einerseits für die Vielfalt des Bildungssystems und andererseits als gelegentlicher Schrittmacher durch belebende Konkurrenz, wird dadurch ebenfalls nicht relativiert.

Die Bildungspolitik der Gegenwart und Zukunft wird die Anforderungen, die gesellschaftlich an sie gestellt werden, und die Hoffnungen, die auf ihr ruhen, also nur dann erfüllen können, wenn diese realistisch und nicht überfrachtet sind. Gelingen kann Bildungspolitik in der Zukunft nur in einem vernetzten und ganzheitlichen Ansatz und Politikverständnis. Fortschritte sind nur im Zusammenwirken Aller zu erreichen. So ist z.B. ein starker familiärer Hintergrund entscheidend wichtig für schulische Leistungen. Wer Schüler und Schülerinnen fördern will, muss nicht nur sie, sondern auch deren Familien unterstützen (vgl. Wößmann 2003, S. 36). Wir brauchen dazu starke, motivierte und nach vereinheitlichten Maßstäben aus- und weitergebildete Lehrer und Lehrerinnen, die angemessen bezahlt, in ihrer Berufsausübung unterstützt und in ihrem Berufsethos gestärkt werden. Wir brauchen einen institutionellen Rahmen für die Bildungseinrichtungen, der, abhängig von Auftrag und Umfeld, soviel Autonomie wie möglich und soviel Unterstützung wie nötig gewährt. Wir brauchen Strukturen, die solange integrativ angelegt sind, wie es allen Schülern gemeinsamen Nutzen bringt und wir brauchen anschließende Differenzierung in einem gegliederten System zur Entwicklung individueller Leistungsfähigkeit und Talente. Wir brauchen Leistungsorientierung, Wettbewerb, Solidarität und Gerechtigkeit sowie uneingeschränkte Durchlässigkeit zugleich. Wir brauchen die Konkurrenz öffentlicher und privater Bildungsträger. Wir brauchen Steuerung, insbesondere durch Zielvorgaben und Ergebnisevaluationen, und nicht vorwiegend durch Bürokratie und Hierarchie. Wir brauchen Initiative statt Direktive. Wir brauchen Vielfalt im Bildungssystem durch Profilbildungen und nicht durch strukturelle Beliebigkeit. Wir brauchen moderne, aber keine modischen Inhalte und Methoden. Wir brauchen gleichzeitig die Entwicklung der Kompetenz zum Lernen und das inhaltliche Lernen. Wir brauchen gleichermaßen persönlichkeitsbildende und berufsvorbereitende sowie an den zeitlichen Vorgaben orientierte aktuelle Curricula, die wertebezogenes und kritisches Denken und Handeln ermöglichen, die aber nicht überfordern. Wir brauchen aufeinander aufbauendes und integriertes Lernen über die gesamte Lebensspanne in Bildungseinrichtungen und wirtschaftlichen Organisationen. Wir brauchen ein gesellschaftlich-politisches Klima, das Pädagogik in Bildungseinrichtungen unterstützt, aber nicht überfordert. Wir brauchen auch in der Bildung einen starken, aber keinen universell zuständigen Staat. Wir brauchen ein Lehr-/Lernklima, das durch gegenseitigen Respekt sowie durch „Fördern und Fordern" unter verantwortlicher Beteiligung aller im Bildungsprozess Involvierten geprägt ist. Wir brauchen zukunftsorientierte Bildung und werteorientierte Erziehung für Menschen in Familien, Schulen, Hochschulen und Unternehmen als Voraussetzung für eine gedeihliche wirtschaftliche und soziale Entwicklung in einer humanen Gesellschaft. Und schließlich brauchen wir ein integratives, d.h. alle Phasen und Situationen des Lebens umspannendes pädagogisches Verständnis vom Lernen in Bildungs- und Erziehungsprozessen: So gesehen hat z.B. auch das (Weiter-) Lernen in Organisationen seine Voraussetzungen, Ursprünge und Bezüge im inhaltlichen und methodischen Lernen im allgemeinen Bildungs- und Erziehungssystem. Dieses konzeptionell, systematisch und praktisch mit einem ganzheitlichen Anspruch zu entwickeln, scheint eine der wichtigsten pädagogischen Zukunftsaufgaben zu sein. Von diesem konzeptionellen Ansatz profitiert auch die betriebliche Personal- und Organisationsentwicklung als Teil von Lern-, Bildungs- und Erziehungsprozessen in der gesamten Lebensspanne, deren Bezüge zu anderen, allgemeinen pädagogischen Feldern allerdings gestärkt werden müssen. Gleichzeitig liegt darin eine neue Herausforderung für die betriebliche Bildung: Es erweitert den pädagogischen Fokus von vorwiegend wirtschaftlichen Zusammenhängen um eine gesamtgesellschaftliche und soziale Mitverantwortung im Rahmen ganzheitlichen pädagogischen Denkens.

Literatur

Allmendinger, J. (2009): Der Sozialstaat braucht zwei Beine. In: Aus Politik und Zeitge-schichte. Heft 45, S. 3-5

Allmendinger, J./Leibfried, S. (2003): Bildungsarmut. In: Aus Politik und Zeitgeschichte. Heft B21-22, S. 12-18

Berlin – Institut für Bevölkerung und Entwicklung (2007): Die demografische Lage der Na-tion. München

Berlin – Institut für Bevölkerung und Entwicklung (2007): Talente, Technologie und Toleranz – wo Deutschland Zukunft hat. Berlin

Bildungsstatistik 2009. Zahl der Studienanfänger steigt auf Rekordniveau. In: Financial Times Deutschland [Online: http://www.ftd.de/politik/deutschland/:bildungsstatistik-zahl-der-studienanfaenger-steigt-auf-rekordniveau/50042006.html]

Bundesministerium für Bildung und Forschung/Kultusminister-Konferenz (2009): OECD-Veröffentlichung – „Bildung auf einen Blick" – Wesentliche Aussagen in der Ausgabe 2009. Berlin/Bonn

Bürger, M. (2010): „Zukunftsangst im Kinderzimmer". In: Weser-Kurier. Nr. 12.15.01.2010

Busemeyer, M.R. (2009): Europäisierung der deutschen Berufsbildungspolitik. In: Aus Politik und Zeitgeschichte. Heft 45, S. 25-31

Deutsches Institut für Wirtschaftsforschung e.V. (2009): Innovationsindikator. Deutschland 2009. Hrsg. von Deutsche Telekom Stiftung und Bundesverband der Deutschen Industrie e.V. Bonn/Berlin, 2009

Die Senatorin für Finanzen (Der Freien Hansestadt Bremen) (2007): ABC der Haushaltspraxis. Bremen [Online: http://finanzen.bremen.de/sixcms/media.php/13/ABC_Haushaltspraxis_September_2007.pdf]

Gaiser, W./Krüger, W./de Rijke, J. (2009): Demokratielernen durch Bildung und Partizipa-tion. In: Aus Politik und Zeitgeschichte. Heft 45, S. 39-46

Golz, H.-G. (2009): Editorial. In: Aus Politik und Zeitgeschichte. Heft 45, S. 2

Hamburgisches WeltWirtschaftsInstitut (HWWI) (2007): Fit für die Zukunft? Die Bundeslän-der im Vergleich. Hrsg. von HypoVereinsbank. Hamburg

Holz, G. (2003): Kinderarmut verschärft Bildungsmisere. In: Aus Politik und Zeitgeschichte, Heft B21-22, S. 3-5

Institut der deutschen Wirtschaft Köln (2006): Schulsystem – Teure Versäumnisse. iwd, Nr. 2, S. 4-5

Institut der deutschen Wirtschaft Köln (2008): Bildungsmonitor 2008 (Kurzfassung), (im Auftrag der Initiative Neue Soziale Marktwirtschaft). Köln

Kloepfer, I. (2009): Denk ich an Deutschland – Nichts geht mehr. In: Frankfurter Allgemeine Zeitung/Faz.Net. [Online: http://www.faz.net/s/RubFC06D389EE76479E9E76425072 B196C3/Doc~E311D6782F8C343FAA2B159B47AD0A636~ATpl~Ecommon~Scontent. html]

Kristen, C. (2003): Ethnische Unterschiede im deutschen Schulsystem. In: Aus Politik und Zeitgeschichte. Heft B21-22, S. 26-32

Lenzen, D. (2009): Eine neue Chance für die Bildung. In: Aus Politik und Zeitgeschichte, Heft 45, S. 6-9

Münch, R. (2009): Unternehmen Universität. In: Aus Politik und Zeitgeschichte. Heft 45, S. 10-16

OECD-Studie (2009)– Deutschland geizt bei Bildungsausgaben (2009). ZEIT-Online [Online: http://www.zeit.de/gesellschaft/2009-09/oecd-studie-bildungsausgaben]

OECD (2009): Education at a Glance 2009: OECD Indicators. Summary in German. Paris

Schmidt, M.G. (2003): Ausgaben für Bildung im internationalen Vergleich. In: Aus Politik und Zeitgeschichte. Heft B21-22, S. 6-11

Schneider, B. (2007): „Streit um PISA-Ergebnisse". In: Weser-Kurier. Nr. 285, 05.12.2007

Schneider, I.K. (2009): Lernfenster Kindergarten. In: Aus Politik und Zeitgeschichte. Heft 45, S. 32-38

Solga, H. (2003): Das Paradox der integrierten Ausgrenzung von gering qualifizierten Jugendlichen. In: Aus Politik und Zeitgeschichte. B21-22, S. 19-25

Statistische Ämter des Bundes und der Länder (2009). Internationale Bildungsindikatoren im Ländervergleich – Tabellenband (Ausgabe 2009). Wiesbaden

Statistisches Bundesamt (2006): Bildungsausgaben – Ausgaben je Schüler/in 2006. Wiesbaden

UNICEF-Deutschland (2007): UNICEF-Bericht zur Situation der Kinder in Industrieländern – Deutschland nur Mittelmaß – Wie sorgt Deutschland für seine Kinder – internationaler Vergleich. Köln

Wößmann, L. (2003): Familiärer Hintergrund, Schulsystem und Schülerleistungen im internationalen Vergleich. In: Aus Politik und Zeitgeschichte. Heft B21-22, S. 33-38

Autorinnen und Autoren

ARNOLD, ROLF, Univ.-Prof. Dr., Lehrstuhl für Pädagogik (insbesondere. Berufs- und Erwachsenenpädagogik) sowie Wissenschaftlicher Direktor und Aufsichtsratsvorsitzender des Distance and International Studies Center (DISC) an der TU Kaiserslautern und Sprecher des Virtuellen Campus Rheinland-Pfalz (VCRP), E-Mail: arnold@sowi.uni-kl.de

BEHRMANN, DETLEF, Prof. Dr., Professur für Erziehungswissenschaft mit Schwerpunkt Erwachsenen-/Weiterbildung an der Pädagogischen Hochschule Schwäbisch Gmünd. Arbeits- und Forschungsschwerpunkte: Professionalisierung, pädagogische Organisationsforschung, Bildungsmanagement, lebenslanges Lernen. Pädagogische Hochschule, Oberbettringer Str. 200, 73525 Schwäbisch Gmünd, 07171/983 469, E-Mail: detlef.behrmann@ph-gmuend.de

BRUCH, THOMAS VOM, Dr. phil., Personalberater (Schwerpunkte: Personalbeschaffung, Personalauswahl und Personalentwicklung), Staatsrat für Inneres und Sport a.D. (im Land Bremen von 2001-2007), Mitglied der Deputation für Bildung in Bremen, Oberstleutnant d.r., vormals Geschäftsführer und wissenschaftlicher Mitarbeiter für Bildung, Wissenschaft, Kultur und Sport der CDU-Bürgerschaftsfraktion in Bremen (1995-2001), Abteilungsleiter für Personalentwicklung in einem Industrieunternehmen (1994-1995), wissenschaftliche Hilfskraft an der Professur für Allgemeine Pädagogik unter besonderer Berücksichtigung der Berufs- und Betriebspädagogik an der Universität der Bundeswehr Hamburg (1992-1994), Offizier der Bundeswehr (1980-1992), Hodenberger Straße 61, 28355 Bremen, Tel.: 0421/ 2587600, E-Mail: dr.t.vombruch@t-online.de

FELD, TIMM C., Dipl. Pädagoge, Wissenschaftlicher Mitarbeiter mit einer Kooperationsstelle des Instituts für Erziehungswissenschaft der Philipps-Universität Marburg und des Deutsches Institut für Erwachsenenbildung – Leibniz-Zentrum für Lebenslanges Lernen, Bonn, E-Mail: timmfeld@staff.uni-marburg.de

FLORE, MELANIE B., Dipl. Päd., Wissenschaftliche Mitarbeiterin, Studiengangsmanagement an der Fachhochschule des Mittelstands (FHM) Bielefeld gGmbH, Email: flore@fhm-mittelstand.de

GÖHLICH, MICHAEL, Prof. Dr., ist Inhaber des Lehrstuhls für Pädagogik I an der Universität Erlangen, Bismarckstr. 1, D-91054 Erlangen, Tel.: +49 9131 85 22337, E-Mail: michael.goehlich@rzmail.uni-erlangen.de

HEIDSIEK, CHARLOTTE, Dr. phil., ist Wissenschaftliche Mitarbeiterin an der Professur für Allgemeine Pädagogik mit besonderer Berücksichtigung der Berufs- und Betriebspädagogik an der Helmut-Schmidt-Universität Hamburg und Prozessberaterin. Ihre Forschungsschwerpunkte sind Organisationspädagogik, Erwachsenenbildung/Weiterbildung, Beratung, Heterogenität. Holstenhofweg 85, 22043 Hamburg, Tel.: 040/6541 2355, E-Mail: charlotte.heidsiek@hsu-hh.de

KENDALL, WENDY, Partner of PwB Consulting, Supporting corporate mentoring programmes at www.successful-mentoring.com

KILIAN, LARS, Dipl.-Päd., Wissenschaftlicher Mitarbeiter am Lehrstuhl für Pädagogik der TU Kaiserslautern, E-Mail: kilian@sowi.uni-kl.de

KÜHL, STEFAN, Professor für Soziologie an der Universität Bielefeld. Organisationsberater der Firma Metaplan vorrangig für international tätigende Unternehmen, staatliche Entwicklungshilfeorganisationen und Nichtregierungsorganisationen, E-Mail: stefan.kuehl@uni-bielefeld.de

LEHNHOFF, ANDRE; Dr. phil., Geschäftsführender Gesellschafter von PwB, www.p-w-b.de, email: lehnhoff@p-w-b.de

MEISEL, KLAUS, Prof. Dr., Managementdirektor an der Volkshochschule München und Honorarprofessor an der Philipps-Universität Marburg. E-Mail: Klaus.Meisel@mvhs.de

METZ, MAREN, Dipl.-Psych., ist Wissenschaftliche Mitarbeiterin an der Professur für Allgemeine Pädagogik mit besonderer Berücksichtigung der Berufs- und Betriebspädagogik an der Helmut-Schmidt-Universität Hamburg. Ihre Forschungsschwerpunkte sind (virtuelles) Coaching, Gesundheitsmanagement und Psychosoziale Notfallversorgung. Holstenhofweg 85, 22043 Hamburg, Tel.: 040/6541 3363, E-Mail: Maren.Metz@hsu-hh.de

MOLDASCHL, MANFRED F., Prof. Dr. Dr., Lehrstuhl für Innovationsforschung undnachhaltiges Ressourcenmanagement (BWL) an der TU Chemnitz, Direktor desInstituts für Innovationsmanagement und Personalentwicklung, Chemnitz, undGesellschafter der Reflexive Consulting & Research, München. E-Mail: Moldaschl@wi.tum.de

MONING, ELKE, Dr., ist Akademische Direktorin am Institut für Erziehungswissenschaften an der Universität Koblenz-Landau, Campus Landau, Bürgerstraße 23, D-76829 Landau, Tel.: +49 6341 906508, E-Mail: moning@uni-landau.de

NAUMANN, VOLKER, Dr. phil., ist kaufmännischer Leiter der DB ProjektBAu GmbH, Regionalbereich West, Königsberger Allee 28, 47058 Duisburg, Tel.: 0203/3017-3901, E-Mail: volker.naumann@deutschebahn.com

PETERSEN, JENDRIK, Prof. Dr., ist Inhaber des Lehrstuhls für Betriebspädagogik und Allgemeine Didaktik am Institut für Erziehungswissenschaften an der Universität Koblenz-Landau, Campus Landau, Bürgerstraße 23, D-76829 Landau, Tel.: +49 6341 906509, E-Mail: petersen@uni-landau.de

SCHÄFFTER, ORTFRIED, Prof. Dr. ist Seniorprofessor für Theorie der Weiterbildung mit dem Schwerpunkt pädagogische Organisationstheorie und Organisationsentwicklung an der Humboldt-Universität zu Berlin, Geschwister-Scholl-Sraße 7, D 10117 Berlin , Tel. 030 2093 4136, E-Mail: ortfried.schaeffter@googlemail.com

SEUFERT, SABINE, Prof. Dr., ist Direktorin des Instituts für Wirtschaftspädagogik und Inhaberin des Lehrstuhls Wirtschaftspädagogik unter besonderer Berücksichtigung des pädagogischen Innovationsmanagements an der Universität St. Gallen, Dufourstrasse 40 a, CH-9010 St. Gallen, Tel.: +41 71 2242632, E-Mail: sabine.seufert@unisg.ch

STRIKKER, FRANK, Dr. phil., geschäftsführender Gesellschafter SHS CONSULT GmbH Bielefeld und Studienleiter an der Euro-FH Hamburg für Business Coaching und Change Management, E-Mail: fs@shs-consult.de

ZECH, RAINER, Prof. Dr. phil. habil., Diplompädagoge mit Schwerpunkt Erwachsenenbildung, Geschäftsführer der ArtSet® Forschung, Bildung, Beratung GmbH, Entwickler der Lerner- bzw. Kundenorientierten Qualitätstestierung für Bildungs-, Beratungs- und Soziale Dienstleistungsorganisationen (LQW®, KQB®, KQS®), EFQM-Assossor, Berater für Wirtschaftsunternehmen und Nonprofitorganisationen, Forschungsschwerpunkte/Veröffentlichungen zu den Themen Organisation, Innovation, Bildung, Persönlichkeit, Qualität, Beratung

Bildung und Organisation

Herausgegeben von Harald Geißler und Jendrik Petersen

Band   23   Charlotte Heidsiek / Jendrik Petersen (Hrsg.): Organisationslernen im 21. Jahrhundert.
Festschrift für Harald Geißler. Herausgegeben von Charlotte Heidsiek und Jendrik Petersen.
2010

www.peterlang.de